明治初期における小学校の設立過程

神奈川県三崎地区の事例を中心として

蛭田道春 著

日本地域社会研究所

コミュニティ・ブックス

刊行にあたって

このたび、わが国の明治期における小学校の成立と展開について出版することになりました。わが国の初等教育の普及は、国家の強い政策により実現されました。しかし、地方における小学校設立のプロセスには紆余曲折があったようです。

実際の小学校設立の展開はどのようなものであったか、小生、学生時代より強い関心をもってい て、資料収集につとめてきました。それなりの整理をして論文を作成し、それらについては学会発表や研究集録で一部示しましたが、全体的内容についての発表には至っていませんでした。今回、本書を刊行するのはこのような理由からです。

小学校設立について、府県市町村の教育史が出版されるようになってから、その論文が見受けられるようになりましたが、村や地域レベルを対象とした研究はまだまだ少ないように思われます。もちろん、小学校の歴史（全国・中央レベル）、教育政策史、教育勅語の歴史、教科書の歴史、児童史などは、かなりの研究がなされています。また、地域レベルの小学校設立過程の研究は、府県教育史や學校史などが刊行されてから、いくつかの論文がみられ、小学校の設立のプロセスは、かなり明確になってきましたが、すべてを網羅しているわけではありません。

今回、まとめたのは、学区の統廃合、就学率の実際、地方有力者の活躍と実際、学校建築の実態、各村々での動向などです。一方、教育内容や教科書の扱い、教育方法などの実際、教員の役割、教員免許などについては資料が少ないため、残念ながらふれることができていないのが実情です。

それらの状況をふまえて、この拙著の内容について関係者に興味をもっていただければ幸甚です。

目次

資料集 151

記

一、原則として常用漢字・現代仮名遣いを用いました。引用資料などは例外的に常用漢字以外を使用しました。
一、本文中の引用については「　」で示しました。
一、引用資料の原文に誤字や脱字がある場合は、その傍らに（ママ）と記しました。
一、引用資料について、虫食いなどで判読できないときは、□で示しました。
一、資料中には、今日の人権意識において不適切な表現が見られる箇所もあります。しかしながら資料の歴史的意義を考慮し、あえてそのまま表記することにしました。このことについては、そのような表現を容認、肯定するものではありません。読者のみなさまにはご理解いただきますよう、よろしくお願いいたします。

小學入門　明治七年　文部省刊行
小学校の入門の教材・教科書。内容は以下のとおりである。
（いろは図、五十音、濁音、次清音、数字、算用数字の図、羅馬数字の図、加算九九の図、乗算九九の図、単語図、連語図、線及度の図、面及体図、色図など）
これらは掛図として作成された。また、錦絵サイズの木版（教育錦絵）もあり、民間から刊行されている場合もある。

序論

本稿の意図と課題

小學入門之内 羅馬数字 加算 乗算 九九 之圖

小學入門之内いろは之圖

小學入門之内線及度之圖

本論は、学制期から小学校令期までの時期に、小学校が設立されていく具体的過程を神奈川県三浦市三崎町の三崎小学校を事例として考察しようとするものである。考察の主たる視点は小学校設立というナショナルな課題について、地方においてその実施を担った地方有力者たちがどのように対応していったかという問題を、とくに県の教育政策との関連においてとらえようとするところにある。

ところで、一般に指摘されているように、明治政府は欧米先進資本主義国による外圧という他律的契機のために、「富国強兵」という政治目的を達成することを至上の課題とした。明治政府による資本主義の育成保護と軍備の増強および公教育体制の確立は、「富国強兵」という政治課題達成のための諸施策の基軸をなしていた。とくに明治政府が公教育体制の樹立を国民的課題として取り上げたのは初等教育においてであった。だが、当時の民衆の経済力や教育に対する意識などから考えてみて、明治政府の公教育体制の実施はスムーズに行なわれたとは考えられない。現実に学校打壊などが起こった地方もあるのである。これに対して、明治政府が地域社会の名望資産家、有力者層を教育行政の官僚体制内に包摂することにより公教育体制化を能率的に推進しようとしたことは、よく知られているところである。「学区取締ハ其土地居民名望アル者ヲ撰ムヘシ」（学制一〇章本文）とか「区戸長学区取締共豪産ノ者ニテ名望アル農商ノ内ヨリ撰挙致候処……」（明八・七・一二茨城県伺・同八・七・三一内務省指令・「内務省日誌」八年三一号六頁）といわれるように、政府は名望家を行政者にして利用したのであった。明治政府が民衆負担の小学校設立維持に名望家を利用したことは最良の方法であり、必要であった。今までの諸研究にも、区長、学区取締・戸長・

学校世話役等の地方有力者層の小学校の設立・維持に際して、中央政府や府県の教育政策等の具現に果たした役割が論ぜられている。

しかし、地方有力者層の活動の中には、中央の政策の地方における実現者たる以外の一面があった。彼等は社会的に町村における伝統的な名望家であったし、あるいは、広い地域にわたって小作地をもつ新興寄生地主としての名望家でもあった。彼等は社会的経済的に、新旧複雑な名望家であったのである。しかも彼等は村落内において社会的経済的有力者として、民衆の支持をうけない限り、名望家としての地位・立場を保持できない面もあった。たとえば「中等以上ノ者」あるいは「其内頭立タルモノ」（鳥取県七年報）・「富豪徳望アル者」（磐井県八年報四九五頁）「富有者」（秋田県一〇年報一九頁）という名望あるいは有産者は、高額の寄附をして学校設立に大きな役目を果たしている。彼等にとって高額の寄附に応ずることが彼等の上層階級として社会的地位を固めることになっていた。

実際、これらの地方名望家たちは、中央の政策の言うままに活躍したであろうか。彼等は社会的・経済的条件を背景にして、自己の立場の貫徹をはかりながら学事について行動しているのがみられる。とくに各地方にみられる学校新築・統廃合ともなると有力者たちの顕著な活動がみうけられる。今までの諸研究は、この点について必ずしも明確な解答を与えているとはいえない。本研究があえて学校設立の主体と考えられる地方有力者層の動きを中心に、小学校の設立過程を考察する動機はこの点にある。

神奈川県三浦市三崎小学校を事例研究の対象として選定した動機には、種々の関係資料が入手できたという事情も強くはたらいている。三浦市役所所蔵の戸長役場関係書類の県への届出書類を中心に、城ヶ島村加藤家、三戸村前田家等の資料を活用することができて、この研究ができた。その他に三崎地区を事例研究に撰定し得たことは中世末から漁港として発展し、日本における代表的漁港であるにもかかわらず、一般歴史・漁業史からの研究があるが、教育史に至ってはなされていない点がある。しかも今までの小学校成立史の研究について、そのほとんどが農村を事例とした研究が多いが、漁村を対象にした研究は少ない。漁村・漁港としての性格をもつ三崎地区を取り上げた理由もここにある。

農村と漁村とを較べて、一般に言われているように漁村社会のほうが封建的色彩をもっている。たとえば網元（網主・親方）と漁夫（乗り子）との関係において、網元は漁場の独占的占有権を持ち、漁夫は漁獲物を必ず網元に売らねばならなかった。網元は漁獲物売買の独占権を持っていた。さらに網元から漁夫への前貸金の貸与などがあり、網元の漁夫への支配権は著しかった。封建制の強い漁村においても、地方名望家層は明治十年代後半から徐々にブルジョアジー化の道を辿っており、この過程において彼等によって小学校が推進されていることは、近代化のプロセスの中で、日本の初等教育が展開・発達をとげていった事実と照応するものであり、この意味で漁村の地方名望家に焦点をあてることによって、前述の地方名望家たちの小学校設立・維持への役割を顕著に考察することができると思われるのである。そして、三崎地区の小学校はその統廃合が顕著にあらわれており、地方有力者の学事について明確に彼等の地位、立場を堅持しながら活動している。これらの理由のために取り上げた次第である。

第一章

東岬小学校の設立過程

連語圖

神人　天地　萬物　主宰　善道　信義　祖父
祖母　父母　伯父　叔父　伯母　叔母
親子　兄弟　姉妹　親愛　友愛
神ハ　天地の主宰にして　人ハ　萬物の靈なり○
善道を以て　身を脩め　信義を
以て　人に交る○親子の間ハ　親
愛を主とし　兄弟の際ハ　友愛を
専とす○親の父を　祖父といひ　親
の母を　祖母といふ○親の兄弟を
伯父叔父といひ　親の姉妹を　伯母叔母といふ

連語圖　明治初期、単語を組み合わせる作文、読み方に用いられた教材。掛圖、教育錦絵（木版　錦絵サイズ）などがある。左は明治七年八月改正、第一連語圖（藤慶）

一節　三崎地区の社会的経済的性格と有力者層の性格

三崎地区は、地図が示すように、三浦半島の南端に位置している。東から西に長い海岸低地に発達した集落が三崎町である。海岸の近くから小高い台地に三崎町を取り囲むように二町谷、仲之町岡、東岡、原、宮川、向ヶ崎各集落の六合村がある。北西部に諸磯村、小網代村の各集落がある。そして、三浦半島の先端から少し離れた島が城ヶ島である。

三崎地区の近世からの町村は、三崎町七ヶ町、城村、城ヶ島村、二町谷村、仲之町岡村、東岡村、原村、宮川村、向ヶ崎村、諸磯村、小網代村等であった。明治六年の神奈川県大小区制の中にあって、三崎町、城、城ヶ島、二町谷、仲之町岡、東岡、原、宮川、向ヶ崎各村は第十四区三番組に、諸磯、小網代両村は三戸村、下宮田村と共に四番組であった。

<table>
<tr><td>小網代村</td><td>諸磯村</td><td>原村</td><td>東岡村</td><td>二町谷村</td><td>仲之町村</td><td>向ヶ崎村</td><td>宮川村</td><td>城村</td><td>三崎町七町</td><td>城ヶ崎村</td><td></td></tr>
<tr><td colspan="2">第八区</td><td colspan="9">第九区</td><td>明5
三浦郡十区制</td></tr>
<tr><td colspan="2">四番組</td><td colspan="9">三番組</td><td>明6
区番組制
第十四区</td></tr>
<tr><td colspan="2">四小区</td><td colspan="9">三小区</td><td>明7
大小区制
第十四大区</td></tr>
<tr><td>戸長役場</td><td>戸長役場</td><td colspan="6">明8　六合村
六合村戸長役場</td><td colspan="3">連合戸長役場
三崎八ヶ町
(明12)</td><td>明11
郡区制
三浦郡</td></tr>
<tr><td colspan="11">連合戸長役場　三崎花暮町外
拾壱ヶ町村</td><td>明17</td></tr>
<tr><td colspan="11">明22　町制施行
三崎町</td><td></td></tr>
</table>

三崎町史、神奈川縣會史第１巻、戸長役場書類より作成

この番組制は翌七年大小区制に変わって、三崎地区十四区三番組は十四大区三小区に、四番組は四小区になる。明治八年四月、宮川村、向ヶ崎村、仲之町岡村、二町谷村、東岡村、原村の六ヶ村は地租改正の際、税務上の都合から合併した行政村として六合村となる。同時に城村も三崎町に編入された。十一年、三新法が出されると、各村に戸長役場が置かれたが、三崎町と城ヶ島村は連合戸長役場、六合村に六合村戸長役場、諸磯村には諸磯村戸長役場等があった。明治十七年連

合戸長役場制度になると、三崎町、六合村、諸磯村、小網代村、城ヶ島村等を連して一つの行政区域となった。三崎地区の行政の経緯は前頁の表のとおりである。

三崎地区、各町村の概略を明治十九年の職業別戸数から考えていく。

三崎町職業別戸数

諸磯村	六合村	城ケ島村	三崎町西部	三崎町東部	
0	104	7	108	316	商
14	26	0	11	33	工
4	0	1	3	1	民
32	190	53	201	274	漁
5	15	0	11	25	雑
60	170	0	0	0	農業
1	31	20	0	0	農漁兼業
0	0	4	0	0	商漁兼業
8	5	0	0	0	農商兼業

（明治十九年戸長役場地誌より）

三崎町集落は性格の差異から、東部と西部に分けることができる。三崎町東部は城ヶ島により前方を外洋から遮へいされた波の静かな三崎水道を北条湾の湾入とによって、天然の港湾を形成されているため漁船・廻船の寄港地であった。旧幕時代に浦賀海関所出張所があったために、廻船問屋・酒屋・質屋等の商家が多く、商業地として栄えていた。

一般に三崎町とは三崎町東部を指していっている。三崎町西部について、漁業従事者が多い。商業従事者といっても漁商が多い。六合村は農業・漁業が多い。漁業従事者は向ヶ崎、二町谷に多い。農業従事者は原・宮川等の台地に多い。

城ヶ島はほとんどが漁業である。

三崎は隣接する二町谷・向ヶ崎（六合村の

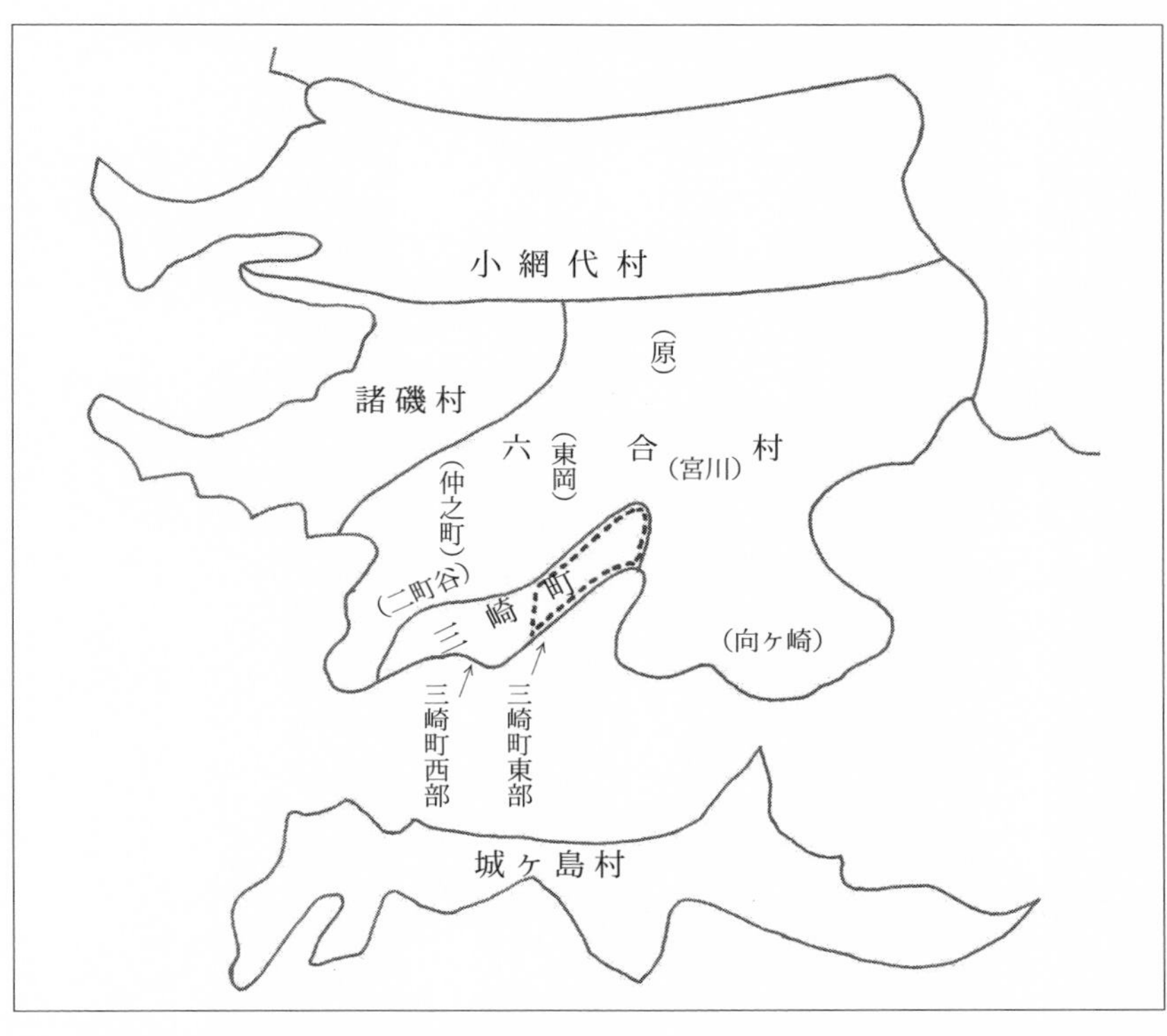

一部）対岸に位置する城ヶ島の諸部落とともに、三崎近海は漁利にめぐまれ、あじ・いか・さばを対象とする一本釣漁業を中心に覗突・磯物採集をはじめ、五十余種にのぼる小漁業が平行して行なわれていた。三崎は近世以来、江戸の鮮魚供給圏内に位置した関係上、一般に魚価がよく、大量の漁獲物の売却に好都合であったため、近世以来漁業中心に発展し、漁港として知られていた。また、東西日本を結ぶ船舶の寄港地であった関係で通船用品の補給基地でもあった。いずれにせよ、三崎地区は漁村集落、廻船寄港地、漁港であった。

このような社会的経済的背景の中で明治初期の三崎地区有力者層のタイプは次頁の表のとおりである。

地域	有力者層の特徴と主たる人名	
三崎町東部	金融・商業を兼ねて、多角経営により、景気変動をのりきり、町民の生産・消費生活を支配。	
	小村徳左ヱ門	呉服屋・質屋・たばこや
	沢村卯兵ヱ	米屋・質屋・たばこや・印紙・薬
	笹本惣吉	質屋・たばこや
	杉山佐五兵ヱ	人力車・たばこや
	高橋仁兵ヱ	質屋
	大谷清八	質屋・たばこや
三崎町西部	(a) 東部有力者層と同じタイプのもの。東部有力者と利害を共にする。	
	内藤吉兵ヱ	質屋・米屋・たばこ
	香山米蔵	質屋・米屋・たばこ・薬
	(b) 漁商にして他業を兼ねるもの。独自の政治活動をする。	
	塩瀬与太郎	魚商・酒造
	湊彦三郎	魚商・質屋
	湊大三郎	魚商・質屋・酒屋

村	
六合村	(a) 三崎町東部有力者と同じタイプのもの。 松井岡右ヱ門……質屋・酒屋 石渡伝次郎　　質屋 井上半六　　　酒屋・たばこ 石渡直道　　　酒・たばこ (b) 農業を主にしているもの。(在村地主) 下里市右エ門・宮川治右エ門 (c) 魚商にして他業をかねる三崎町西部有力者と同じタイプ 川嶋源七……魚商・質屋
諸磯村	農業を主にしている。 小嶺兵左ヱ門

(三崎町史、戸長役場文書より)

近世以来、三崎地区として取り上げられる有力者は魚商を兼ねた質屋・米酒商である。この種のタイプの有力者は、一般に漁村社会にみられる。この種のほとんどの名望家は押送船（運搬船）を所有している。押送船は生魚・塩魚・干鰯はいうまでもなく、そのほか米穀・薪炭・材木等から人間まで運送し、実際には廻船・便船の機能をも兼ね、近世江戸湾の交通運輸に大きな役割を果たした。三崎地区の漁獲物は、押送船持商人によって江戸に搬送されており、このため彼等は町村における有力な魚商であった。だが、彼等ばかりが町村の魚商人でなく、他に小買商人と称される魚商人がおり、漁獲物の集荷に大きな役割を果たしていた。押送船持商人は自己の集荷荷物を運送するばかりでなく、小買商人の集荷荷物について輸送を委託されたかたちで江戸に出荷している。押送船持商人は「一割元」と呼称し、小買商人の運送漁獲物売高を運賃の手数料として、その一割とっていた。押送船持商人は、三崎町および周辺漁村の漁獲物の集荷・運送組織を掌握していたと考える。

荒居英次氏の「近世日本漁村史の研究」の中に、押送船持魚商の例として房州富浦の三浦家（屋号 仲屋）、房州館山新井浦、島田家等を取り上げている。それによると、両家とも三崎地区の有力者と同じように、魚商を兼ねて、米・酒商、質屋等の多角経営者である。しかも、魚商として押送船を所有し、漁獲物の集荷・運送組織の掌握、漁獲物の多量買占をあげている。その他に、漁夫への仕込金の前貸、魚小売商人、押送商人に魚元手金の貸与・漁業資金の貸付を行なって、漁民・小買商人を経済的支配下においたことをあげている。そして、両家とも江戸日本橋魚問屋資本の支配をうけながら有力な魚商人として在郷商人化していく過程を述べている。両家とも、魚商人として活発な活動と発展を支えていたのは、質屋等の金融活動、米酒商小売等の商業活動、土地集積等の結果、生まれた有力な経済力であった。三崎地区有力者もほぼ三浦家・島田家の場合と同じであると考えられる。

三崎地区有力者の中で、魚商を兼ねた質屋酒屋等の有力者の他に、幕末頃から台頭してきたと考えられる質屋等の金融業を兼ねた米屋、酒屋、たばこや等の有力者があげられる。質屋兼酒、米屋等の有力者は、魚商が幕末に質屋、米屋、たばこや等に在郷商人化していく過程の中で生まれ、魚商という業務から分離した形態の有力者であるといえよう。この新興金融業者が幕末期の三崎で大きい勢力に成長していたことは嘉永六年の魚商・漁民の争いに、彼等が仲裁者として登場していることからもよくうかがわれる。すなわち、嘉永六丑年に「……**近年不漁打続其上米価高値ニテ小前一同難渋至極仕罷在申候処、日々釣上ケ候魚類之儀、当町（三崎町）并分郷三崎城村、向ヶ崎村等之肴商人共江是迄売渡し来り候得共、近来右商人共仲間申し合、外浦々之肴直段ニ不拘格別直安ニメ買仕、其上不漁困窮之時節モ肴商人共儀ハ一向自愛之手当等モ致呉不申候**」【註】のために、漁師たちは「**中之町并分郷三崎町漁師共一同難渋至極ニ付、以来ハ漁師共付江戸本材木町新肴問屋共方江直送可致……**」した。この理由から、魚商と漁師との間に紛争が起きた。そのときに仲裁に入ったのが米穀商等であった。

【註】原文は浦賀の白井家文書より。横須賀市立図書館蔵

三崎町魚商人与リ奉願上候漁師直送リ相初候一件之儀、先達而御訴訟奉申上候ニ付、漁師惣代之者

乍恐以書付奉願上候（浦賀の白井家文書　横須賀市立図書館蔵）

与リ返答書を以奉申上、双方御吟味中御猶豫御願申上、私共立入双方へ篤と示談仕候処、掛合行届熟談内済仕候ニ付、先達而奉差上候訴答願書御下ケ被下置候様奉願上候、

右願之通御聞済被下置候ハヽ難有仕合ニ奉存候、依之乍恐書付を以奉願上候、以上

嘉永六年丑三月廿三日　三崎町

願人魚商人

組合11名　略

同所

漁師總代

相手方　5名　略

取扱人

同所　穀商人總代

4名　略

同所　寺社總代

差添　年寄

名主

仲裁役に入ることができたのは、当然、魚商漁師の双方に口のきける勢力であったことを示す。つまり、質屋をかねた米屋、酒屋等の多角経営者が魚商、漁民を経済的支配系列においていたと推定できるのである。【註】

三崎地区の有力者層は魚商にして他業（質屋酒屋）をかねているタイプと、金融業（質屋等）をかねた米屋、酒屋、たばこや等の多角経営者のタイプ、二つに分けることができる。そのうち明治初期に町政の実権を握っていたのは、金融業（質屋等）をかねた米屋、酒屋等の多角経営者であった。金融業をかねた多角経営者は三崎町東部に多く、三崎町西部、六合村には少人数である。魚商にして他業をかねている有力者は三崎町西部に存在している。その他、六合村、諸磯村地域の有力者には、農業を営む在村地主が存在し、彼等は直接、町政の中枢部にあまりでていない。

【註】質屋・米屋・酒屋等（多角経営者）の漁民への経済的支配として、たとえば、漁村金融の形態として「仲間借り」「町内借り」に米酒商から資金が出ていた。「仲間借り」には、漁民は年四期の漁季の初めに、漁業資金として商人（米・酒屋）から資金を借り受け、その返済は漁季の終わったときにした。「町内借り」とは、不漁が続いたとき、漁民たちが、商人から、越年資金として借りたことをいう。利息は二十五両一（元金二十五円に利息月二十五銭）、または二十両一（元金二十円に利息は二十五銭）であった。（三崎町沿岸漁業九十年誌２３８頁）。

二節　東岬学舎と諸学舎の設立

「学制」実施の責任は、明治五年七月に出された「学事奨励に関する被仰出書」の末尾に、「右之通被仰出候条地方官ニ於テ辺隅小民ニ至ル迄不洩様便宜解釈ヲ加エ精細申諭文部省規則ニ随ヒ学問普及致候様方法ヲ設可施行事」とあるように、地方官に委任されていた。

神奈川県では明治六年二月神奈川権令大江卓が「学制の儀に付、今般御布告の趣もこれ有り候につき、左の通り管下一般の規則相立て候間、その旨相心得べく候、尚巨細の儀は同熟議の上伺い出ずべき事」と、20則におよぶ小学規則を制定して学校の設立、就業などについての諭告を発し、県下の小学校設立を奨励した。【註一】

神奈川県下十四大区三崎地方に小学校設立の諭告があったのは明治六年二月十三日である。前田家文書明治三年年日記【註二】に「明治六年丙二月十三日於三崎町本端寺神奈川県御役所御出向之役人三十六ヶ村名主組頭百姓中江申渡次第、拙者出張致し事別義にあらず、此度朝(ママ)兵令御取立之御布告ニ付而其事を御役所之出張致した訳……略……序ニ申渡儀ハ是迄區と云ハ大村小村之差別無く皆一村……□□……勤方も大小とも同様の事で有たが此度ハ合併致し六七百石より千二百石まで寄(ママ)村ニ致し戸帳(ママ)副帳(ママ)……略……又序ニ申渡此迄の手習師匠御廃しの事此迄の教方甚以不宣事文選唐詩選詩文章□□ニ心ヲ入時の入用の事ヲモ不学故御廃し此より小学校御設立ニ相成り七才より手習算術ヲ書致早速自己の入用為学様可致（これで切れている）」と記されている。神奈川県十四大区内三十六ヶ村の村役人層を三崎町本端寺に集めて、県から出向の役人が一つに徴兵令の事、二番目に大小区制の事、三番目に学校設立の事を村役人層に申し渡している。県の役人が近代国家育成のため、学校の設立を、徴兵令の施行、地方制度の改革と一緒に奨励したのであった。しかも三番目に学校の設立を申し渡していることは、明治初期の富国強兵策の一環として、徴兵令の施行、地方制度の改革等の次に重要視されたと考えられないでもない。しかし、三崎地区の小学校の設立は、ほとんど何らの手も打たれていなかった。このことは神奈川県下他地区も同様であったらしく、次に挙げる六年五月五日付の大江卓の触書によっても明瞭である。

「**小学舎設立の儀、かねて相達し置き候筋もこれ有り候については、各所戸長、副長に於て至急設立相成り候様同施致すべき処、任を学区取締に使し坐視罷り在り候のみならず、すべて隠に拒障致し候ものも間々これ有り候由、甚だ以て相済まざることに候、右等の儀は素より戸長、副長の職掌上今日の急務につき、すべて学区取締へ打合わせ、当月二五日迄にそれぞれ取運び方相成り候様取り斗らうべく候、自然等閑に相心得、故無く遅延に及び候節は急度沙汰に及ぶべく候条、主趣厚く体認し、不都合の儀これ無き様相心得べき事、右の趣小前末々迄洩れ落ち無く相達し申すべき事**」【註三】

学制による小学校設置は、一般民衆の教育的要求から生まれたものではなく、明治政府の政策上の必要からであり、経費の面でも立身出世のためということで自己負担であったため、その捻出に

【註一】資料集三、155頁、神奈川県小学規則　明治六年二月
【註二】神奈川県三浦郡三戸村前田家文書
【註三】相模原市史、第三巻神奈川縣布達明治六年神奈川県文書

は当然苦労しなければならなかった。そのためいかに政府の命令とはいえ、積極的に乗り出すことには躊躇されたのであった。

三崎地区小学校設立の実質的な動きは、教師の人撰から考えて、明治六年四月になって始まる。明治十五年の学校取調書【註一】によれば、山本顧四郎が明治六年四月に東岬学校の教師に雇われている。また、明治六年四小区三戸村、前田家文書の日記にも「**酉四月廿一日当村名主様貴殿ヲ学校教師ニ致ス積リ……小網代諸磯ハ諸磯ノ宝院様ヲ頼ム積リ**」とある。三崎地区に限らず十四大区内にも小学校設立の動きがあったようである。同日記に「**酉五月七日学校教師人撰ニ付長井村会所エ出ル**」とあり、十四大区会所で小学校設立にあたって教師の人撰が十四大区内戸長、副戸長を中心に会合があったと推定される。つまり、十四大区内の小学校設立の動きが一般に四月末から五月初めの頃からであったといえる。三崎地区東岬学舎の設立は建物、敷地が決定して本格的となる。東岬学舎の建物、敷地は旧浦賀海関所三崎出張所の建物、敷地を明治維新後官有物のため、官許を得て明治六年五月二十八日に払下げをうける。【註二】

十四大区三小区の三崎地区では東岬学舎の他に西岬学舎、城ケ島学舎、四小区で諸磯学舎、小網代学舎が設立されている。これらの学舎もおそらく明治六年四、五月頃開設されたのであろう。明治六年七月の三戸村前田家文書の史料に、「**先般御達申置候養生所教官佐藤準九郎殿再伝習として當區上宮田江御□ニ相成、右ニ付同村来福寺役、傳習所迄教員匆論□立候生徒四名来ル二十一日午前第八時迄無間違伝習所江御出頭可被成候也。生徒共弁當持参生徒一名ニ付石盤一枚小学読本一冊御持参可被成候成**」とある。県から派遣されたと推察する教官が模範授業を行なっている。この模範授業は、多分、十四大区の教師、生徒への啓蒙的な意味があったと考える。この授業の史料から、明治六年七月には、すでに、十四大区内の小学校は設立され、授業をしたと推察する。十四大区内の小学校開設時期は明治六年五月頃であったと考える。

開校年月日	学舎名	位　置	教員名
明治六年四月	東岬学舎	旧浦賀海関所出張所跡	山本顧四郎
	西岬学舎	海南神社の神宮寺【註】 後に大乗寺	間宮高美
	城ヶ島学舎	石橋弥左ェ門宅 ← 常光寺	脇坂了浄 （常光寺住職）
	諸磯学舎	屋志庫の不動堂【註】	新井汀 （諸磯神明社神官）
	小網代学舎	真光院	吉田性山 （真光院住職）

【註】資料集六、161頁、西岬学舎、諸磯学舎の図、明治六年

〈諸願届綴、明治六～十年、学校取調書より、明治九年、十三年、十五年〉

【註一】資料集二十七、212頁
【註二】明治十三年の公立学校構内土地取調書（資料集二、154頁）に「日ノ出拾壱番地三百坪学校敷地トシテ明治六年五月廿八日相当ノ代価ヲ支払ヒ払ヒ下ゲ……」とある。日ノ出拾壱番地は旧幕府の入港改めの場所、後に神奈川県浦賀海関所出張所となる（三崎町史）。明治五年浦賀海関所廃止によって、敷地、建物を学校設置のため払下げたと推察する。浦賀海関所出張所廃止と同時に、郷学校が設置されたといわれているが、疑問である。三崎地区に郷学校の設置（神奈川県の郷学校）は考えられなくもないが、確固たる史料は見出されない。詳細については不明である。

ところが、十四大区の小学舎は正式に公学と認められたのは十二月である。文部省第一年報神奈川縣に「**明治六年十月開業スル所ノ公立小学十一校アリ皆寺院ヲ假用ス十二月ニ至リ三百六十九校ヲ増設ス通計三百八十二校共ニ公立ニ係ル蓋四五月以来設立ノ目的ヲ確立シ漸次着手シ是ニ至リ一時ニ開校ヲナセリト云フ……**」とある。ここにいう十一校とは文部省年報附録によると横浜区の小学校であり、六年十月以前の段階では横浜区以外の小学校は文部省の認可権から公立小学校として認められていなかったといえる。県の方針は、開学見込願を出させて内容充実の後で正式認可の方針だったらしい。

三戸村前田家文書の史料、明治六酉七月一日御回達覚に、

方今学校御設立之際ニ至リ従来ノ手習師匠ヲ廃止更ニ命令訓導職被為置候像者何ゾヤ忝モ皇国一般ノ学制各々其職トシテ不可有不注意然ヲ未タ旧習ノ化教専混淆罷在不都合之次第ニ候若自今右等之挙動於不被改者厚キ御趣旨ニ相悖所謂幣ヲ醸シ罪也故兼而渡置候小学校教則其他御定則ニ照準シ一層勉励可被遂候也

第十四区

学区取締　印

野比、長沢、津久井、上宮田、菊名、金田、松輪、大原、東岬、西岬、城ヶ島、諸磯、網代、三戸、下宮田、和田、高円坊、須軽谷、大久保、長井、林、城、大田和、長坂、佐島、若名、秋谷

小学舎　印

旧習の教則、授業法を修正するようにとの回達を十四大区各村々の小学舎にあてたものである。神奈川県は「**尤在来寺小（ママ）屋、分多クハ小学校ニ改正致候**」【註一】であったため、十四大区でも、従来の筆学所を小学校に変えたのであろう。そのために、小学校に変えても、まだ、寺子屋流の旧習が残っていたのである。三崎地区近村の三戸学舎（三戸村）、松輪学舎（松輪村）、高円坊学舎（高円坊村）等は寺子屋の生まれ変わったものであった。日本教育史資料に三戸学舎教師前田次左ヱ門、松輪学舎教師鈴木静山、高円坊学舎教師和田了縁の名前が習字師として掲載されている。しかも学舎の位置が、いずれも寺子屋開設の場所と同じである。ただし三崎地区関係は日本教育史資料に調査もれになっている。

三崎地区について学制が頒布されるまでの教育施設については、三崎町東部、入船町の不動堂に残る慶応二年の筆塚【註二】がその存在を示している。三崎町西部、西野町の不動堂にも同じく慶応二年頃、教育機関が次の記述によってうかがわれる。

　八歳にして手習（慶応二年）

丁度家の裏山の地蔵堂（三崎町西部西野町）に居た嶺志（みねよし）和尚と云ふ人が、子供に手習を教江て居たので、三之助も亦八歳の時から、祖母がたのんで呉（く）れて此和尚さんに付き、手習を始める様

【註一】神奈川県史料、神奈川県立図書館刊行
【註二】資料集四、158頁、筆塚（龍潜庵境内）三崎町東部

になった。……嶺志和尚さんは、三浦郡の臨済宗の福寿寺に轉寺せられる事となったので、三之助も和尚さんに請はれるまゝ又祖母も父も許して呉れたので、和尚さんと一緒に福寿寺に行くことになった。和尚さんと二人丈であったので、寂しい生活ではあったが、母を失った三之助の心には何となしになつかしく、又、手習の先生として尊敬もして居たから心持よく一緒に暮らしていた……」。

〔齊藤卯兵ヱ伝　三崎町西部出身　安政二年生まれ〕

しかし、三崎では、それ以降の寺子屋の存否が不明なので、三戸学舎、松輪学舎の如く小学校が寺子屋を母体として誕生したとは確言できない。もっとも神奈川県の教育政策は寺子屋から小学校への移行であったから、もし学制直前に三崎に寺子屋があったとすれば、それが東岬、西岬、各学舎の母体となったのであろう。【註】

【註】東岬学校の教師、山本顧四郎（小田原藩士といわれている）が塾を開設していたとも考えられる。西岬学校の教師間宮高美（旗本、千五百石）も同様である。間宮の場合、教師を退職してから明治四十年頃まで塾を開設している。

三節　小学校設立における三崎地区有力者層の役割

(一) 学区

学区画定について神奈川県は六年一月に「**是ヨリ先キ一月、中学区ヲ定メ嗣ヒテ小学区ヲ定メ**」【註一】た。そして「**明治六年八月更ニ学区ヲ画定**」【註二】する。ただし改正点は八小学区の減少のみである。学区画定の人口については「**所管人口四十八萬九千二百九十六之ヲ四中学区**従七至十**二分千……一中学区ノ人口概子九萬四千餘ヨリ十五萬餘ニシテ之ヲ一小学区ニ平均スルニ五百八十二口有餘ニ當ル**」【註三】と記している。一応、学区区分の仕方は学制に規定された学区の人口、中学区十三萬、小学区六百人に従ったと考えられる。だが、上記の表から、中学区は郡を基礎に区分されたと考えられなくもない。

　学区制のたてまえからは、小学区を基礎にして、小学校の設立計画をたてるのが当然であるが、小学校の設置は中小学区こそ学制の規定のように区分しながら、当時の行政区画で

中学区小学区の区分（神奈川県史料より作成）

郡　名	中 学 区	明治６年１月小学区	明治６年８月改正小学区
久良岐郡 橘 樹 郡	第１大区～ 第５大区 ７番中学区	201 区	200 区
多 摩 郡	第８大区～ 第 13 大区 ８番中学区	221 区	220 区
都 築 郡 高 座 郡	第６、第７、 第 18 ～第 20 ９番中学区	210 区	210 区
三　浦・ 鎌　倉	第 14、 第 15 大区 10 番中学区	210 区	210 区

【註一】文部省第一年報、神奈川県

【註二、三】前掲書

学校名	行政区域		戸数	人口	学区番号	学区
東岬学舎	十四大区	三小区	531 戸	3431 人	15 番	三崎町東部 向ヶ崎村（後の六合村の一部）
西岬学舎			541 戸	2463 人	16 番	三崎町西部 二町谷村、仲之町村、東岡村 宮川村、原村（後の六合村の一部）
城ヶ島学舎			78 戸	444 人	17 番	城ヶ島村
諸磯学舎		四小区	明治 10 年 106 戸	591 人	18 番	諸磯村
小網代学舎			明治 9 年 121 戸	645 人		小網代村
三戸学舎				735 人	26 番	三戸村

資料集、学区人員取調書〔資料八、163 頁〕三崎町史、前田家文書（御布告）より作成

ある大区や小区を基礎に計画している。神奈川県小学規則第三則に「**一小區ニ小學本校一ヶ所ヲ置ヘシ若地勢阻遠ニシテ不便ナレハ便宜ニ支校ヲ可置事**」【註】とされ、大体「**凡三百戸内外エ一小校取設候都合ニ有之候**」と小区を基礎に小学校を設立していく県の方針であった。

三崎地方は一大学区十中学区（三浦鎌倉二郡）に属している。十中学区には二百十の小学区が計画されたが、文部省年報によって設立された小学校は八十八校しか記されていず、小学区通りに設立されていないことがわかる。三崎地方に設立された小学校の戸数、人口、学区等を表に示すと上の表のようになる。

【註】資料集三、155頁

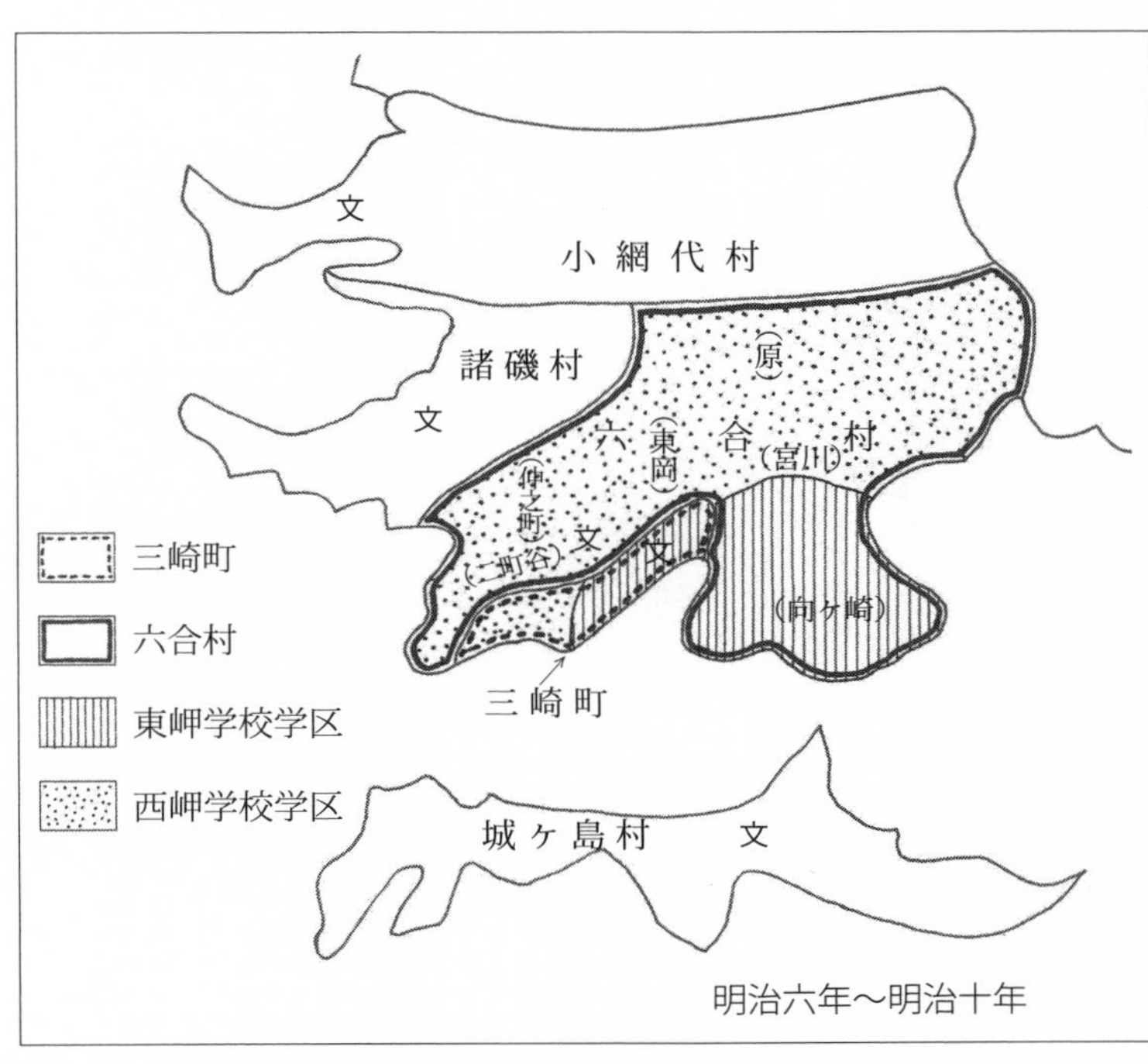

戸数、人口が一定していないことから、学制に規定された六百人に一小学校、県の方針であった三百戸に一小学校の学区の規準と違ったものであったことが判明する。その上、一定不動の方針によって学区が設定されたのでないらしくも考えられる。三崎地区の隣村である三戸村、下宮田村、諸磯村、小網代村では、「**酉四月廿一日　当村主様【註一】貴殿ヲ学校教師ニ致ス積リニ下宮田當【註二】両村デ雇入……小網代諸磯村ハ諸磯ノ宝院様ヲ頼ム積リ……**」【註三】のように二ケ村で一人の教師を雇っているから、二ケ村で一小学校設立の方針もあったらしい。結局、三戸村、下宮田村、諸磯村、小網代村では各村に一校設立されている。三崎地区では城ケ島村を除いて、三崎町、城村、向ケ崎村、二町谷村、東岡村、仲之町岡村、原村、宮川村

【註一】三戸村前田次左エ門
【註二】三戸村
【註三】前田家文書、明治六年の日記

表1

村名	戸数
原村	四七戸
東岡村	三二戸
二町谷村	一五九戸
仲之町岡村	七戸
向ヶ崎村	九五戸
宮川村	八三戸

明治六年　三崎町史55頁

等の中に、東岬、西岬の二校が設立されている。34頁の表のように、東岬学区は三崎町東部と向ヶ崎村で、西岬学区は、三崎町西部と宮川、原、二町谷、東岡、仲之町岡の各村である。つまり東岬学校、西岬学校は村単位に設立されたのではない。おそらく三崎地区の特殊事情によって学区が決定されたのであろう。三崎町について、三崎町東部＝東岬学区、三崎町西部（城村を含む、城村は後に三崎町）＝西岬学区に分けてある理由は、一節で述べたような三崎町東部西部の社会的経済的差異であろう。宮川村、原村、二町谷村、東岡村、仲之町岡村、向ヶ崎村等は非常に戸数が少ない（表1）ように、経済的基盤がないため学校設立ができなかったと考える。そのために三崎町と合同して学校設立をしたと推察する。向ヶ崎村が東岬学区となっていることは、三崎町東部と隣接しているためと推察する。その他の各村は、東岬学区と山ひとつを境にしているため、西岬学区になっていたと考える。詳細なことについて不明確である。

以上のように、東岬学区、西岬学区に分けられたが、東岡、二町谷、仲之町岡、原、宮川、向ヶ崎の各村は明治八年地租改正のため税務上のことから行政村として六合村となった。そのために、東岬学区、西岬学区は、三崎町、六合村をそれぞれ二分することになる。

(二) 教育行政組織

明治六年四月付の神奈川県布達「**小学開業ニ付、先般及ニ觸達一候通、学区取締別紙名前之者共ヱ申付候**」【註一】によって、十四大区の学区取締に沼田七重郎・若命信義（十四大区区長）【註二】が任命されている。明治八年には学区取締に、沼田七重郎と、あらたに三崎町出身の塩瀬与太郎（十四大区、副区長、漁商兼質屋・酒屋）の二名である。神奈川県小学規則第一則に「**一大区に學區取締を置て區内學務を總轄せしめ候事**」【註三】と各大区一名の学区取締を設置するはずであったが、十四大区に限らず各大区に、区戸長兼任の学区取締と専任の学区取締の二名が設置されている。

明治八年七月、学区取締名
〈神奈川県下各大区〉

1大区	原亮三 (4小区戸長)	小野光景 (1小区副戸長)
2大区	荻原太郎 (区長)	双田佐左エ門
3大区	鈴木利貞 (区長)	浅田定堅
4大区	田辺弥平	青山太郎右エ門
5大区	安藤久重 (2小区戸長)	鈴木久弥
6大区	平本義治 (副区長)	長谷川為章
7大区	古沢一作 (区長)	村田藤右エ門 (6小区戸長)
8大区	若林□□ (4小区戸長)	宇佐美 謙
9大区	佐藤俊宣 (5小区戸長)	谷合量平
10大区 ～ 21大区		略

（神奈川県職員録より）

【註一】神奈川県布達、明治六年、神奈川県庁文書課、横浜市史稿―教育―
【註二】前田家文書の学区取締・区長名より
【註三】資料集三、155頁

ところで、三崎地区の学事関係文書をみると、そのほとんどが、戸長、副戸長の署名がある。戸長、副戸長が小区内の学事を統制していたことがわかる。明治六年の「神奈川県、戸長副戸長事務取扱大略」【註一】にも、

一、区長学区取締ニ次キ制限ニ従ヒ番組一切ノ事務ヲ取扱フ事

一、学校ヲ設立スト雖トモ費用ノ備ナクシテ永続ノ目的モ難立ニ付組内有志ヲ募り或ハ適宜ノ民費ニ課スル方ヲ設ケ貧生ヲ救助シ学ニ付カサル児童ナキ様心掛可シ区内学校ノ盛ンナラサルハ区長学区取締ノ責タレトモ番組ノ行レサルハ戸長副戸長ノ責タルヘシ但学校ノ一切ハ学区取締ノ指揮ヲ受ケ合議ス可シ

と記されており、戸長は大区の学区取締の指揮下に、小区内の学事について責任があったのである。しかし、戸長が小区の学事に責任があったにもかかわらず、三崎地区においても、他地方と同じように、学区取締の下にあって学校設立維持に働いた役職があったことが見られる。東京府の学校雑務係、盤井県の学校係、筑摩県の学校監事、長野県の学校執事等、府県によって呼称が違っている。神奈川県では「学校世話役」と呼んだ。三戸村前田家文書の史料に「学校世話役の事」として、「一、**世話役ハ毎校一名乃至二三名ヲ置クベシ**、一、**世話役ハ学事篤志ニシテ居民ノ名望有ル者ヲ以充テ但シ正副戸長ヲシテ兼務セシムル事モアルベシ**、一、**世話役ハ校費出納受業料集徴其他一切ノ校務ヲ担任スル者トス**」と記されている。この文は年不承であるが「神奈川懸教育会議案書」【註二】と全く同一である。「学校世話役ノ事」は県から県下各小区に布達されたといえる。神奈川県の学校世話役について規定したものはこの「学校世話役ノ事」だけであり、他府県の「学校世話

役心得」に類するものは見出されない。三崎地区の学校世話役設置もこの「学校世話役ノ事」によったものと思われる。学制期の三崎地区学校世話役は次のようになる。

学校世話役名　（　）は職業

	明治七年	明治九年十月	明治十年七月
東岬学校	小村徳左エ門（質・呉服商）三崎町東部出身	三好直吉（たばこ） 長谷川久五郎（旅籠） 大谷清八（質・たばこ）	三好直吉 永塚儀左エ門（魚商）
西岬学校	井上平六（酒・たばこ）六合村出身（二町谷）	湊大三郎（魚商・質・酒）三崎町西部出身 内藤吉兵エ（質、米、酒）三崎町西部出身 井上平六	湊大三郎 内藤吉兵エ 井上平六

（諸願届綴、明治七〜十年、資料集十、171頁、学校世話役書上参照　三崎町史）

【註一】神奈川縣會史第一巻、130頁
【註二】資料集九、164頁、神奈川縣教育会議案書参照

学校世話役の名前が見出されるのは明治七年からで、東岬西岬各学校の学校世話役は、質屋、酒屋、たばこや等を営業している三崎町の有力者で各校に二〜三名ずつおかれていた。なお、戸長、副戸長もそのほとんどが質屋、米屋、酒屋で、金融業を兼ねた多角経営者であり三崎地区の有力者である。一章一節で述べたような三崎地区を支配している三崎町の質屋、米屋、酒屋等の有力者が学校設立維持に重要な働きをしたのである。

三崎地区 14 大区、3 小区、戸長副戸長名

明治	戸　長	副戸長
五年	沢村卯兵ヱ 三崎町東部出身 質・米屋	内藤吉兵ヱ 三崎町西部出身 質・米屋
六年	塩瀬与太郎 三崎町西部出身 魚商兼質屋	石渡直道 六合村二町谷出身 酒屋
七年	石渡直道	加藤泰次郎
八年	加藤泰次郎 城ヶ島出身 米屋・みそや・医師・高利貸もする	鈴木与右ヱ門 六合村東岡出身 酒屋・しょうゆ
九年	加藤泰次郎	
十年		鈴木与右ヱ門

三崎町史より作成　諸願届綴明治五年〜十年

(三) 教育費

周知のように「学制」の規定では教育費の大部分は生徒の受業料を中心にした民費によって賄なわれることになっていたが、三崎地区（十四大区、三小区）の教育費確保の方法はどのようなものであったのであろうか。まず明治九年二月の「東岬学校取調」【註】を中心として検討してみよう。

第拾五番東岬学校
字　北条位置　三崎町
一、高　八拾五石三斗
一、戸数　五百三拾壱戸
一、世話人
三好直吉、高橋仁兵ヱ
長谷川久五郎、杉山佐五兵ヱ
澤村卯兵ヱ　　大谷久兵ヱ
一、教員
四等訓導　山本顧四郎
月給九円

【註】明治九年、諸願届綴

一、費用

金、二円五拾銭　小使月給

金、二円八拾銭　世話人集会入用

金、五円　　　　炭油代

金、拾弐円　　　修繕入用

一、生徒　百八人

内

弐人　　七級

百六人　八級

一、金六百円　資本金

一、金拾五円三拾銭　日掛壱ヶ月平均

右者、教員、世話人、取調候処相違無之候以上

明治九年二月　　　右副戸長

鈴木与右エ門

収入と考えられるものは「資本金」六百円の利子と「日掛一ヶ月平均十五円三十銭」である。収入の項目中に受業料がない。教員月給は教員欄に別に示してあるのみで、支出(費用)に月給がない。

三崎地区の隣村である三戸村の明治九年「学校取調書」によると教師の給料は「生徒ヨリ受業料」【註一】でまかなわれており、東岬学校同様に支出の項目に教師の給料がみあたらない。三崎地区東岬学校の受業料の使途は三戸村の学校と同じで、教員月給にあてられたものと考えうる。受業料が教員月給にあてられたことは、三戸学校の場合、寺子屋の転換の小学校であるため、寺子屋の師匠への「謝儀」の形態が残ったためであろう。

三崎地区東岬学校の場合にも、三崎地区に寺子屋が存在していたから、同様の事が推定される。費用（支出）の項目中、修繕費十二円は臨時費的なものである。

隣村である松輪村の明治十一年九月、一ヶ月の松輪村村費の学校経費【註二】を考察する。上記のように松輪村村費のうち学校経済について学校入費予算【註三】の三分の一の割合にあたる二円二十銭の黒字である。この黒字二円二十銭は学校修繕費等の臨時費に充当されたのであろう。東岬学校の経常費、臨時費の比率が松輪と同じく二対一であったとすれば、東岬学校の修繕費十二円を除いた部分、つまり経常費は十円三十銭であるから臨時費充当分は五円十五銭となり、その合計は十五円四十五銭となる。そして、この

14大区2小区
松輪村村費の学校経費

学校入費予算		－6円50銭
ー）	支出	－4円30銭
		2円20銭

【註一】資料集十一、172頁、学校章程取調書上帳
【註二】資料集十二、175頁、第十四大区二小区松輪村村費計算書（明治十一年）
【註三】学校入費予算は、十一年の十、十一、十二月分、十九円五十銭から一ヶ月六円五十銭と計算した。（資料集十三、176頁、民費豫算先入取調書）

十五円四十五銭は東岬学校の一ヶ月の日掛十五円三十五銭にほぼ一致する。したがって東岬学校の一ヶ月の学校経費は日掛十五円三十銭で十分間に合っていたと考えられる。前述の資料「東岬学校取調」に資本金六百円と記してあるだけで「資本金……円」と記していない。資本金利子は日掛の中に入っていると推定する。資本金利子は学区内集金として徴収されたと推察する。

東岬学校資本金六百円がどんな性格であったかは次の資本金御請費でさらによく理解される。

明治八年諸願届綴（三崎町、三小区戸長役場）

資本金御請書

第十四大区三小区

東岬学舎

一金六百円

積立金

預り人

小村徳左ヱ門

外廿人

右之通當三小区三崎町東甲（ママ）学舎◯（ママ）積立金年一割之利子ヲ以学校ニ相懸リ候諸費相積申度右金子之義差出候者ニ相預候利子之儀連月廿五日限り相建比拂申し度候依御積書申上候以上

学校世話役

小村徳左ヱ門

明治八年十二月十五日

副戸長

鈴木与右ヱ門

戸長

加藤泰次郎

資本金御請書

第十四大区三小区

西岬学舎

一金六百円

積立金

預り人

香山米蔵

外廿人

同文

学校世話役　香山米蔵

副　戸　長　鈴木与右ヱ門

戸　　長　加藤泰次郎

（単位 %）

	全　国	神奈川	東岬学校学区
前年ヨリ越額	13.5	18.1	
生徒受業料	5.7	10.3	37.0（教員月給充当）（9円）
寄附金	16.6	14.5	
学區内集金	36.5	28.4	42.4（10円30銭）
文部省扶助金	9.8	7.4	
積金利子	9.9	17.4	20.6（5円）
諸入金	8.0	0.3	
縣税金	——	3.6	
總計　金額	（100%）	193993円765銭（100%）	24円30銭（100%）

教育制度発達史第一巻　東岬学校取調　明治九年　文部省年報明治九年神奈川県より作成

すなわち、他の地方にもあるように、学区内の有志に資本金を寄附させ、そして寄附した資本金をその寄附者へ預けておくという名目で、年一割の利息を毎年経常的に取り立て、学校維持にあてるという仕組みなのであった。つまり村内各戸に対し各自の負担分を定めて学校費用を取り立てるのとまったく同じであった。だが、東岬学舎と西岬学舎の資本金について六百円ずつとか、年一割の資本金利子等が共通していることは、各々の学舎の有力者たちが申し合わせたものと考えられる。各々の学舎の資本金利子は小区の民費に含めて徴集するために申し合わせたと推定する。この資本金御請書の性格と、前述の東岬学校経済収入とから資本金利子が民費に含めて徴収されたことが一段とはっきりする。

ところで、上の表のように東岬学校一ヶ月の収入費目の割合を全国、神奈川県下平均と較べると、受業料が高いのが注目される。二章三節で述べるように、東岬学校の就学率は全国、神奈川県平均より低い。就学率が低く、受業料の割合が高いことは、東岬学校の場合「オカモノ（商人階級、陸者）」の学校という性格のためであると推定する。

第二章

地方有力者による東岬小学校の拡張

第三

連語圖

其處 此處 何處 何時 往く 歸る 彼の
此の 彼 是 近き 遠き 町 里 朋友 親類
學問 智識 家業 富
君ハ 其處に居て 書物を讀み 予ハ
此處に在りて 手習を○ 彼の小兒は
何處へ往きしや 此女子ハ 何時歸りしぞ○ 彼ハ 近き處の
朋友の宅ふ往き 是ハ 遠き處の 親類の家より歸る○
近き處ハ 二三町にをぎぞ 遠き處ハ 五六里に餘まり○
彼の朋友ハ 常に學問を好み 是の親類ハ能く家業を勵む
○學問を好めハ 智識を增し 家業を勵めバ 富を致す

明治七年八月改正、第三連語圖（藤慶）

一節　三崎地区有力者層による小学校の合併

明治十年一月神奈川県は乙35号【註二】を布達している。

乙第三十五号　　　　各大区
　　　　　　　　　　　正副區戸長
　　　　　　　　　　　学區取締

小学區画割合之儀區々相成居不都合之向モ有之ニ付今般更ニ改正可致候条左之ヶ条ニヨリ割合見込詳細取調来月十五日限リ可申出此旨相達候事

明治十年一月廿七日　神奈川縣権令　野村靖

一、人口大九六百名以上ヲ目的トス尤学校ヲ維持スル者○多ノ力ヲ要スルモノ故六百名以上ハ幾名ニ至リテモ不苦候得共減少ハ不相成儀ト可心得事

一、前條ノ如シト雖モ餘リ大数一至ル時ハ其組合内幾個ニ分画シ而シテ可成聊区候儀ト可相心得事

一、山間僻　等ニテ隣村戸遠隔致萬不得止ノ向ハ実地検査之上時トシテハ六百名以下タリ共一小區トナス事アルヘシ

一、一小區ハ大凡六百名以上ト定ムト雖モ既ニ学校新築授業上差支無之向者敢テ合併スルニ不及候条一小学区内ニ教授有之候テモ不苦儀ト可心得事

小学校設立は人口六百名以上であること、そして連区を推奨するというものである。乙第三十五号は小学校設立維持のために教育財源を確保する方策であった。つまり小学校の区画を人口六百名以上、そして連区を推奨することは「一ハ力ヲ合セテ学費ヲ負担シ持久ノ策ヲナス」【註二】ものであったといえる。そのために神奈川県において合併する学校は明治九年に九校であったが、明治十年に九十六校、十一年に三十六校と増加し、県下の小学校設置維持基盤の弱小学区が減少した。明治十年、三崎地区東岬学校と諸磯との「学校合併願」【註三】が県に出され、県から認可をうけている。

学校合併願

第十四大区四小区
第十中学区十八番小学
諸磯学校

【註一】神奈川県布達、明治十年、神奈川県庁文書課蔵
【註二】文部省年報、明治十年、神奈川縣年報
【註三】学校廃合並寄附金書類明治十〜二十年

一、戸数百六戸
　人口五百九拾壱人
　　　　　　　　　　　同大区三小区
　　　　　　　　　　　　同十五番小学
　　　　　　　　　　　　　東岬学校
一、戸数五百四拾七戸
　人口貳千七百七拾五人
　　　右合併改　東岬学校
　　該位置　三崎町字東之町
　　戸数　六百五拾三戸
　　人口　三千三百六拾六人
右学校今般合併示談行届キ候間御
聞届　成下度連印ヲ以奉願上候以上
　明治十年七月廿一日
　　　　　　　諸磯村代議人（総代）
　　　　　　　　石川□□□　㊞
　　　　　　村用掛
　　　　　　　長田甚左ヱ門　㊞
　　　　　　学校世話役
　　　　　　　小峰兵左ヱ門　㊞
　　　　　　六合村代議人（総代）

青木□□□　㊞

村用掛

川嶋源七　㊞

学校世話役

永塚儀左ヱ門　㊞

三崎町

代議人（惣代）

笹本惣吉　㊞

町用掛

小村徳左ヱ門　㊞

学校世話役

三好直吉　㊞

戸長

加藤泰次郎　㊞

学区取締

沼田七重郎　㊞

神奈川縣権令

野村靖殿

書面　伺之通

明治十年八月二日　神奈川縣　[印]

東岬学校と諸磯学校との合併は乙三十五号の県布達に従った形をとっていることは明瞭である。諸磯村は戸数百六戸、人口五百九十一人でこの布達の適用をうける条件を備えていた。諸磯学校と

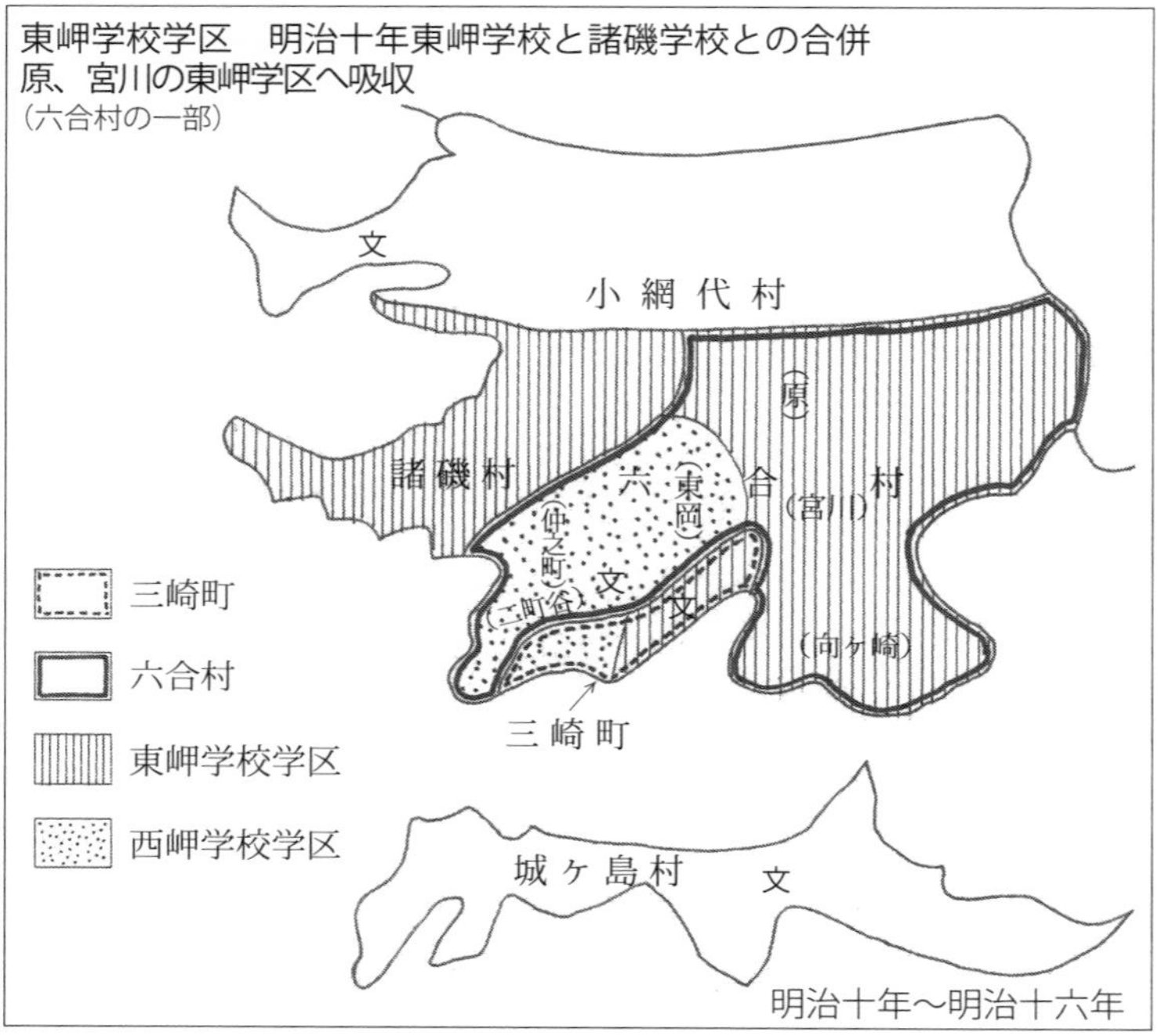

東岬学校学区　明治十年東岬学校と諸磯学校との合併
原、宮川の東岬学区へ吸収
（六合村の一部）

三崎町
六合村
東岬学校学区
西岬学校学区

明治十年～明治十六年

東岬学校との合併は第十四大区三小区の三崎地区と四小区の諸磯村という町村の境界、一般行政区を越えて、学校合併である。神奈川県内、行政区を越えての学校合併は、愛甲郡第二十三大区二小区戸室村の戸室学校と一小区村の成思館学校との例【註一】がみられる。一般行政区を越えての学校合併を県は認可しており、県の教育政策は、学校合併の方針をおしすすめていたといえる。しかし、どうして諸磯学校は西岬学校とか、小網代学校に合併しなかったのであろうか。そして東岬学校と諸磯学校との合併を機会に西岬学区である六合村の一部、原、宮川の部落が東岬学区に吸収されている。そこには東岬学区および諸磯学区、有力者の政治的関係が介在しているように

思われるのである。

明治十年、摺附木製造所事件、横須賀警察署の三崎分署問題【註二】によって三崎地区有力者たちの間に政治的対抗関係が生じている。

明治十年三月、摺附木製造所設立が県の誘導により、三崎町有力者によって計画された。だが、明治十年三月三十一日、三小区戸長加藤泰次郎は県に反対意見「起業ノ目途立タサルヘシ」【註三】を上申している。

具体的には摺附木製造所の資金難であった。県からの督促があったのであろう明治十年五月十二日加藤泰次郎は「摺附木製造所規則」制定、つづいて県へ「摺附木製造所設置願」【註四】を出す。明治十年七月県の認可があって、マッチ製造所は七月頃より操業する。しかし、このマッチ製造も掛け声だけ、しかも求人難で操業停止となっている。この摺附木製造所問題のためであろう三小区首脳部に人事変動がおきている。戸長加藤泰次郎辞任、町惣代笹本惣吉（三崎町東部出身、酒・米）、大谷清八（三崎町東部出身、質、米、酒）、町用掛湊大三郎（三崎町西部出身、漁商、質）等も辞任している。

摺附木製造所問題と同じくして、明治十年横須賀警察署が三崎警察分署を三崎町西部に新設しよ

【註一】資料集十五、178頁
【註二】摺附木製造所問題、警察分署問題は三崎町史60頁～参照
【註三】資料集十六、180頁参照
【註四】資料集十七、181頁参照

うとする。当時の民情は警察を「タムロ」と呼び、警察を嫌悪【註一】していたために、三崎町西部の民衆は分署設置反対をする。おそらく戸長加藤泰次郎は摺附木製造所問題のもつれから戸長を辞任したが、この間に三崎町西部の警察分署設置反対の要求を入れて、分署を六合村（二町谷）に建てる。おそらく、これが原因して町惣代、井上半六（六合村二町谷出身、酒屋）は辞任に追い込まれ、三崎町東部有力者に反対の立場をとっている三崎町西部の有力者、湊大三郎（漁商、質屋、酒屋）も町用掛から退いている。加藤泰次郎腹心の鈴木与右ヱ門（六合村東岡出身。明治十六年加藤泰次郎と金融会社、共益社を創設）が戸長となり、副戸長は三崎町東部の小村徳左ヱ門（呉服屋、質屋、たばこ）、町用掛、町惣代に三崎町東部有力者（質屋、米屋、酒屋）と利害を共にする三崎町西部出身、香山米蔵（酒、質、米屋）、内藤吉兵ヱ（米、酒、質）が留任しており、あたらしく、高橋仁兵ヱ（三崎町東部出身、質）、杉山佐五兵ヱ（三崎町東部出身、人力車、たばこ）が町惣代になっている。加藤泰次郎、小村徳左ヱ門等に代表される酒屋、質屋、米屋等を営む三崎町東部有力者たちに反対する勢力【註二】は三小区首脳部から一掃され、三崎町東部有力者、小村、加藤派等の質屋、酒屋等を営む新興金融業者たちの政治的支配強化があったと推察する。六合村用掛川嶋源七（六合村の向ヶ崎出身、魚商、質）村惣代宮川治右ヱ門（六合村の宮川出身、在村地主）もおそらく大勢に同調したと考える。この三崎町東部有力者支配体制強化の現われが東岬学校と諸磯学校などの合併、西岬学区であった六合村の原、宮川部落の東岬学校への吸収であろう。前述の県布達乙第三十五号もこの三崎町東部有力者に利用されたと見てよい。むろん、この合併の背景には諸磯村有力者、小嶺兵左ヱ門と加藤泰次郎と明治十六年金融会社、共益社を創設していることから

第三小区　首脳部氏名一覧表

	明治十年五月頃	明治十年十月	明治十年十一月七日
戸　長	加藤泰次郎		鈴木与右ヱ門
副戸長	鈴木与右ヱ門	鈴木与右ヱ門	小村徳左ヱ門
町用掛	小村徳左ヱ門 香山米蔵 湊大三郎	小村徳左ヱ門 香山米蔵 湊大三郎	香山米蔵
町惣代	沢村卯兵ヱ 笹本惣吉 大谷清八 内藤吉兵ヱ 井上半六	内藤吉兵ヱ 沢村卯兵ヱ	内藤吉兵ヱ 杉山佐五兵ヱ 高橋仁兵ヱ
村用係 （六合村）	川島源七	川島源七	川島源七
村惣代 （六合村）	宮川治右ヱ門	宮川治右ヱ門	宮川治右ヱ門
村用係 （城ヶ島）	青木平左ヱ門	青木平左ヱ門	青木平左ヱ門
村惣代 （城ヶ島）	池田甚五右ヱ門	池田甚五右ヱ門	池田甚五右ヱ門

もうかがわれるごとく、小嶺兵左ヱ門と加藤泰次郎との結びつきも考えられる。

【註一】警察を嫌悪したことは、三崎町史64頁。漁民たちが警察を恐怖していることは、彼等の財産を差し押さえられ、競売になっても、借金返済に困ると警察署に拘引されるためであったという。三崎町史53頁（三小区首脳部、人事変動について上の表対照）

【註二】　湊大三郎に代表される、三崎町西部、魚商勢力

二節　東岬小学校新築寄附金の階層的分析

神奈川県の学制発布後の教育政策は、神奈川県小学規則（明治六年二月）第十八則【註一】に「**學舍は追て新築致すべき筈なれども當分最寄の寺院又は手廣の家宅を借受る事。其區内の便宜に任すべし**」とあり、従来の寺子屋、家塾を利用しながら、学制に規定された小学校の体裁にもっていこうとするものであった。一章二節で述べたように十四大区三浦地方でも、いままであった寺子屋、手習所が、そのまま学校という名前に塗りかえられたようなものであった。お寺と民家、しかも畳の上に机という形態の学校がいつまでも長く存在することを恐れた県当局は、一策を案じ、明治九年第百八十号をもって、次のように布達した。

学第百八十號【註二】

今般新築学校、其出費三百圓以上、遂次大小ノ區別ヲ立テ、別紙雛形ノ通旗章一流ツツ賞与候条費用ノ款々詳細取調可申出此旨相達候事　但費用取調ノ儀ハ三百円以下ノ校タリ共同様心得共

神奈川縣令　野村靖

明治九年七月十一日

雛形

金三百円以上五百円マテ　横 三尺　　竪 四尺五寸

金五百円以上千円マテ　横五尺　竪六尺

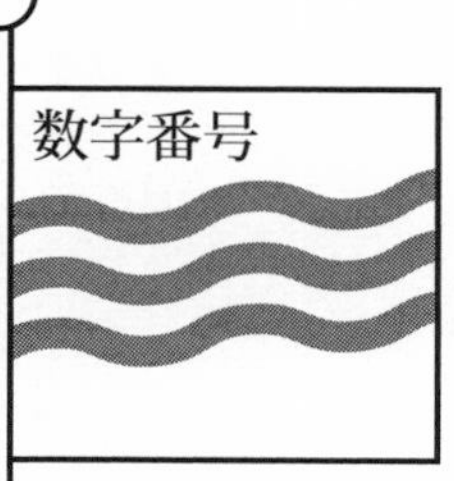

賞與旗を下賜するの規定を設けて校舎の新築を奨励した。その他に新築を奨励するため「**各大區必一校ヲ新築スル事**」として「**新築ハ各大區トモ速ニ着手スルヲ要**……（虫食い）……**ハ其他ノ適宜タルヘシ**」【註三】とされていた。この県の新築奨励にかかわらず、大抵の小学校は寺院民家を假用するものが多かった。文部省第七年報、神奈川縣年報に「**明治十一年中ニ於テ校舎ヲ新築スルモノ四十五其既ニ新築ニ係ルモノ百零四猶寺院民舎等ヲ假用スルモノ**三百二十三**ナリ**」と記している。この神奈川縣年報の記録からみて三崎地区東岬小学校の新築は比較的早かったといえる。東岬小学校の新築は県の新築奨励のためと、諸磯学校との合併によって生徒数の増加のためであったろう。十年六月から新築寄附金【註四】を募り十一年三月十五日に上棟式をあげ、十二年十二月新築

【註一】資料集三、１５５頁
【註二】神奈川県布達明治九年神奈川県庁文書課川崎教育史上巻
【註三】資料集九、１６４頁、神奈川懸教育会議案書
【註四】資料集十九、１８３頁、相模国三浦郡三崎町公立小学東岬学校寄附御届

校舎が竣工する。新築経費は三崎町共有金から八百二十円、寄附金六百八十二円五十六銭五厘で総計千五百六円五十六銭五厘であった。三崎町共有金が多額なことに注目してよい。東岬学区である六合村東部、諸磯村からの共有金は出費されていない。ただ三崎町共有金についてどんな性格であったか具体的な資料に触れることができなかった。三崎町共有金は三崎全町の所有であると考えるなら、東岬学区である三崎町東部の有力者たちが三崎町西部の有力者たちをおさえて、東岬学校新築経費に流用したと考えられないでもない。寄附金については三崎町東部、六合村東部、諸磯の各寄附人数、寄附金額等は表1のとおりである。さらに寄附者による寄附金額の差異は大体、経済的階級と一致するから、寄附金額の等級を具体的に町村別に示したものが表2である。

東岬学区全体で寄附した戸数の割合は四分の一強で非常に低い。東岬学区内で寄附金を出す経済的余裕のある人々は四分の一強であったといえる。六合村東部について寄附者の割合は高いが、その大部分は低額である。諸磯村寄附者十六人は村役人層の階級だけで、低額の寄附者はほとんどない。学事について、前述の合併問題も含めて、ほとんどこの十六人で活動したと考えられそうである。三崎町東部について、寄附金額は一番高く、東岬学校新築寄附金のうちのほとんどを占めている。しかも、高額寄附金者はほとんどが酒屋、米屋、質屋等を営む三崎町有力者階級である。つまり、東岬学校新築寄附金のうち、高額寄附金は三崎町東部出身の酒屋、質屋、米屋等を営む三崎町有力者層である。

〈表 1〉東岬学区内、新築寄附金額と寄附者数

寄附金	戸数	寄附人数	金額
三崎町東部	460	110	532円51銭5厘 （533円2銭5厘）
六合村東部	252	112	99円　（99円55銭）
諸磯村	118	16	50円
計	830	238	681円51銭5厘

資料の合計金額が不正確（682円56銭5厘）
（　）内は原資料にある金額

〈表 2〉

金額	三崎町東部	六合村東部	諸磯村
100円	1人		
50円	1人		
35円	1人		
25円	1人		
15円	1人		
10円	13人		1人
8円	1人		
6円	5人		1人
5円	4人		2人
4円50銭～4円	1人	2人	
3円50銭～3円	9人	1人	
2円50銭～2円	17人	1人	12人
1円62銭5厘～1円50銭	15人	10人	
1円25銭～1円	16人	29人	
82銭5厘～62銭5厘	12人	1人	
50銭	8人	19人	
37銭5厘～25銭	4人	30人	
～20銭		8人	
15銭		1人	

東岬学校図（学校廃合並寄付金書類より）

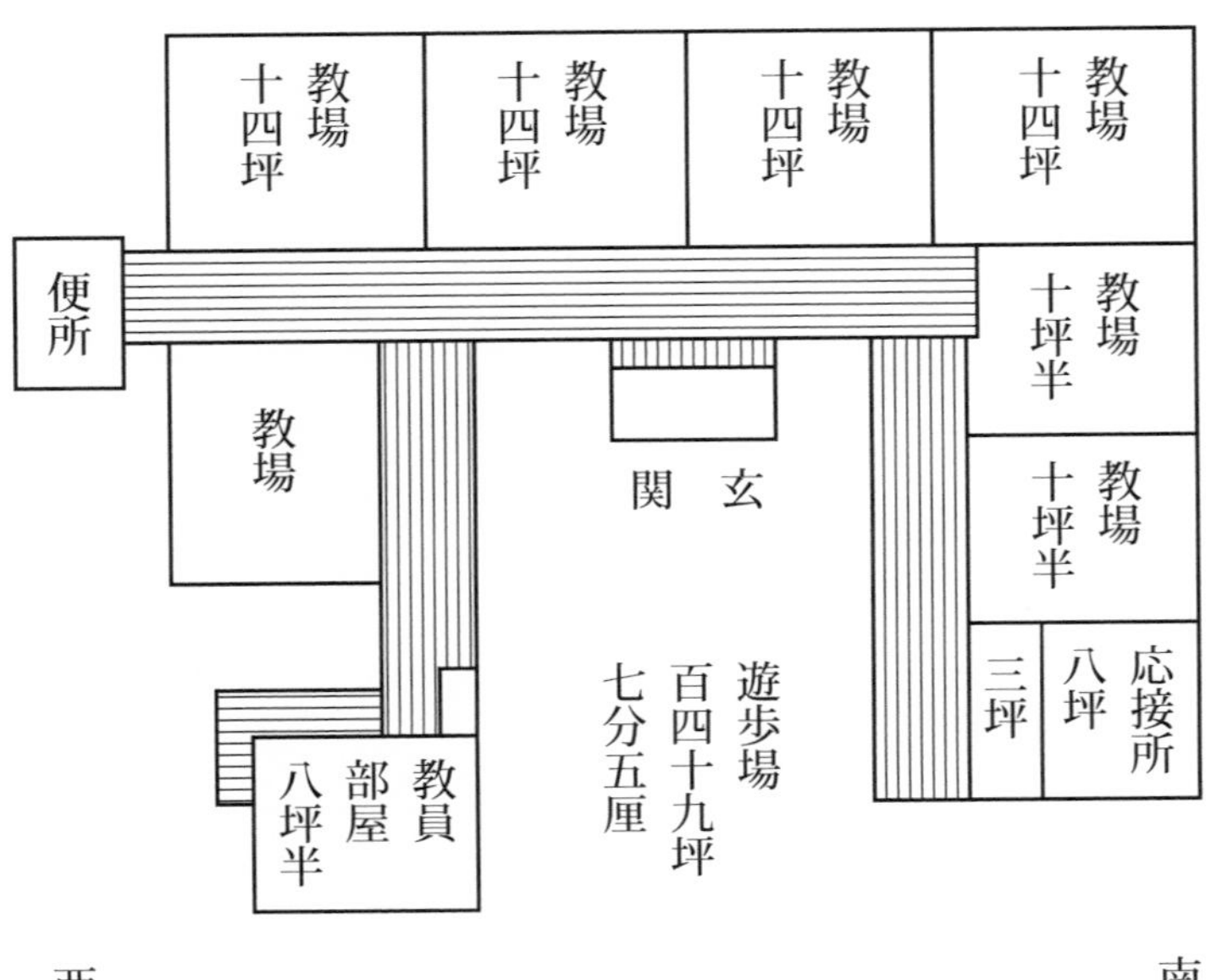

教場　九十一坪
玄関　六坪
廊下　二十五坪
応接所　十一坪
教員部屋　八坪半
雪隠　八坪七分五厘
合計　百五十坪二分五厘

三節　就学状況と生徒の社会階層

学制は「**人民一般必ス学ハスンハアルヘカラサルモノトス**」と国民に就学を強制し、就学督励のためには「**人民ヲ勧誘シテ務テ学ニ就カシメ**」ることを学区取締の職掌として明記し、また就学、未就学の届出と就学調査を規定している。明治六年七月、神奈川県では「**学齢ノ子女就不就学取調ノ事**」を布達している。十四大区では学区取締が「**酉七月十二日廻達**」している（前田家文書より引用）。

小學舎生徒員数取調至急可差出旨御布告ニ付來ル十五日限り左ノ雛形ニ準ジ可差出処此段及御報告候也

酉七月十二日

記

組　第二拾六番
第幾番　何小學

一、何村　年位何拾人内　男　何人
　　　　　　　　　　　　女　何人

一、何甼　年位何拾人内　男　何人
　　　　　　　　　　　　女　何人

合計　何百何拾人
　　内
　　　男何人
　　　女何人

右之通相違無御座候　　以上

　第何番小學
　　訓導　――　㊞
　何村
　　戸長　――　㊞
　何畀
　　戸長　――　㊞

第拾四區
　學區取締　何々誰殿
　　　　　　何々誰殿
尚く(ママ)至急之入用ニ付候故無遅ニ急度取調可差出候也
　　　　第拾四區
　酉七月
　　　　　學區取締

学区取締がこの布達によって、十四大区内各戸長は小学舎入学生徒を取調べ就学するよう督励したと考える。この布達の他に十四大区（三崎地区）に再三にわたる県官の巡視があり、就学督励があった。

酉十一月十三日朝御觸（三戸村、前田家文書）
学校御巡遊として右御掛り御管(ママ)員様去ル十月廿八日縣廳御出発不日御着ニ可相成候ニ付而者各学校生徒人員相揃兼而傳習致し候規則相守勉強罷在之義可有之候へ共此段御達ヒ或度申進候也
明治六年十一月十一日　第十四區
會所
右之廻達有之候条此旨御承知不都合無之様御注意可致候也
前十一月十二日　第十四區四番區
會所
神奈川縣学務掛より石川確吉様小学校為巡査今十五日秋谷より御泊り明十六日𦊆朝より當區内学校御巡廻相成候間其番組内学校教員江通達致置不都合無之様御取計ひ可被成此段為□得御付け申候也

十二月十五日
学区取締
若命信義 ㊞

午後八時
七番組
五番組
六番組
四番組
三番組
二番組
壱番組
区副戸長　御中

追而七番組より六番組上之学校之儀ハ明日御廻ニ相成候間教員者不申及生徒共一同朝七ツ時より夕六ツ時迄学校ニ残居候様御取斗可被成事

県からの布達、県官の地方巡視による学校の整備、就学督励にさいして、重要な働きをしたのは、地方名望家である学区取締、正副戸長であることはいうまでもない。ところで学区取締、正副戸長は県の就学督励政策をそのまま受け入れたであろうか。当時の一般民衆は学校教育を無縁なものであるという考えが多かった。そのような社会状況の中で、地方名望家である学区取締、正副戸長が一般民衆を就学督励するに困難であった。

明治六年七月の十四大区三戸学舎の入学取調（明治六年前田家文書）に「**入学人数四十五人書上取調ノ事、内十七人不足、是ハ塩瀬様御内（学区取締塩瀬与太郎）ニ調候處不足人御呑込□□斷り出ニ付候ニ付承知致申（ママ）様仕候**」、とあるように、学区取締、正副戸長は民衆を就学させるのが困難であったため、自己の責任上公的な報告書に実際の数字を報告しなかった。地方名望家が就学督促に熱心ではなかったとも推定される。つまり学区取締、正副戸長は県からの就学督励政策の中で、自己の立場を保持していた。このような学区取締、正副戸長の動きは、三崎地区の有力者たちにも共通していたと言える。

三崎地区の就学状況をみていくことにする。次頁の表は三崎地区各学校の就学率を全国平均、神奈川県平均と比較対称したものである。

三崎地区各学校の就学率は明治十三年と明治十五年の各学校取調開申からのみ判明しているので、それを基にしたものである。第1表から明治十三年の三崎地区の各小学校の就学率は非常に低い。東岬小学校の三十七・八％の就学率は、略々同年度の青森県の三十六・二九％より少し高い位である。正に全国最低グループに位置していたと考える。東岬学区の中で三崎町東部は神奈川県平均、全国平均より高いが、六合村東部、諸磯村は非常に低い。このことは三崎地区の地域差を示していると考えられる。つまり、三崎東部は比較的経済的に恵まれた家庭が多かったが、六合村東部、諸磯村は貧困な家庭が多かったからである。東岬小学校の就学率は、諸磯村、六合村東部の就学率が低いために、低くなっている。明治十二年の西岬学校の就学率は異常に高いが、報告書に就学者数

第 1 表. I.　就学率比較表　（単位　%）

		明治 12 年	明治 13 年	明治 15 年
東岬学校	三崎町東部	——	45.4	48.7
	六合村東部	——	24.1	25.9
	諸磯村	——	29.1	25.7
	東岬学校学区計	——	37.8	38.5
西　岬　学　校		55.9	——	42
城　ヶ　島　学　校		32	——	58.1
神　奈　川　県		——	44	44
青　森　県		——	36.29	36.35
全　　国		——	41.06	48.51
銚　子（千葉県）		26.9	27.1	38.8
石　巻（宮城県）		31.1	37.9	43.0

東岬学校取調書（資料集二十一、198 頁、明治十三年）（資料集二十七、212 頁、明治十五年）
西岬学校、城ヶ島学校統計表（資料集二十二、200 頁、同二十三、201 頁、明治十二年）
町村立小学校取調開申（資料集二十四、203 頁、明治十五年）西岬学校
村立小学校設置伺（資料集二十八、215 頁、明治十五年）城ヶ島学校
教育制度発達史第二巻
文部省年報、明治十二年、十三年、十五年
　——神奈川県——

就学率について上記史料

第1表. II

東　岬　学　校					
数＼地域名		三崎町東部	六合村東部	諸磯村	計
戸　数（戸）	明治13年	474戸	249戸	120戸	843戸
	明治15年	460戸	252戸	118戸	830戸
人　口（人）	明治13年	2508人	1213人	635人	4356人
	明治15年	2192人	1445人	719人	4356人
学令人口（人）	明治13年	343人	145人	72人	560人
	明治15年	291人	148人	81人	520人
学令就学者（人）	明治13年	156人	35人	21人	212人
	明治15年	141人	38人	21人	200人
就学率（%）	明治13年	45.4%	24.1%	29.1%	37.8%
	明治15年	48.7%	25.9%	25.7%	38.5%

単位　%

項＼地名項	年代	東岬学校				神奈川県	青森県	全国
		三崎町東部	六合村東部	諸磯村	合　計			
就学率	明治13年	45.4	24.1	29.1	37.8	44	36.27	41.06
	明治15年	48.7	25.9	25.7	38.5	44	36.35	48.51

下等								合計	増	減
1級	2級	3級	4級	5級	6級	7級	8級			
						2人	106人			
						108人		108人		
7人	10人	8人	11人	14人	14人	16人	22人	113人		
12人	11人	6人	9人	14人	17人	15人	21人	114人		
19人	21人	14人	20人	28人	31人	31人	43人	227人		
3人	11人	9人	11人	15人	8人	11人	21人	103人		
5人	15人	5人	12人	12人	11人	10人	17人	98人		
8人	26人	14人	23人	27人	19人	21人	38人	201人		

明治十三年、東岬学校取調書（資料集二十一、198頁）　明治十五年、東岬学校取調書（資料集二十七、212頁）

を大幅に水増ししたのではないだろうか。詳細については不明である。

明治十五年の東岬、西岬学校はともに、神奈川県平均、全国平均より低く、また青森県に比較して、稍々高い。三崎地区東岬学校の場合、青森県よりやや高い原因は、三崎町東部の就学率が高いためであり、改正教育令の就学督促のためであろう。だが、東岬学区である六合村東部、諸磯村は依然として青森県の平均より低い。東岬学区内の三崎町東部、六合村東部、諸磯村の各就学率は明治十三年と同じことがいえる。ただ城ケ島学校の明治十五年の就学率が高いことは、改正教育令の就学督促のためであったか。三崎地区東岬学校の就学率が低いのと同じように、三崎地区の漁村、漁港としての地理的性格が同じと考えられる銚子、石巻の就学率は三崎地区と同じ位である。つまり、就学率の低いのは、漁村、漁港という性格のためであるといってよい。東岬学校の在学生徒の等級を示したのが第2表である。上等小学には非常に在学者が少ない。これは一般的に全国的傾向である。東岬小学校の就学状況は明治九年で下等7級、8級の一年生だけである。

第２表　東岬学校在籍生徒数増減比較表

		上	等						
年次		１級	２級	３級	４級	５級	６級	７級	８級
９年	男								
	女								
	計								
13年	男	２人	２人	１人	１人		５人		
	女	１人				５人	３人	空	欄
	計	３人	２人	１人	１人	５人	８人		
15年	男		ナシ		ナシ	0	２人	６人	６人
	女					0		３人	８人
	計					0	２人	９人	14人

明治九年、東岬学校取調（一章三節〈三〉教育費参照

第３表　各年級児童数の全児童数に対する百分率表

年級／年次	上等小学	下等小学							
		１級	2	3	4	5	6	7	8
8年	0.1	0.1	0.4	0.9	1.8	5.0	9.8	16.7	65.2
10年	0.8	1.3	1.8	3.2	5.1	8.2	11.8	18.9	48.9
12年	2.2	2.0	2.8	4.5	6.7	9.5	12.7	18.5	41.2
14年	4.7	3.2	4.3	5.7	7.8	9.7	12.4	17.8	34.4

（文部省年報）

全国の在学者の傾向は明治8年在学者中で、第5級5%、第6級9・8%の在学率であった。東岬小学校の在学者の進級程度はそれより低かった。当時の傾向として在学者のほとんどが7、8級で退学してしまうのが普通であったが、東岬学校はそれより低い（第3表）。

全国的に男子は女子より在学者が多かった。東岬学校の場合、在学者の男女差は見られない。一般に明治初期の就学率の低いのは女子の就学率の低いためであるといわれている。そこで、前述の就学率を考慮しながら、東岬学校明治十五年の男女別の就学率を考えてみる（第４表）。

第４表　東岬学校取調書より〔資料集、二十七、212 頁〕明治十五年

項／地	地　域	性別	学齢人口（人）	就学人口（人）	就学率（%）
三崎地区東岬学校	三崎町東部	男	147	76	51.7
		女	144	65	45
	諸　磯　村	男	39	9	23
		女	42	12	28.5
	六合村東部	男	70	19	27
		女	78	19	24
	総合計	男	（ママ）258	104	40
		女	（ママ）262	96	36.6
神奈川県		男	72055	37871	52.5
		女	59197	20214	34
	総合計		131252	58085	44
青森県		男	43443	26635	61.3
		女	39823	4817	12.1
全国		男			64.65
		女			30.98

諸磯村、六合村東部の男女の就学率は全国、神奈川県平均より低い。三崎町東部の就学率について、男子が神奈川県平均とほぼ同じで、女子就学率が全国、神奈川県平均より高い。男女の就学率が他と比べて三崎町東部が高いことは、男女ともに商人階級の子どもが多いためである。諸磯村、六合村東部からの生徒は男女ともにほんの一部の生徒だけである。

男子、女子の就学率の差は、全国、神奈川県平均の場合大きいのであるが、三崎町東部、諸磯村、六合村東部については、男女の就学率の差は大きくない。つまり、「漁師や百姓に学問はいらない」との考えが一般に強く、漁家の子どもは、八、九才になると小釣舟に乗せられて漁を仕込まれ、十二、三才に達すると、沖釣の漁船に乗組み、十六才前後には大人一人前の収入が得られた。漁師の困窮が早くから子どもの稼ぎをあてにしなければならなかったからである。そのために、一般には女子の就学率が低いのに、男子の就学率が女子の就学率と大差ないのである。

漁師の子弟は一般に経済的な理由からであろう、学校へ入学するよりも寺子屋に通うものが多かった。次の明治十一年六月第十四大区々務所から三小区正副戸長宛の示達で明らかである。「**其区内ニ於テ小学教則ヲ犯シ旧手習師匠ノ如キモノアリ、無知ノ人民是ガ為就学ヲ拒ム哉ニ相聞、不都合不少候ニ付、篤ト探偵至急有無御報告有之度此旨相達候也**」【註一】

入学した生徒の階層を調べたいが、入学生徒取調帳を見出せない。また、三崎町に石高がないので、入学者の階層が把握できない。そこで卒業した生徒名【註二】と、東岬学校新築寄付者名とを

【註一】大区布達綴より
【註二】資料集二十九、219頁、三崎小学校卒業生名簿

参照してみた【註】。新築寄付金はほぼ階層に従っていると考える。

最初に卒業生（下等一級、上等一級）はどの階級に属しているかを見るために、新築寄付に寄付した人、寄付をしない人の子弟の卒業生輩出率を考える。すると明治十一年より十四年の間の卒業生のうち、新築寄付に、寄付をした保護者の子どもと、寄付をしない人の保護者の子どもとの割合はほぼ4対1である。つまり、経済的な富裕階級の子弟が圧倒的に多いといえる。上級学年に進む子どもは経済的に恵まれていた（第5表）。

次に卒業生の階級を考察するために卒業生（保護者）と新築寄付者とを対照してみたのが第6表である。六合村東部の卒業生（保護者）二名が寄付者名にあるのは、六合村が零細なため在学困難を示している。諸磯村の卒業生は在村地主の子弟である。

三崎町東部の卒業生の保護者に寄付者が多いのは商人が多いためである。とくに名望家層の子弟である。寄付金なしはおそらく、東岬学校の中位の階級に属する人達であろうか。

第5表

	上等・下等卒業生の保護者	学区内寄附者数
寄附者人数	23	238
無寄附者人数	13	592
不　明	5	──

卒業生内訳＜上等小学４人／下等小学38人
（内１名は上等、下等卒業生であるのでそれぞれに含まれた人数である、重複人数）

卒業生のうち

寄附者の子弟と無寄附者の子弟との卒業生輩出率

$$\frac{23}{238} \div \frac{13}{592} \fallingdotseq 4:1\text{の割合}$$

【註】資料集三十、239頁、卒業生の保護者と新築寄附金額との対照表

第6表　卒業生（保護者）と新築寄附者との対照表

寄附金額	三崎町東部		六合村東部		諸磯村	
	寄附者	卒業生(保護者)	寄附者	卒業生(保護者)	寄附者	卒業生(保護者)
100円	1					
50円	1					
35円	1					
25円	1					
15円	1					
10円	13	2			1	1
8円	1					
6円	5	1			1	
5円	4	1			2	
4円50銭～4円	1		2			
3円50銭～3円	9	2	1			
2円50銭～2円	17	3	11	2	12	1
1円62銭5厘～1円50銭	15	2	10			
1円25銭～1円	16	4	29			
82銭5厘～6銭5厘	12	3	1			
50銭	8		19			
37銭5厘～25銭	4		30			
～20銭			8			
15銭			1			

第三章　改正教育令以後の小学校再編成過程

連語圖

衣服　木綿　麻　絹　毛織　單　帷子　袷　綿入
襦袢　羽織　帽　袴　長靴　足駄　草履　履
衣服の料ハ　木綿あり　又麻絹毛織あり　○　暑き時ハ　薄き衣服を著　寒き時ハ厚き衣服を著る　○　薄きハ　單帷子にて　厚きハ　袷　綿入なり　○　袷ハ　合せたるもの　綿入ハ　綿を入れたるなり　○　肌に貼くるハ　襦袢にして　表に服するハ　羽織なり　○　帽をかふり　袴を著る　○　雨の時ハ　足駄をはき　又長靴をはく　晴の日ハ　草履を用ゐ　又履をはく

明治七年八月改正、第六連語圖（藤慶）

一節　連合会の設立

教育令第九条によると、学区と校数、位置は府県庁の指定を排して、町村人民の自由意志に任せたが、十三年の改正教育令ではその第九條に「**各町村ハ府知事県令ノ指示ニ従ヒ独立或ハ聯合シテ其学齢児童ヲ教育スルニ足ルヘキ一個若クハ数個ノ小学校ヲ設置スヘシ**」とさだめ、学区と校数は府知事県令が指示することになった。文部省は学区の基準を示すため、十四年一月達一号で「小学校設置ノ区域并ニ校数指示方心得」を府県へ達した。神奈川県は十四年三月九日に達一号を「乙第四十二号　小学校設置ノ区域并校数査定方法心得」【註一】として郡区役所へ布達している。「乙第四十二号、小学校設置ノ区域并校数査定方法心得」は達一号の内容と同じである。乙第四十二号は「**小学校及ヒ町村経費ノ都合ヲ斟酌シ更ニ学区制定ノ見込ヲ立テ本月二十五日限リ取調可差出**」よう布達している。しかし、実際にあたってみると、学区分画の条件のうち第一条の第一項に問題があった。たとえば東岬学校が三崎町及び六合村の東部、西岬学校が両町村の西部を学区としている場合等である【註二】。明治十一年、郡区町村編成法によって、三崎地区には、三崎町城ヶ島村の連合した連合戸長役場の行政区域、六合村を行政区域とする六合村戸長役場等があった。そのため、東岬学区、西岬学区は三崎町の行政区域と六合村の行政区域とをそれぞれ分割していた。三崎地区のような例について大住淘綾両郡は県に伺を出している。

明治十四年神奈川県学事月報第三号（明治十四年三月）

・大住淘綾両郡伺

今般乙第四十二号御達相成候ニ付テハ小学校設置ノ区域并校数査定方該心得書ニ據ニ見込ヲ立可申出ノ處實際之ニ準據シ能ハサルノ場合有之候間左ニ其要領ヲ掲記シ相伺候

心得書第一條第一項ニ学区ノ境界ハ一町村若クハ数町村聯合ノ境界ト符合スルヲ要スト有之然ルトキハ従前通学ノ便宜ヲ謀リ一町村ヲ分割シテ甲乙学校ニ附属セシモノハ此際更ニ離合改定ノ所分可相成ト被存候得共熟々其實情ヲ按スルトキハ當初通学組合ヲ設クルニ方リ萬不得止ヨリ一町村ヲシテ甲乙学校ニ分隷セシモノニシテ今日強テ之レカ改正ヲ求メハ僅々数戸ニシテ本村ニ隔在シ却テ他村ニ接近スルノ僻落等ハ一小学校或ハ一分校ヲモ設置スルノ資力ナキヨリ自然距離隔遠ナル本村ノ区域内ニ包括セサルヲ得ス、如此ハ就學生徒ノ困難ヲ來スノミナラス学歩進否ニモ関係不少且心得書第一條第一項ノ趣意ニ対シ遺感ナキ能ハス本郡下学校中右事情ニ適合スルモノ往々之アリ甚タ進止ニ惑ヒ候間至急何分ノ御指揮相成度此段奉何候也

〔指令〕廿八日　書面伺之趣追テ何分ノ指令ニ及ブベキ事

大住淘綾両郡伺等のため、神奈川県は次のような伺を文部省に出している。

【註一】資料集三十一、243頁

【註二】資料集三十五、252頁、通学区域取調（三崎町について）

第十一号（文部省日誌）明治十四年

神奈川県伺　三月廿六日

小学校設置区域ノ義ニ付左之通相伺候間至急何分ノ御指揮有之度候也

・一町村ヲ分割シ二学区以上トナシ又ハ一町村ノ一部ヲ割テ他町村へ組ミ入ル、等ノ儀ハ地勢ノ便否ニ関セス不相成義ニ候哉

・国界又ハ郡区ノ境界等ハ甲乙学区ニ相跨リ候モ不苦義ニ候哉

〔指令〕七月廿九日

書面伺之趣

第一項　縣令ニ於テ不得已事情アリト認ムル儀ニ候ハヽ本年第三十八號公布ニ準據致シ不苦候事

第二項　伺之通

町村の境界と一致しえない学区についての伺は、神奈川県の他に和歌山県、愛媛県、長崎県等からも文部省に出されている。この伺の解決策として公布されたのが十四年七月二十一日の太政官布告第三十八号である。「**教育令第九條　小学校設置ノ区域町村ノ区域ニ仍リ難キ事情アルトキハ別ニ区域ヲ画スルヲ得ヘシ此旨布達候事、但本文ノ区域内ニ於テ会議ヲ要スルトキハ區町村会法第八條ニ準據スヘシ**」**【註一】**とある。この布告に基き、同年七月二十三日の文部省達第二十七号は同年一月二十九日文部省達一号「小学校設置ノ区域并ニ校数指示方心得」の中に「**学区ノ境界第二条ノ第一項ニ仍リ難キ事情アルトキハ府知事県令別ニ其区域ヲ定ムルコトヲ得ヘシ**」**【註二】**という一項

を追加したのである。かくして一町村または数町村連合の区域とその境界と一致し得ない学区が区町村会法の適用を受けて学区会を設置する途が開かれたのである。

改正教育令第九條、十四年一月の文部省達第一号に学区を町村単位、町村連合としたことは、「区町村会法」の影響が大きかった。『区町村会法』は明治十三年四月に公布され、各区町村は区町村会の設置が義務づけられた。区町村会は「**其区町村ノ公共ニ関スル事件及ヒ其経費ノ支出徴収方法ヲ議定ス**」【註三】べきものとされ、区町村の行財政上の議決機関としての法的地位が確立されていた【註四】。公立小学校は「**該町村ノ共有物**」として取扱われ、小学校の設立維持に必要な財源は主として町村協議費をもってあてられていた。このため小学校は区町村会の審議対象になっていた。区町村会法第一条「**区町村ノ公共ニ関スル事件**」に学事が該当することは当然であったし、むしろ『区町村会法』は、学事について区町村会の議決を要することを規定するものであった。それ故、前述の町村の境界と一致しない学区は、当然、学区会あるいは連合会を必要とした。

三崎地区においても、明治十四年十一月、町村の境界と一致しない学区である東岬学校学区、西岬学校学区にそれぞれ連合会が設立され、県から認可された【註五】。それぞれの連合会は「**本会ハ**

【註一】明治以降教育制度発達史第二巻、252頁
【註二】明治以降教育制度発達史第二巻、226頁
【註三】法令全書明治十三年
【註四】大石嘉一郎「日本地方財行政史序説」80頁
【註五】資料集三十三、245頁

連合町村内学事ニ関スル事件及ビ其ノ経費ノ支出徴集方法ヲ議定」していた。

神奈川県の政策は明治十四年八月學甲一月三十号として、「**教育令ニヨリ小学校設置ノ区域ハ現在町村立小学校組合区域ニヨリ自今学区ト定ム**」【註一】と、学区を町村の行政区域と一致させる方針であった。そして、「**校数指示ノ際併セテ學区狭少ニ過クルモノハ合併若クハ聯合セシメ**」【註二】る方針でもあった。町村の行政区域と一致しない東岬学区、西岬学区の各連合会が県から認可されたことは、例外として認められたといえる。

連合会は学事についての審議機関であったが、実際、学事について活動したのは学務委員であった。学務委員は明治十二年の教育令によって「**町村内ノ学校事務ヲ幹理**」するために「**其町村人民ノ選挙**」によって選ばれることになっていた。だが、神奈川県の場合、教育令下の学務委員は各町村に確実に置かれていなかった。文部省第八年報（神奈川県年報）に「**本年一月学務委員選挙法及職務心得ヲ頒布シ該設置ノ区域及其人員ハ各地ノ適宜ニ任セシカ或ハ一郡ヲ団結シテ一区域トナスアリ或ハ一郡内ヲ数部ニ區畫スルモアリ又ハ各町村立小学校設置区域ヲ以テ一區域トナスモアリ人員モ亦之ニ準シ彼此一様ナラサルナリ……**」と町村の学務委員設置は一様でなかった。教育令期に、三崎地区では、学務委員は見当たらず、明治十四年まで学校世話役が存在していた。教育令下の学務委員制度は未成熟であった。

改正教育令体制における国民教育普及政策は全国的に画一的統制の強化が図られたが、とくに学務委員制度についても同様である。

ところで、学務委員はどのように選出されたのであろうか。神奈川県学務委員薦挙規則【註三】

明治十四年　学校世話役名
学校世話役書上資料集より

東岬学校	西岬学校
三好直吉（たばこ）	湊彦三郎（魚商、質屋）
長谷川久五郎（旅宿）	新明八左ェ門（魚商）
高橋仁兵ヱ（質屋）	香山米蔵（質屋、酒、米）
杉山佐五兵ヱ（人力車、たばこ）	山田芳次郎（酒屋）

資料集三十四、250頁、小学校世話役御届より

第一条に「**学務委員ハ其学区内ノ公薦投票ヲ以テ其定員ノ三倍ヲ薦挙シ其中ニ就テ県令之ヲ撰任スヘシ**」とある。学務委員の薦挙人について「**第三条　学務委員ヲ薦挙スルヲ得ヘキ者ハ年齢二十才以上ノ男子ニシテ其学区内ニ於テ土地若クハ建物ヲ有シ日本籍ヲ定メ現ニ居住スル者ニ限ルヘシ、第四条　学務委員ノ薦挙人ハ前条ニ定ムル所ノ外其学区内ノ協議ニヨリ直チニ町村会議員ヲ以テ之ニ充ツルコトヲ得**」とある。学務委員の薦挙人は学区内に居住し、不動産がある者であるため、地方有力者が選ばれるのが一般的であったと推定する。三崎地区でも、明治十四年東岬学区、西岬学区の各連合会で学務委員の薦挙を行なっている。

【註一】神奈川県布達、明治十四年
【註二】文部省年報明治十四年神奈川県年報
【註三】神奈川県史料　神奈川県立図書館

〔明治十四年諸願届綴〕

本年八月本縣第百三十二号御布達ヲ尊奉シ学務委員薦挙規則第四條ニ依リ當三浦郡三崎町東西両校学区内日ノ出町外七ヶ町及六合村諸磯村ト連合シ右町村会議員ニ於テ議定ヲ要シ相当学務委員薦挙仕度候間御認可被成降置候此如奉願候也

明治十四年八月三十日　三浦郡諸磯村

戸長　小峰兵右ェ門

六合村

戸長　松井岡右ェ門

三崎町日ノ出町外七ヶ町

戸長　澤村清助代理

筆生　長谷川源兵ヱ

神奈川縣令　野村靖殿

神奈川県学務委員薦挙規則第四条に基いて、学務委員薦挙人を連合会議員として学務委員の薦挙を行なったと推定する。東岬学区、西岬学区それぞれの連合会議員をあげたのが次の表である。

明治十四年　東岬学区連合議員名

三崎町東部議員名	職業
田中直蔵	酒？
松月甚蔵	酒・たばこ
鈴木清吉	たばこ・運輸会社発起人
尼野彦兵ヱ	酒・質屋
村田幸助	
大谷清八	たばこ・質屋
佐伯定七	質屋・米屋
笹本惣吉	たばこ・質屋
川名甚左ェ門	船宿
高橋伝三	
内藤覚十郎	酒・質屋
神田金兵ヱ	質屋
村上清之助	
長谷川又五郎	旅宿
三好直吉	たばこ
小網吉次郎	たばこ・酒・料理屋
小牧半兵ヱ	小金融業（明治十六年 共益社発起人）そば？

六合村東部議員名	職業
宮川治右ェ門	農
下里市右ェ門	農
浜田治三郎	
川島惣右ェ門	農
宮川弁松	
宮川元次郎	
下里仁右ェ門	
青木七二郎	質屋
田中吉蔵	
長谷川牛蔵	
青木重兵ヱ	
永塚儀左ェ門	魚商
尾崎儀兵ヱ	農
尾崎徳次郎	農

諸磯村議員名	職業
三堀甚三郎	農
梶　利兵ヱ	
青木忠左ェ門	農
長田甚左ェ門	農
長田藤次郎	農
三堀善右ェ門	農
青木紋左ェ門	農
青木利左ェ門	農
出口清四郎	農

明治十四年　西岬学区連合会議員名

三崎町西部議員名	職業
金子佐兵ヱ	酒・湯屋
山田芳次郎	酒・米
小林新兵ヱ	
土方円周	
抱井惣右ェ門	
香山米蔵	酒・質屋
星野六兵ヱ	質屋
湊彦三郎	質屋・魚商
湊七三郎	魚商
中野吉右ェ門	魚商・質屋
新村八左ェ門	魚商・質屋
長谷川長八	魚商

六合村西部議員名	職業
石渡傳次郎	質屋・酒
鈴木与右ェ門	農
鈴木孫右ェ門	
抱井與平次	
三ツ堀善左ェ門	
香山忠五郎	魚商
石渡半二郎	魚商
吉岡豊吉	魚商
松崎市重郎	魚商
松崎清七	魚商
佐原助次郎	魚商

連合会規則の議員署名より〈学校新設廃合並寄附金書類〉明治十〜二十年

諸磯村、六合村東部の議員に農業を主とした在村地主が多く、六合村西部の議員には魚商が多い。また、三崎町東部の議員に質屋（金融業）、酒屋、たばこ屋などの多角経営者が多く、三崎町西部の議員には魚商、質屋である。

これらの連合会議員によって学務委員の「薦挙」が行なわれた。その薦挙された投票を、「**当三崎東西両校学務委員及ヒ城ヶ島村学校学務委員薦挙投標（ママ）持参出頭総代人**……」【註】とあるように、総代人が郡役所へ持参した。学務委員の「薦挙」投票を郡区役所で検討し、郡長がその結果を上申した。その結果の中から県令が学務委員を撰任したと推察する。

実際におかれた学務委員名をあげると次の表（左上）のようになる。

改正教育令によって戸長が学務委員を兼任することになったので戸長名をあげると表（左下）のようになる。

戸長、学務委員は、いずれも質屋、米屋、酒屋等の三崎有力者であることに変わりなかった。

明治十五年学務委員名

東岬学校学区	西岬学校学区
長谷川久五郎　旅宿 小村徳左ェ門　質屋、たばこ、呉服屋	星野小左ェ門　酒屋

（十五年学校設置伺より作成）

〈三崎町史より作成〉
また各年戸長役場文書より

	明治十四年	明治十五年	明治十六年
三崎町城ヶ島村戸長役場	戸長代理 長谷川源兵ヱ	内藤吉兵ヱ 質、米、酒	加藤泰次郎（城ヶ島出身）たばこ、酒小売
六合村戸長役場	松井岡右ェ門 質、酒	〃	〃

【註】明治十四年諸願届綴、三崎町戸長役場

二節　三崎地区有力者層による三崎・六合学校の設立
――東岬・西岬学校の廃止――

(一)　東岬・西岬学校の廃止経過と三崎・六合学校の設立事情

明治十四年から二十年頃まで、松方財政のデフレと増税のため、一般民衆の生活は困窮におちいっていた。三崎地区でも漁民困窮がひどかった。漁民困窮と比例して、明治十五年頃から高利貸の横行が甚しくなっている。明治十六、十七年頃の戸長役場書類には、高利貸またはその代理人を原告とした訴訟書類、貸金滞説諭願、債務者の逃亡証明願、競売書類が相連なっている。次の資料は漁民困窮について記している。(明治十六年三崎町戸長役場回議録)

「管理内三崎各町窮民ノ事情タルヤ千有余人ノ難民殆ンド糊口ノ計竭キ悯々トシテ各所ニ集合シ或ハ粗暴ノ挙ニ出ントス　某窮況ヲ視テ黙視ニ忍ヒス　因テ屡々愚見ヲ陳白シテ閣下施仁ノ一助ニ呈シ　傍ラ負債償却ノ方策ヲ設ケ本年四月ニ至リ方法漸ク備リ　爾来負債ノ為メ夫ハ法廷ニ拘致セラレ妻子飢ニ啼クカ如キノ惨状ハ幸ニ免ルル事ヲ得タリ（中略）部内各町ノ人口本年一月ノ調査ニ依レバ四千二百四十人内漁民二千四百六十人其商業漁業ノ収入ヲ計算スルニ商品販売ノ額一年二十三万五千円余漁業ノ収穫一万五千円ニ昇ラス　之ヲ漁家四百戸ニ平均スレハ一年得ル処一戸僅ニ三十七円五十銭トス　斯ノ如クニシテ一戸六人ノ衣食ヲ給シ漁具購造費等ヲ引去リ生産

ノ実況ヲ査スル時ハ其窮苦ノ状問ハスシテ知ル可シ　之ニ因テ之ヲ観レハ年一年ニ部落内ノ凋落衰頽シテ今後人民ノ四方ニ離散漂蕩スル者ナカラン事ヲ欲スルモ亦得可ラス……中略……漁業ノ場所ハ次第ニ遠ク数十里ノ外ニ及ヒ旧様ノ漁船漁具又其用ニ適セス　産業ノ資本亦昔日ノ比ニ非ス　漁獲其数ヲ減シ物価日ニ登リ生計日ニ窘シ資金ハ多額ヲ要ス勢ヒ止ヲ得ス土地家屋漁船ノ如キ挙テ之ヲ抵当トシ高利ノ金円ヲ借入レ以テ其資ニ充テ以テ其口ヲ糊ス　然レドモ漁業俄ニ昌ナルヲ得ス　遂ニ債主ニ対シ其高額ノ利子ヲモ払ヒ得ルニ非サレハ漁者ノ財産ハ二三年ヲ出テス遂ニ悉ク債主ノ有ニ帰ス　金円ノ貸借茲ニ至リ又其ノ途ヲ断絶ス　然ルニ一昨年来偶々紙幣流通ノ昌ナルニ当リ貸借ノ方法其便ヲ得ルニ乗シ　無抵当日歩貸業開ケ非常ノ高利ヲ以テ貸付ノ業ヲ為ス者陸続相起リ是ニ於テ漁夫等ハ一時飢者ノ食ヲ得タルノ思ヲ為シ競テ之ヲ借入レ一旦苦窮ヲ免ルルト雖トモ尋常正業ノ実利ヲ以テ此負債ノ元利ヲ償フ能ハサルハ理ノ尤モ然ル所以ニシテ終ニ旧臘中ノ惨状ヲ生シタル因由ナリ（下略）

明治十六年十一月十六日　戸長　加藤泰次郎

神奈川縣令　沖守固殿

漁民の困窮について、その他
・資料集三十六、253頁、加藤戸長の県税戸数割免除の申請
・資料集五十二、313頁、明治十六年加藤戸長の県令沖守固上申書
・資料集三十七、255頁、巡察使関口元老院議官復命書

このような不況の中で三崎町有力者の内部抗争が起こっている。その一つは、明治十四年加藤泰次郎を社長とする三浦郡の地方名望家の三浦汽船会社創設【註一】である。三浦汽船会社創立始末書によれば「……**毎歳夏季ニ至テハ魚類ノ價格著シク低減シ魚價ヲ以テ運賃ヲ償ハサルノ場合枚擧ニ遑アラサル此ノ不便ト不経済ヲ救済センニハ東京三崎間ニ小形汽船ノ航行ヲ開始スルニ如カス此便路一タビ開ケハ魚類ノ價格ハ期セズシテ昂騰シ細民中大多数ナル郡内漁民ヲ利スル少々ナラス**(ママ)」と記している。汽船会社設立は従来の押送り船（運搬船）業者（魚商ヲ含ム）への挑戦であり、しかも魚商の背後にある金融業者への挑戦でもあった。

汽船会社創設と同じく、明治十六年加藤泰次郎等は前述の経済不況につけこんでか金融会社、共益社【註二】を創設している。共益社社長に加藤泰次郎、支配人に小嶺兵左ェ門（諸磯村戸長）、石橋安左ェ門、鈴木与右ェ門（六合村戸長）、発起人――折原仙吉（三崎町寿司屋）、高明一甫（三崎町東部医師）、佐藤元次郎（元巡査）、常盤龍二等で、いわゆる、小村徳左ェ門（呉服屋、質、たばこ）、内藤吉兵ェ（米、質、酒屋）等の三崎町有力者は共益社役員に一名も入っていなかった。共益社の設立は少資本の金貸し階級を糾合しようとしたものであったといえよう。

共益社は株主百六十七名、資本金六万九千九百九十円で発足した。共益社は高利貸の債権を「出資」させ、代わって債券取り立てを行なう。魚商、押送り船業者の背後にある質屋、酒屋等の金融業者を支配することを目ざしたものであった。共益社に対立して三崎町東部の有力者小村徳左ェ門（呉服屋、質屋）等が金融会社、貯蓄興業【註三】会社を設立している。資本金二百五十円、組合人員二百一人であった。汽船会社、金融会社の創設によって、三崎地区有力者層の間に流動化が起きたと推察される。幕末以来の三崎町東部、西部有力者たちの慣習的相違は消滅したといってよい。三崎町有力者層の流動化と対立の渦巻く、明治十六年に起こった学区改正、東岬、西岬学校廃止、六合学校、三崎学校設立という一連の問題は有力者たちの政治的関係に起因しているように思われる。明治十六年五月三崎学校、六合学校設立を目途として東岬学校、西岬学校廃止伺を県に出し、十六年八月県から認可を受けている。

第百四十八号
三浦郡三崎　花暮町
外七ケ町　六合村諸磯村学区
東岬学校
西岬学校　廃止伺

當両校ノ儀ハ嘗テ創設ノ際区域ノ編制其宣ヲ得ス（日ノ出町、入船町、仲崎町、花暮町、海南町、西野町、宮城町、西浜町）八ヶ町内四ヶ町東岬部内ニ属シ四ヶ町ハ西岬部内ニ属シ六合村全村ノ区域ヲ劃半シテ各々東西学校區ニ分属シ諸磯村ノ位置ハ西岬学區内タル六合村半部ヲ隔テ点在シテ、又東岬学區ニ属セリ而シテ三崎各町及ヒ六合村諸磯村ハ名々一人ノ戸長ヲ置キ公務及ヒ町村

【註一】資料集三十九、260頁、三浦汽船會社沿革記
【註二】資料集四十、262頁
【註三】資料集四十、262頁

ノ事務ヲ處辨ス然ルニ学務一時ハ各町村首尾分属シ従テ学事奨励就學督責ノ法モ一村町内ニ於テ自然彼是緩厳同カラス事情疎密ナキヲ得ス況ンヤ経費賦課徴集ノ儀モ均一公平ナルヲ得ス依之民情疑惑ヲ生シ学事上多岐ニ渉ル者不尠委員等ニ於テモ是等ノ弊習ヲ矯正シ教育ノ進歩ノ普及考案ヲ苦慮スル者茲ニ数年ト雖モ前顕ノ事情ニ依リ或ハ隔執両校相抵抗シ終ニ其良図ヲ得ス荏苒今日ニ至リ其幣漸ク極リ経費ノ不足又ハ人民ノ苦情ヲ惹起シ放佚ス可カラサル勢ニ至リ候ニ付今般区内町村連合会ヲ開キ将来学事ノ拡張ヲ熟慮シ更ニ三崎学校及六合学校設置ノ目的ヲ以テ両校共廃止仕度連合会ノ議決ニ依リ別冊処分法相添此段相伺候也

三浦郡　三崎花暮町外七ヶ町
　　　　六合村諸磯村　　　　学區

明治十六年六月三十日　東岬学校学務委員
　　　　　　　　　　　長谷川久五郎 ㊞
　　　　　　　　　　　小村徳左ヱ門 ㊞
　　　　　　　　　　　仝西岬学校学務委員
　　　　　　　　　　　星野小左ヱ門 ㊞
　　　　　　　　　　　諸磯村戸長
　　　　　　　　　　　小嶺兵左ヱ門 ㊞

六合村戸長
松井岡右ェ門 ㊞
三崎花暮町外七ヶ町戸長
加藤泰次郎 ㊞

神奈川縣令　沖守固 [印]

神奈川縣令　沖守固殿
学第千二百拾四号
書面伺之趣認可候事
明治十六年八月十四日

東岬学校西岬学校廃止の理由はそれぞれの学区が一般行政区と異なっているため、学事奨励就学督促の法がうまくゆかず、そして経費賦課徴集も均一公平でない等をあげている。一般行政区と学区とを一致させようとする中央の政策に一見、一致しているようであるが、三崎有力者層が中央の政策をうけいれて前記廃止伺を提出したとはいいきれない。

明治十五年頃から警察分署移転【註】問題がおきている。すなわち横須賀警察署は岬警察分署を六合村（二町谷）から三崎町西部に移転しようとする。これに対して三崎町西部議員内藤吉兵ヱ（米

【註】資料集四十一、264頁

屋、質屋）、湊大三郎（魚商、質屋）等四名が反対し、明治十六年二月三崎町西部出身である内藤吉兵ヱは三崎町戸長を辞職する。代わって三浦郡書記であった加藤泰次郎が三崎町戸長に就任し、加藤派が町政を掌握するにいたる。しかし明治十六年三月、反対派（三崎町西部）が条件付きで納得したためか、警察分署は三崎町西部に移転となる。その条件は警察分署を三崎町西部へ移転する代償として三崎町西部有力者のために西岬学校を廃止することではなかったかと思われる。三崎町西部と六合村西部（二町谷、東岡、仲之町）が学区であった西岬学校は赤字続きで、西岬学校の学校世話役であった三崎町西部の有力者にとって西岬学校は迷惑な学校であった。次の表1のように明治十二年半ケ年の西岬学校点検表から、収入、支出の各費目の割合を全国、神奈川県の各統計と比較してみる。収入面から西岬学校の協議集金の割合は全国、神奈川県のそれより高い。協議集金の割合が高いことは前述の経済不況になると協議集金を納入しない人々が多くなると考えられるから、学校財政に不足を与えやすい。支出面では、西岬学校の教員給料、世話役給料等の人件費は80％以上で全国、神奈川県下平均のそれと較べて高い。学校営繕費の割合は2％で全国、神奈川県下平均のそれよりも低い。しかも、収入総額と支出総額とを較べて支出額が多くなっていて赤字財政である。西岬学校経費の多くを負担せねばならぬ三崎町西部有力者層が西岬学校の廃止を望んだのは当然であろう。

一方、六合村には三崎町戸長加藤泰次郎が、警察分署を三崎町西部に移転する代償として独立した学校を設立するように承諾させたと推察される。六合学校を独立させることは、三崎町有力者層にとって利益になると考えられたからである。というのは、三崎町東部西部の有力者たちは明治

〈表 1〉明治十二年西岬学校、全国、神奈川県学校経費　資料集二十三、201 頁より

収 入　（単位%）

	全　国	神奈川県	西岬学校
前年ヨリ越高	18.8	1.0	〈半ヶ年〉
協議集金	42.2	25.5	55.1
寄附金	7.4	4.8	3.4
生徒授業料	4.5	10.4	25.1
地方税	5.9	1.1	
文部省補助金	5.5	4.5	
積金利子	9.7	47.9	16.4
雑入金	6.0	4.8	
収入総額	円 7,981,523. 664	円 156,854. 288	円 184. 647

原史料、金額が合わない　→　※（178 円 55 銭）

支 出　（単位%）

	全　国	神奈川県	西岬学校
学校教員給料 同補助員給料 其他諸教員給料	52.4	59.2	69.6
学務委員給料 其他諸給料	9.6	8.9	12.6
学校借地権家賃	2.3	2.1	1.6
書籍器械費（器具費ヲ含ム）	6.5	4.5	5.7
薪炭油費	3.8	9.5	2.8
學校營繕費	12.0	13.1	2.0
諸雑費	13.4	0.2	5.7
前年不足繰越拂		2.5	
支出総額	円 6,239,778. 324	円 175,979. 503	円 245. 977

教育制度発達史
文部省年報（明治十二年）西岬学校明治十二年半ヶ年統計より
神奈川県年報

表２　明治十二年、十三年地租金額（撰挙人取調書より）

資料集四十三、268 頁
四十四、271 頁より

三崎有力者名	明治 12 年 1 月	明治 13 年 5 月
小村徳左エ門	161 円 25 銭 9 厘	199 円 37 銭 2 厘
湊彦三郎	21 円 28 銭 9 厘	21 円 28 銭 9 厘
湊大三郎	11 円 32 銭 6 厘	11 円 32 銭 6 厘
香山米蔵	10 円 30 銭 6 厘	13 円 24 銭 5 厘
内藤吉兵エ	5 円　5 銭 3 厘	
加藤泰次郎	12 円　7 銭	13 円 33 銭
幸田永寛		6 円 92 銭 7 厘
澤村清助		6 円 45 銭 6 厘
三輪文仲		5 円 20 銭
塩瀬与太郎		11 円 15 銭 6 厘

表３　明治十三年地租額（資料集撰挙人取調より）

	三崎有力者名	地租金額	六合村ニ納メル（地租）
三崎町東部	小村徳左ェ門	199 円 37 銭 2 厘	25 円 46 銭 7 厘
	加藤泰次郎	13 円 33 銭	11 円　4 銭
	澤村清助	6 円 45 銭 6 厘	5 円 10 銭 1 厘
三崎町西部	湊彦三郎	21 円 28 銭 9 厘	14 円 83 銭 2 厘
	湊大三郎	11 円 32 銭 6 厘	5 円 97 銭
	香山米蔵	13 円 24 銭 5 厘	8 円　9 銭 1 厘
	幸田永寛	6 円 92 銭 7 厘	48 銭 5 厘
	三輪文伸	5 円 20 銭	4 円 50 銭
	塩瀬与太郎	11 円 15 銭 6 厘	67 銭 5 厘

十四年以降の経済不況の中で六合村地域において土地集積（表2）を進めていたが、そのため彼等が負担しなければならぬ協議費は少なくなかった【註】からである（表3）。

六合学校独立が六合村に土地を所有している三崎町有力者層が、協議費負担を免れる意図にもとづいていることは、次のような「協議費賦課ヲ拒否スル者之儀ニ付伺」を県に出していることから明らかであろう。

協議費賦課ヲ拒否スル者之儀ニ付伺（県指令綴明治16年）

一、爰ニ甲町村ニ本籍住居ヲ定メ乙町村ニ数多ノ土地ヲ所有スル者アリ而シテ乙町村会ノ評決ニ依リ其町村一般ノ割合ニ準シ該所有者ノ土地ニ対シ協議費ノ賦課ヲ拒ムノ権ナシト雖モ協議費中学校費祭典費消防費等ヲ土地ニ課スルハ事理□□リ穏当ナラサル様被考候得共是亦拒否ノ権ナキ哉

一、前条甲村ニ本籍居住ヲ定ムル者乙町村ニ土地ヲ有スル時ハ乙町村会ノ同意ヲ得ルニ於テ其議席ニ列シ論議シ又ハ議員ナルヲ得ヘキ哉

右ハ甲町村本籍人民中乙町村ノ土地過半数ヲ有スル者ハ曽テ乙町村協議費割合等ノ相談会ニ参與シタル慣例モ有之自今古等ノ例無之候得共権利義務ノ権衡如何且ツ協議費ヲ拒ムモノ等往々有之候ニ付為心得相伺候也

【註】表1より、三崎支配層の土地集積の状況は地租金額の増加でもわかる。また、表2より六合村への三崎有力者層の地租金額納入額がわかる。

三浦郡三崎日ノ出町七ヶ町城ヶ島村
戸長　加藤泰次郎

神奈川縣令沖守固

印

明治十六年四月九日
神奈川縣令　沖守固殿

印

庶第千七百八拾貳号
書面伺之趣左之通可相心得事
第一項　伺之通
第二項　甲村ニ居住スル者乙村ノ議員タルヲ得ス
明治十六年四月十四日

経済不況の中で、三崎町に較べて六合村地域の住民は貧困であるため、三崎町有力者たちにとって学校設立維持の負担が大きかったのは当然である。東岬学校学区、西岬学校学区のように三崎町、六合村をそれぞれ二分した学区であることは、三崎町東部西部の有力者たちにとって経済的負担は大きい。そのために、他村へ協議費を出費しなくてもよいのではないかという前提で県へ「協議費賦課ヲ拒否スル者之儀ニ付伺」を出していると考えられる。

ところが、前記「伺」に対する県の回答は、三崎町有力者層の他村、六合村協議費負担を免除しないという趣旨のものであった。つまり、彼等は六合村に土地を所有しているかぎり、六合学校の校費を負担しなければならない。しかも、彼等には六合村議会の議員になる途もないことが、県の回答によって明らかにされている。六合学校独立によって協議費負担を免れようとした彼等の意図は成功しなかった。そこで、彼等は三崎学校、六合学校を一学区とした連合会【註】を作って発言権を得ようとする。三崎町有力者たちは、県に働きかけて三崎町（八ヶ町）、六合村、諸磯村を一学区としようと努めたらしい。その結果、明治十六年五月、丙第八十二号として三崎町、六合村、諸磯村を一学区とする布達が出されている。

神奈川県日誌　明治十六年第五号

五月廿一日　学丙第八十二號　　三浦郡役所

其郡小学校設置区域ノ内左ノ通改正候條該村々へ可申達此旨相達候事

三崎日ノ出町、入船町、仲崎町、花暮町、

西ノ町、海南町、宮城町、西浜町、

諸磯村、六合村

右一学区

【註】資料四十二、265頁

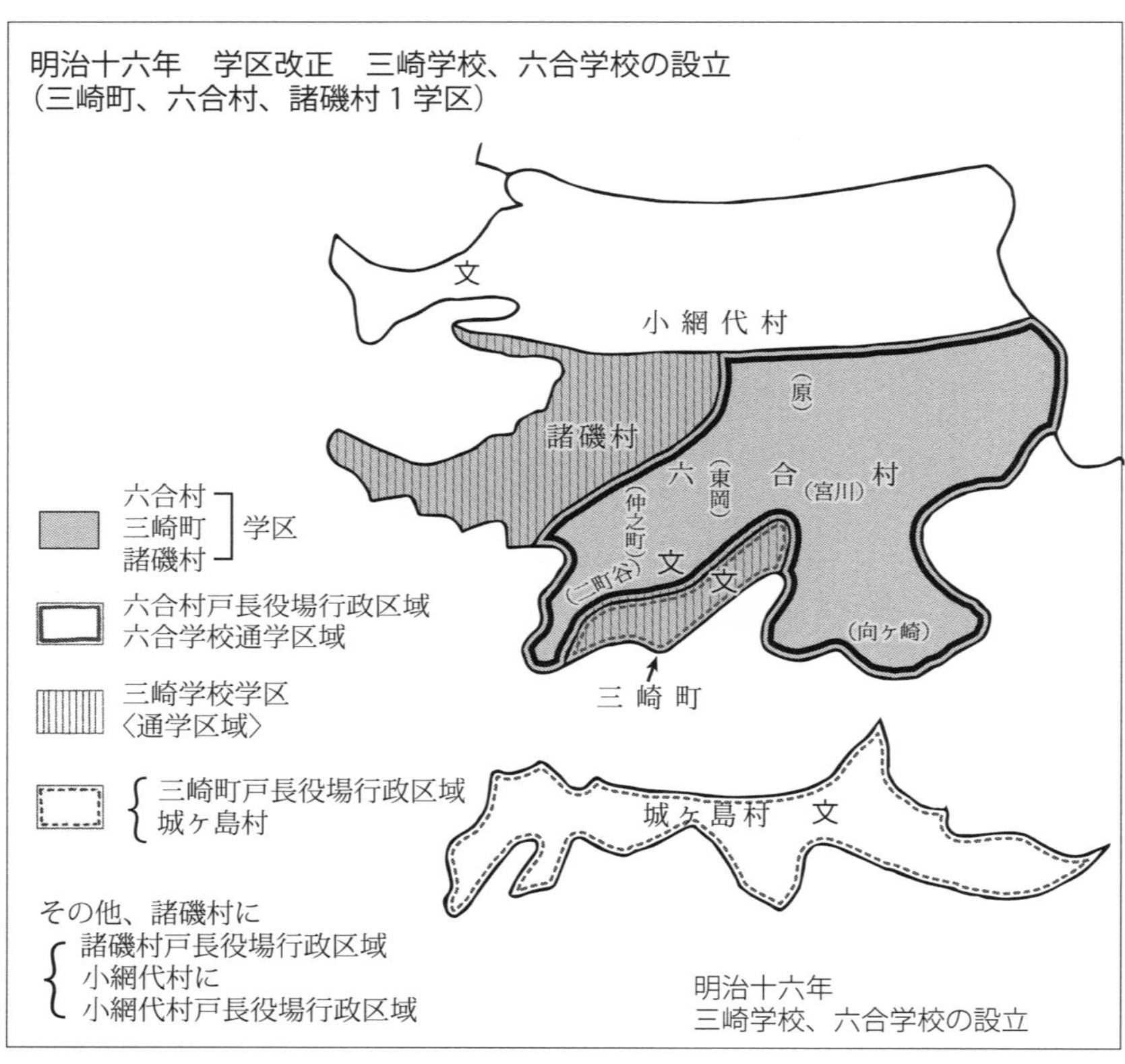

三章一節でも述べたように、改正教育令以後の神奈川県の政策は、「……**且学校ヲ盛大ナラシメントスルニハ可成衆多之力ヲ集メ以テ維持ノ方法ヲ鞏固ナラシメザルヲ得ズ……学區学校等ノ分離ヲ希望スル者往々之レアリ……願出候時ハ萬不得止事由アルモノノ外ハ其御役所ニ於テ篤ト御説諭相成度……**」【註一】とあり、学区の弱少化を防ぎ、新しい分離を認めず合併させる方針であった。三崎町、諸磯村(三崎学校学区)、六合村(六合学校学区)等を一学区とする合併願があるとすれば神奈川県の政策とも矛盾しない。

だが、六合村（六合村戸長役場行政区域）に六合学校の設立は、中央の政策である「**独立町村若クハ……学区トス**」と一致している。それにもかかわらず、三崎町（八ヶ町）、六合村、諸磯村を一学区としていることは、中央の政策と矛盾していると考えられる。三崎町、六合村、諸磯村を一学区としたことは、三崎地区の前述の事情によったものと推察される。明治十六年、神奈川県内の学区合併は「……**学区ハ前年ニ比フレハ二区ヲ減セリ然ル所以ノモノハ区域狭少ニシテ資力ノ薄弱ナルヲ以テ甲乙合区セルヲ以テナリ**」【註二】とあり、二ヶ所位であったと推定する。明治十六年学区合併が県内二ヶ所位だけであることは、その当該地区の合併事情のためと考える。もし県の学区編成策があるならば学区合併はもう少し県内にあるはずである。明治十六年の神奈川県内の学区合併のうち一ヶ所は三崎地区をさすものである。

こうして六合村、諸磯村、三崎町は一学区となったが、明治十七年戸長役場の管轄区域が拡大され、一戸長役場が数町村ないし十数町村を管轄する聯合戸長役場制度になると、学区も再編成される。神奈川県では明治十七年九月、甲第六十八號を布達している。

甲第六十八號　（神奈川縣布達明治十七年）

小学校設置区域ノ内別紙ノ通更正候條此旨布達候事

明治十七年九月四日　神奈川縣令　沖守固

［小学校設置区域名　略］

【註一】神奈川縣教育月誌　明治十四年（学務課ヨリ各郡区役所へ照會　十月二十四日）

【註二】文部省年報（明治十六年）神奈川縣

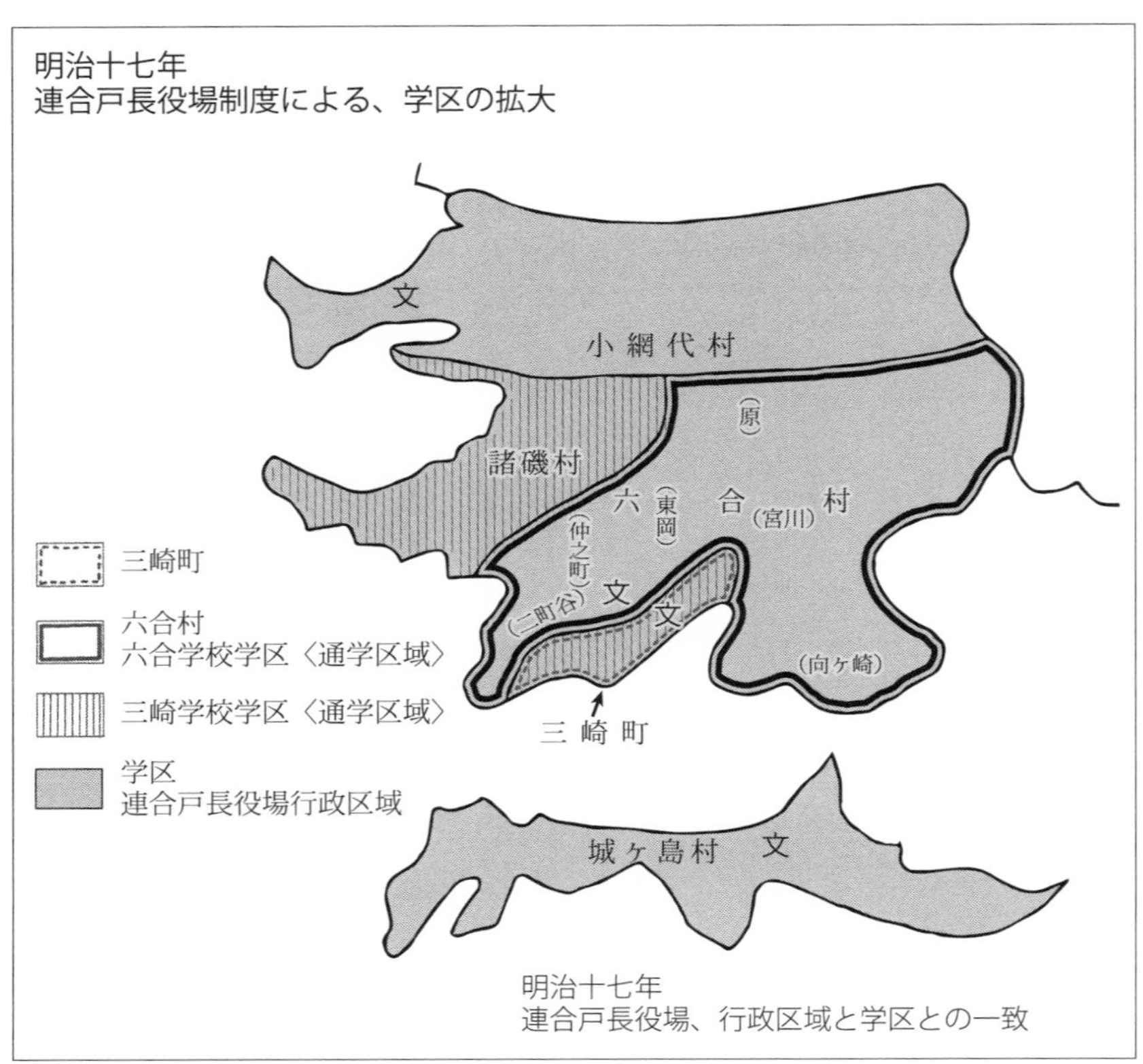

三崎地区では、次の表のように、学区が連合戸長役場管轄区域と一致し、学区内に高等科一校、中等科一校、初等科二校が存在していた。

学校名	通学区域	科	学区	行政区域
三崎学校	三崎町 諸磯村	高等科	三崎町、 六合村、 諸磯村、 城ヶ島村、 小網代村	左に同じ
六合学校	六合村	中等科		
小網代学校	小網代村	初等科		
城ヶ島学校	城ヶ島村	初等科		

(二) 西岬学校負債処分と三崎・六合学校の設立

東岬、西岬学校廃止により、次のように東岬学校、西岬学校の処分をしている。

東西両校處分法（東岬、西岬学校廃止伺に続く、小学校廃合並寄附金書類より）

第壱条
東岬学校ノ敷地ハ従前ノ一町□タル三崎（日ノ出町、仲崎町、入船町、花暮町）【註一】四ヶ町ノ共有地トシテ還附スルモノトス

第貳条
東岬学校ノ建物及ヒ諸般ノ附属品三崎学校設置ノ日ヨリ同校ノ校舎トシテ供用スルモノトス

第三条
東岬学校現在ノ資本金ハ廃校ノ日ヨリ三崎（日ノ出町、入船町、仲崎町、花暮町）四ヶ町ノ共有金トシテ其積立タル各町ニ還附スルモノトス

第四条
西岬学校ノ敷地ハ従前ノ一所有主タル三崎（海南町、西野町、西浜町、宮成町）【註二】四ヶ町及ビ其他ノ一所有人ニ還附スルモノトス

第五条
西岬学校ノ建物及ヒ諸搬ノ附属品ハ三崎学校設置ノ日ヨリ三崎学校榾谷支校校舎トシテ採用スルモノトス

【註一】三崎町東部をさす
【註二】三崎町西部をさす

三崎学校図（明治十六年学校設置伺より　小学校廃合並寄附金書類）

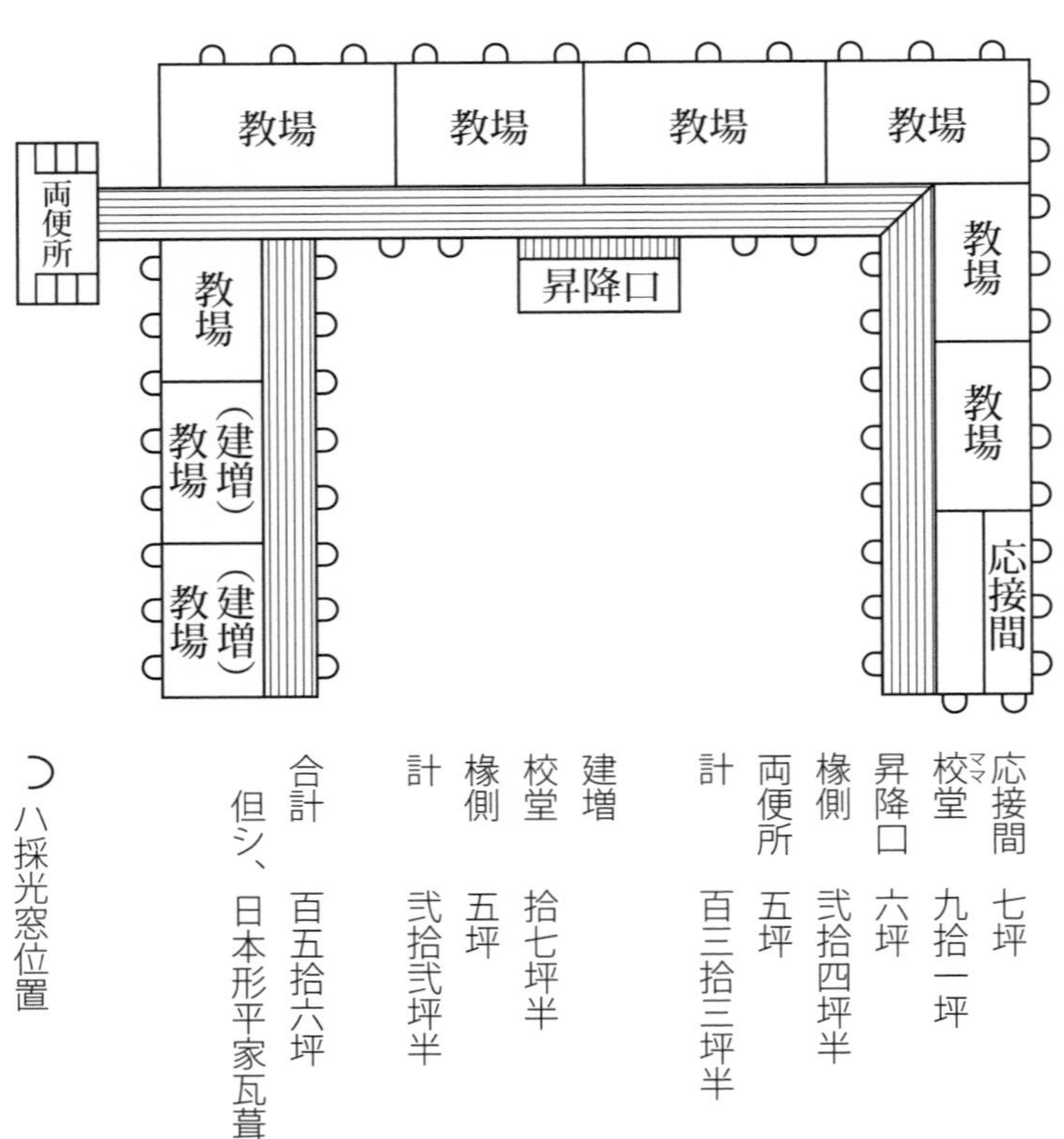

東岬学校敷地、資本金等はもとの三崎町東部（日ノ出町、入船町、仲崎町、花暮町）の所有となる。三崎町東部有力者は東岬西岬学校廃止によって、彼等の共有地が三崎町全体の共有地化するのを恐れたために、どこまでも自己の所有にとどめようとしたのであろう。もともと東岬学校は三崎町東部の学校であったと考えられる。三崎学校の設けられたのは東岬学校敷地であった三崎町東部共有地、東岬学校の建物、諸般の附属品を使って明治十六年八月、三崎地区における八年

梶谷支校ノ図（明治十六年学校設置伺より　小学校廃合並寄附金書類）

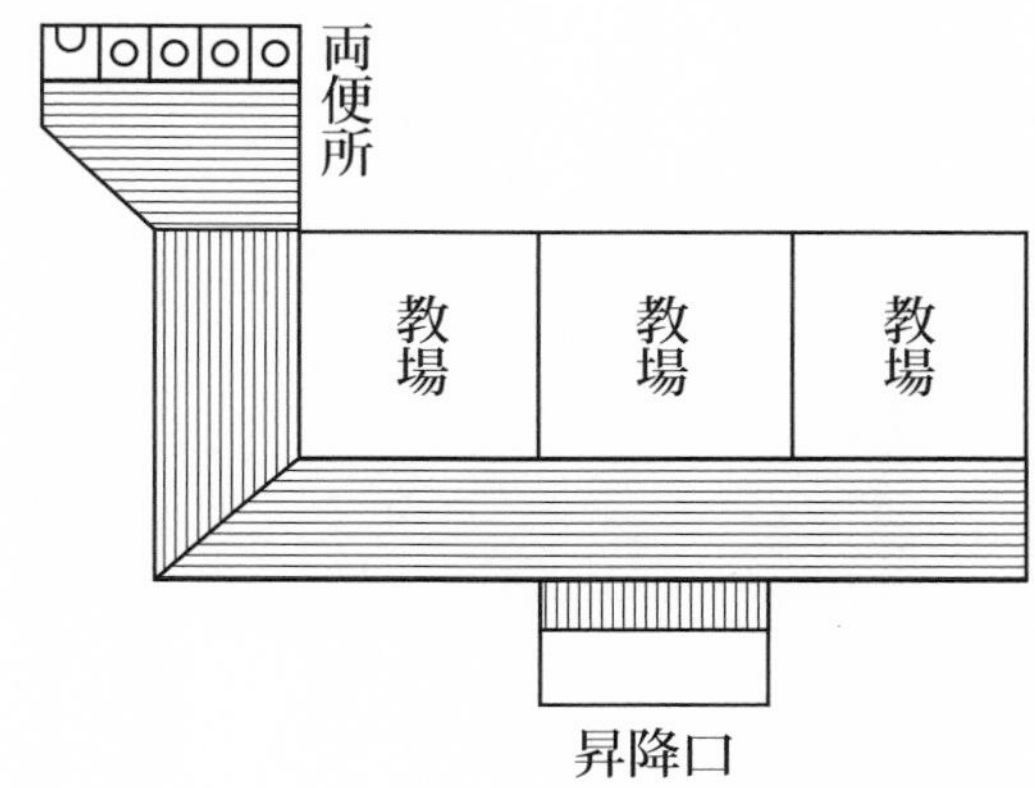

校堂（ママ）　三拾壱坪
昇降口　弐坪弐分五厘
椽側　拾壱坪弐分五厘
両便所　弐坪半
計　四拾七坪半
但シ、日本形平家板葺

制の小学校（初・中・高等科）となる。西岬学校は楫谷支校として残り、校舎二十二坪を三崎学校に建て継いだ。三崎学校は建坪百五十六坪、九教室、支校は四十七坪半、三教室となった。

ところで、西岬学校は前述の如く赤字続きの学校であった。この赤字財政が積み重なって西岬学校の負債処分問題がおきている。西岬学校の一部として残っていた楫谷支校は明治十七年六月、楫谷支校廃止伺を出し、支校廃止処分法を連合会で議決している。（小学校廃合並寄附金書類）

三浦郡三崎（花暮町外七ヶ町）六合村諸磯村学区梶（ママ）谷支校廃止伺

学区内三崎学校梶谷支校ノ儀者明治十六年六月三十日區内連合会ノ議定ヲ経テ設置之趣之儀相伺仝年八月十四日御認可ヲ得テ矢来開校々業罷在候処学事奨励上不便不少随分監督薫陶其宣ニ適セス此儘据置候テハ到定校舎維持シ方法モ相立兼候ニ付別紙之通処分之上廃校仕従前支校ニ於テ校業候生徒者ニテ三崎学校ニ通学為致度此段連合会議□維□相伺度候至急御指揮相成度上申仕度候也

三浦郡三崎 花暮 外七ヶ町 六合村磯村学区

明治十七年六月九日

学務委員
長谷川久五郎
小村徳左ェ門
石渡伝次郎
宮川治右ェ門
諸磯村戸長
梶利助
六合村戸長
松井岡右ェ門

三崎町各戸長
加藤泰次郎

神奈川縣令　沖守固　殿

楫谷支校廃止処分法

一、楫谷支校校舎ニ供用シタル建物ハ南方ノ一室ヲ裂キ之ヲ本校ニ建継グモノトス
一、本校ニ建継グ可キ一室ヲ除キ其建物ハ之ヲ売却シテ該校ニ属スル負債償却金ニ充ツ
一、楫谷支校ノ敷地ハ前同断売却シテ負債ノ償却ニ充ツ可シ

楫谷支校を廃止するにあたって、支校に在学していた生徒が本校に通学するためであったろう、支校校舎の一室を三崎学校に建て継いだ。残存校舎と土地は売却して西岬学校旧債の償還にあてた。だが、なお負債が残っていたのである。旧西岬学校世話役、香山米蔵（三崎町西部出身　米、酒、質屋）、内藤吉兵ヱ（三崎町西部出身　質、米、酒屋）、山田芳次郎（三崎町西部出身　酒）、湊又三郎（三崎町西部出身　魚商、質屋）は、旧西岬学校負債処分【註】として明治十七年楫谷支校廃止から明治二十年までの負債額、元利金九百八十円六十銭五厘の内、利金其の他棄損を債権者に乞い六百八十八円二銭五厘を三崎町西部の戸数に分担した。しかし、「**其毎戸ノ賦課額金貳円以上ニ**

【註】資料集四十七A、284頁

達シ目下衰弱ノ民力ニ耐ヘ態ハサル……」【註】ため、経済不況の中で、催促に実際上困難であった。そのため、最後の決定案は元利合計九百八十円六十銭五厘のうち七百八十円六十銭五厘を切り捨て、二百円を三崎町西部四ヶ町各町会の議決で一般人民より徴集することを約すという整理案を確定した。ところで「旧西岬学校負債処分」に続いて「負債金額及債主人名」の資料がある。

【註】資料集四十七B、285頁

旧西岬学校負債金額及債主人名

（小学校新設廃合並寄附金書類）

氏名	金額	出身地	職業
加藤泰次郎	貳拾五円	三崎町東部（城ヶ島）	三崎町戸長・米・たばこ
沢村甚太郎	拾貳円五拾銭	三崎町東部	魚商・押送船業者
鈴木甚三郎	八円参拾参銭壱厘	三崎町東部	魚商
松月甚蔵	拾六円六拾六銭六厘	三崎町東部	酒・たばこ
若林太助	貳拾五円	三崎町東部	遊女屋
尼野彦左ェ門	貳拾五円	三崎町東部	酒
星野六兵ヱ	貳拾五円	三崎町西部	質屋

大井秀延	拾貳円五拾銭	三崎町西部	海南神社・神宮
三壁久四郎	八円参拾参銭参厘	三崎町西部	魚商
渡辺惣右ェ門	貳拾五円	三崎町西部	魚商？
増井啓次郎	拾六円六拾六銭七厘	三崎町西部	
湊清四郎	四円八拾銭六厘	三崎町西部	魚商
湊彦三郎	四拾五円五拾貳銭	三崎町西部	質屋・魚商
出口吉五郎 出口作左ェ門	六円八拾四銭七厘	三崎町西部	魚商
三壁久左ェ門 長谷川長八 口屋興助	拾参円	三崎町西部	魚商
内藤吉兵ヱ	拾七円拾銭参厘	三崎町西部	質屋・米・たばこ
内藤吉兵ヱ外	拾六円六拾六銭七厘	三崎町西部	
山田芳次郎	九円六拾参銭参厘	三崎町西部	米・酒
旧学校世話人	貳百七拾九円八銭九厘		
佐藤又四郎	貳拾五円	六谷村西部	質屋
香山忠五郎	拾貳円五拾銭	六合村西部	魚商
	合計金額		六百五拾八円貳銭五厘（ママ）　（六三八円四九三）

これによると、西岬学校の多額債権者は、質屋等の旧学校世話役と、三崎町西部の有力者〔内藤吉兵ヱ（質屋、米屋）、山田芳次郎（酒屋）、湊彦三郎（魚商・質屋）、星野六兵ヱ（質屋）〕と、三崎町西部の一部魚商たちである。その他に加藤泰次郎、沢村甚太郎、尼野彦左ェ門等の三崎町東部有力者、つまり町政を掌握している加藤派が債権者となっている。すなわち旧学校世話役や加藤泰次郎が中心となって、彼等の債権を取り立てるために学校負債整理を行なったのである。しかし、実際、経済不況のため、最後の旧西岬学校負債処分の整理案にあるように、三崎町有力者による民衆からの債権取り立ては最終的に失敗であった。

公立学校の土地と校舎が学校負債のために、債権者に取られていることは、常識上あり得ないことである。こんなところに、東岬学区の三崎町東部港町に対し、西岬学校の三崎町西部漁師町の経済的弱体性が顕われているといえよう。

六合学校は明治十六年八月新築寄附金を募り十月開校する。新築経費は学校沿革誌によれば「其**経費金八百有餘圓内金参百八拾四圓七拾銭ハ有志ノ寄附トシ其他ハ村内共有金ニテ支辨セリ**」とある。新築経費について新築寄附金名簿から寄附金が大きな財源であったことはわかるが、その他財源については資料がないので不明確である。学校沿革誌を信用して新築経費に共有金から出費されていたことは考えられないでもない。ただ共有金の金額、その性格は不明確である。

六合学校設立に関して、前述の警察分署移転のため、その代償として六合村はやむをえず学校設立をしたのであろう。そのために六合村有力者は、次の新築趣意書にあるように、村民の共同意識昂揚のために、新築寄附金を集め学校を設立したと推察する。

六合学校新築寄附人名集（小学校新設廃合並寄附金書類より）

本村ノ儀ハ人家東西ノ距離アリトイエドモ人情ノ新睦スルコト一家ノ如ク実ニ他ノ合村トハ其景況ヲ異ニス特ニ小学校ノ已東西学区ニ分別ス顧フニ将来人心分流ノ一端トモ可相成哉モ難斗之ヲ憂フル事年久シ依テ今般村方商議ノ上更ニ一ノ学校ヲ設立シ幼童ヲシテ就学勧誘ノ道盛大ナラン事ヲ主トス依テ有志ノ諸諺共ニ尽力寄附アランコトヲ乞

六合学校の寄附金額と人数（明治十六年）

（寄附金書類より作成）
被撰人、撰挙人について　資料集四十五、276 頁
四十六、278 頁より

金額	（寄附）人数	寄附人中（六合村地域）県会議員被撰人、撰挙人の数
15 円	7 人	○○ △△△△
80 円 50 銭～ 5 円	17 人	○○○ △△△△△
4 円 50 銭～ 1 円	117 人	△△△△△△ △△△△△△
80 銭～50 銭	38 人	――
～20 銭	20 人	――
	199 人	

合計 451 円 95 銭
○県会議員被撰人　地租 10 円以上（六合村で 5 人）
△　〃　撰挙人　地租 5 円以上（六合村で 24 人）
資料集四十九、289 頁、六合学校寄附者より

新築寄附金の募集は最高十五円、最低二十銭、寄附人員百九十九名で六合村総戸数五百十一戸の三分の一強にあたる。六合村は半農半漁の零細な住民が多いため、ほとんど在村地主的住民が寄附をした。その中で県会議員撰挙人五円以上の地租をおさめる有力者はトップ・クラスに位置している。この六合学校新築寄附金を東岬学校の新築寄附金と比較すると、低額な寄附が多い。六合村地域の有力者は、三崎町東部有力者ほどの経済力をもっていないためである。また、六合村は三崎町ほど階層分化が進展していないし、貧富の差が少ない。しかし、寄附者が三分の一に止まったことは経済不況の影響が考えられる。

三節　教育費確保における「経済分離之儀伺」

改正教育令は、区町村に学校設立維持の負担をかけていた。当然区町村協議費が学校設立維持の主要な財源となる。三崎では学区と一般行政区が異なるために、東岬、西岬学校各々の学区域に明治十四年連合会が設置されていた。そして連合会は学費徴収、支出を議定していた。

当時、神奈川県の教育政策は、弱少学区を減少させる方針により、学区の分離、一学区内の学校経済の分離等を許可しなかった。

明治十六年三月の愛甲郡下川入村外一ヶ村学区学務委員伺に対する県の指令は右の教育政策を端的に表わしている。

神奈川縣学事月報第三號

明治十六年三月四日

愛甲郡 下川入村 棚澤村 学区

愛甲郡下川入村外一ヶ村学区学務委員伺

右ハ當學区儀之末兩村聯合ニテ一学校ノ設置アリシカ通學不便等ノ故ヲ以テ一昨十四年當校分離之儀出願候處願意御採用無之候得共幸ニ更ニ一分校ヲ設クルノ御聽可ヲ得タリ　然ルニ學区御改正後一區内ハ経済其他渾テ同一ニスヘキノ御旨趣ニ依リ兩村稍利害ヲ異ニシ爲メニ漸ク乖離ノ

形状ヲ呈シ學事ノ進路ヲ妨グル尠シトセス今ニシテ之ヲ救ハントスルハ唯學区ヲ分離シ民心ノ帰伺ニ従フノ一策アルノミト思考仕茲ニ聯合会ヲ開カントスルニ方リ聊疑團ヲ生シ候ニ付左ニ状ヲ具シ奉伺候

一、學校ヲ設置支持スルニ足ルノ目的アルモノニ限リ下項ノ方法ヲ施スヲ得ルヤ

一、聯合會ノ決議ニ依テハ學区ヲ分離スルヲ得ルヤ

一、前項學区ヲ分離スルヲ得サルモ學校而已ヲ分離シ　則チ一學区ニ数小學校ヲ設置スルヲ得ルヤ

一、前項一區内ニ数小學校ヲ設置スルトキハ各経済ハ勿論委員会他渾テ分別スルヲ得ルヤ

指令　四月二十七日

書面伺ノ趣左ノ通可相心得事

第一項　下項ノ通

第二項　聯合会ノ決議ト雖モ學区ヲ分離スル事ヲ得ス

第三項　分離セサルヲ得サル事由アリテ學資等充備ト認ムル者ニ限リ聞届ル事アルヘシ

第四項　経済ヲ分離スルハ土地ノ情況ニヨリ之ヲ許ス事アルヘシト雖モ學務委員ハ分別スル事ヲ得ス

右の指令から明らかなように、ただ学校経済が充備と県に認められる場合にのみ、学区の分離を認めていた。一学区内の経済も理由がある場合、経済分離を認められたのであった。

十六年の東岬、西岬学校の廃止に伴って連合会は三崎町、六合村を一学区として改正された。当然三崎町と六合村との一学区における連合会で学校経済が議定されるのである。しかし、三崎、六合学校の学校経済は三崎町、六合村の一学区でなく、三崎学校、六合学校各学区（通学区域）で異なった方法でなされていた。明治十六年八月「**三崎 六合 学校経済別異之儀伺**」を県に提出し、「**十月六合学校設置ノ際該一枚三崎各町外壱村ト経済分離之儀学第千五百五拾五号ヲ以テ許可相成候**」とある。

第百九拾六号　（戸長役場回議録十六年）（ママ）

三崎 日ノ出町 入船町 仲崎町 花暮町 海南町 西野町 宮城町 西浜町 六合村 諸磯村 學区

三崎 六合 學校経済別異之儀伺

今般当學区内三崎學校六合學校新設仕候ニ付テハ右校舎ニ関スル諸経費賦課法並各々経済ヲ分別仕度元来六合村人民生産中十六戸ハ農業ヲ営ム者有之反シテ三崎各町ハ商業漁業一流之土地ニ付教育上多少之緩急　耐ス可キ事情ナルハ勿論経費賦課徴収ノ如キモ農漁ノ差ニ依リ自然別異セサルヲ得サル儀ニ有之候得共両校共其経費収入支出方法相定メ別条ノ通区別仕度候間開陳事由御諒察ノ上御詮議ヲ以□被成下度此段連合会之議決ニ依リ相伺候也

三浦郡三崎花暮町外七ヶ町六合村諸磯村

明治十六年八月一日　　學務委員

長谷川久五郎

小村徳左ヱ門

石渡傳次郎

宮川作左ヱ門

諸磯村戸長　小嶺兵左ヱ門

六合村戸長　松井岡ヱ門

三崎花暮外七ヶ町戸長　加藤泰次郎

三崎六合両校経済別異法

一、學区内三崎六合ノ両校ハ各其経済ヲ別異シ経費及ヒ其賦課徴集法共縣廳ノ採可迄左ノ区別ニ依リ各々其町村会ニ於テ適宜相定メ収入支出ス可シ

學校建築修繕費

機械書籍費

諸需用費

教員給料旅費

定期試験入費

右経費ハ六合學校ニ係ル分六合村ニ三崎學校ニ屬スル分ハ三崎各町諸磯村ニ□負担ス可シ

六合村は三崎町に較べて貧困であり、有力者にも経済力はなかった。三崎町有力者にとって、三崎町と六合村と一学区であるにせよ、六合村と共同して学校設立維持をすることは西岬学校廃止の例からもうかがわれるように、おそらく迷惑であったであろう。

三崎町有力者たちは、三崎町と六合村が一学区であるにもかかわらず、六合学校設立維持を六合村へ転嫁させて、学校設立維持の責任を回避しつつ一学区の連合会によって、六合村への発言を確保することができた。つまり三崎町有力者たちは一方では経済不況の中で、学校設立維持責任を回避していると同時に他方では三崎町全域への政治的発言権をもっていた。そして三崎学校、六合学校の各学費徴集区域を三崎町、六合村各戸長役場行政区域と一致させることによって、学費徴集の能率化をはかったのである。その他に三崎学校と六合学校とを経済分離したことは、六合村と三崎町とは一章一節で述べたような地理的な相違があったためである。明治初期の地方は全国的に社会的経済的条件について、均一化されるまでに至っていなかった。町村によって現金収入の方法、とくに教育費の負担の方法と支払い方法等に大きな相違があったことも見逃せえない。

学務委員薦挙についても経済分離と同じように、三崎有力者たちは六合村に対する学校設立維持の責任から、三崎学校学務委員と六合学校学務委員とに分離する伺を県に提出している。

第九十七号

学務委員薦挙ノ儀伺（戸長役場回議録　明治十六年）

今般丙第八十弐号ヲ以テ当部内学区改正相成候ニ付テハ委員薦挙且学校廃止ニ関シ爲心得左ノ件

ニ相伺候
一、学務委員ハ明治十四年甲第百三十二号規則第壱條ニ依レハ学区内即チ三崎各町六合村諸磯村ノ両村人民合同シテ投票スルハ勿論ト雖モ学校ヲ分立スル時ハ其一学校区分内ニ於テ適宜定員ヲ置キ其区分内限リノ人民ニ於テ薦挙スルモ妨ナキ哉

(以下畧)

明治十六年五月三十日

三浦郡三崎花暮町外七ヶ町城ヶ島村　戸長
加藤泰次郎 印

神奈川縣令　沖　守固　殿

学第七百四十四号
書面伺之趣惣テ不相成儀ト可心得候事
明治十六年六月五日
神奈川縣令　沖　守固

この伺は県から認められず、県の政策は「**学務委員ハ分別スル事ヲ得ス**」であったために、三崎町、六合村を一学区とする学務委員が設置され、三崎有力者たちの立場の貫徹は一歩後退すること

を余儀なくさせられたと推察される。三崎有力者の立場の貫徹は、学校経済分離において可能であったが、学務委員薦挙についてはできなかった。

明治十七年地方制度の改正によって、戸長役場管轄区域が拡大されると、三崎地区の学区もそれに呼応して、小網代村、諸磯村、六合村、三崎町、城ヶ島村を一学区とした。学区が改正されるや、三崎地区連合戸長加藤泰次郎は次のような伺を県に出している。三崎町支配層たちは従来の経済分離を行なうことができ得るかという考えで伺を出したと推定する。

明治十六年　学務委員名 六合学校三崎学校一学区	
小村徳左ェ門	呉服屋・米屋・質屋
長谷川久五郎	旅宿
石渡傳次郎	質屋・酒屋
宮川作左ェ門	農業

第百四拾七号　（戸長役場回議録　明治十七年）
本年九月甲第六拾八号令甲第六拾九号ヲ以テ小学校設置区域及ヒ毎校学科ニ制限等被相定候ニ付左ノ事項爲心得相伺候也
一、従前一学区内経済ヲ分離シ経費ノ収支ヲ異ニシタル者ノ如キ自今総テ一学区内ノ合同収支ニ帰スル儀ニ有此候哉又ハ部落ノ情況ニ依リ毎校経済ヲ各別ニスルモ差支無之候哉
（以下畧）
右仰御指揮候也
三崎町各町四ヶ村

戸長　加藤泰次郎

明治十七年九月九日

神奈川縣令　沖　守固殿

学百五十五号

書面伺之趣左之通可相心得事

第一項　前段伺之通

但　不得止事由アリテ経済ヲ別異セント欲スルモノハ該学区内町村会若クハ聯合町村会ニ於テ評決ノ上特ニ其事由ヲ具シテ伺出ヘシ

（以下畧）

明治十七年九月十六日

神奈川縣令　沖　守固

県の政策は学区内共通の学校経費収支であった。特別の事情の場合だけ該学区内の町村会および連合町村会の評決の上県へ伺い出ることとしていた。そのため戸長加藤泰次郎は三崎地区学校経済分離を県に伺い出ている。

三崎日ノ出町入船町中崎町花暮町海南町
宮城町西浜町城ヶ島村六合村諸磯村小網代村　學区内

各學校経済分離之儀ニ付伺

三崎學校
六合學校
小網代學校
城ヶ島學校

明治十七年九月四日甲第六拾八号ヲ以テ學区御改正相成候ニ付テハ区内各校共経済之収支等合同収支ス可キ者勿論ニ有之経費当部内之状況タル民費中教育費ノ一項ニ至テハ最モ其多額ヲ占メ其賦課徴集方法ノ如キ常ニ苦慮スル所ニ有之於茲従前學区中其一部落内ノ情況ニ視テ種々ノ方法ヲ立テ漸ク其経費支出ノ方法ヲ維持シ来リ候儀ニ付目下一時ノ更章ヲ為シ學区内同一支弁ニ帰セ□□（虫喰い）不得止情実モ□之依テ追テ方法相立候迄当分ノ間従前ノ慣例ニ依リ毎校其経費収支ヲ分別仕度古事由御賢察特別御詮議ヲ如而御採可相成度別紙分別法□□□□（虫喰い）連合町村会ノ評決ヲ経テ相伺候也

明治十七年九月廿八日

三浦郡花暮町外七ヶ町四ヶ村学区

学務委員
戸長　加藤泰次郎
神奈川縣令　沖　守固　殿
三嵜小網代城ヶ島各學校経済分別法
一、學区内學校ハ其経済ヲ別異シ経費及ヒ其賦課徴集方法共毎校其部内ニ於テ町村会又ハ連合会ニ於テ適宜相定メ収入支出ス可シ
其費目左ノ如シ
一、學校建築修繕費
一、書籍機械費
一、需用費
一、教員給料
一、試験諸費
左ニ掲ル諸費ハ學区内連合会支出スルモノト定
一、學務委員給料
一、仝　旅費
一、事務取扱諸費

この経済分離の儀伺は、明治十六年の経済分離伺と同じように、三崎町有力者が彼等の学校設

立維持責任から他村の経済負担を回避したためであろう。三崎町有力者たちは、三崎町、花暮他十一ヶ町村が一学区であるため、他村への発言を確保していた。彼等は三崎学校だけの学校設立維持責任を果たしながら他村の学校への政治的支配権をもっていた。

連合戸長役場制度の下でも、三崎地区有力者たちの立場の貫徹がうかがわれる。だが、この経済分離伺はおそらく県から認可されなかったのであろう。そのため、明治十八年一月に連合戸長加藤泰次郎は県の方針にのっとった、学区内共通の経済にするため次のように県に上申し、県から認可されている。

第二拾三号　(戸長役場回議録十八年)

客歳九月甲第六拾八号ヲ以テ學区御改正ニ依リ所轄内各校従前ノ資産及ビ自今区内共通ノ経済方法共ニ今般町村連合会へ拝受ヲ経テ別紙之通相定メ候ニ付此段上申仕候也

明治十八年一月三〇日

戸長　加藤泰次郎

神奈川縣令　沖　守固　殿

學第六十号

書面上申之趣聞置候事

明治十八年二月廿一日

神奈川縣令　沖　守固　印

学校資産処分法

第壱条

従来各學校ニ屬スル資産ハ此際其町村公共教育資ト定メ相當ノ管理法ヲ設クルモノトス

第弐条

各學校ノ経済ハ一學区内ヲ共通シ毎校相當ノ資額ヲ定メ之カ割當法ヲ設ケ各町村ノ負担額ヲ定ムベシ

第参条

毎校現在ノ建物並ニ所屬ノ物品ハ悉ク其町村ノ共有物ト定メ従来ノ通リ其學校ニ使用スルモノトス

この資料から経済分離という言葉は見当たらない。三崎有力者の学校経済分離之儀伺は一歩後退したと考える。だが学校資産処分法第一条、第三条から学校資産管理法を各町村に設定することをあげている。つまり、三崎町有力者は学校経済分離こそできなかったが、各町村に学校資産管理法を設定することによって、学校経済分離の体裁を保持しながら、自己の立場の貫徹をはかっていたと推定する。

四節　三崎地区有力者の教育の考え方
――加藤泰次郎を中心として――

今まで述べてきた三崎地区有力者の動きの中心にいた人物が加藤泰次郎である。この節では加藤泰次郎の行動、思想を分析し、より正確に三崎地区の小学校展開過程を明らかにしてみる。加藤泰次郎は嘉永六年(西暦一八五三年)、代々、医家と同時に海草商、米穀小売商を営む城ヶ島村、加藤家に生まれた。加藤泰次郎の学歴、行政暦は次のとおりである。

学　歴

漢英学歴

一、元治元年四月ヨリ慶応三年十二月マデ旧古河藩儒小松円蔵ニ従ヒ漢学修業

一、明治元年八月ヨリ明治三年三月マデ仝藩大浦柳渓ニ従ヒ漢学修業　仝四月ヨリ十二月マデ川田剛ニ従ヒ修業

一、明治五年一月ヨリ仝七年十月マデ米人アルフレットマンテル氏ニ従ヒ英学修業（東京愛宕下日新義塾ニテ）

医学歴

一、慶応三年五月ヨリ明治二年六月マデ東京日比谷土井邸内杉原之

行政歴

一、慶応三年二月　城ヶ島村名主トナル

一、明治八年二月　三小区副戸長

一、仝年九月二十七日　三小区戸長

一、明治十年十二月　依願被免

一、明治十一年十一月三日　被三浦郡書記命

一、明治十四年一月　被願被免本官

一、仝年二月　被撰縣会議員

一、明治十五年六月　縣会議員満期解職

一、仝年六月　又被再撰縣会議員

一、明治十六年三月　縣会議員辞職

真ニ従ヒ漢医修業
一、明治二年十二月ヨリ下総国古河駅大浦柳渓ニ従ヒ漢方内科修業
一、明治五年一月ヨリ仝七年六月マデ東京蠣殻町岩佐純ニ従ヒ洋方内科修業

その他
一、明治十六年「米国政治要略」出版
一、仝年　金融会社共益社創設
　　三浦汽船会社創設

一、仝年仝月　三崎町城ヶ島村戸長
一、明治十七年七月　三崎町城ヶ島村諸磯村小網代村連合戸長
一、明治二十二年　三崎町初代町長

（三崎町史　加藤泰次郎自筆の履歴書より）

加藤泰次郎は三崎地区の行政の中枢におり、三崎地区の他の有力者に較べて漢学、英学に通じていたことが理解される。とくに注目されるのは、学歴の中で彼が日新義塾で学び、後の思想、行動に影響を与えたとみられる。

日新義塾【註一】は、設立者「田中冬蔵（東京）、青木精一（山口）、村上要信（宮津）」によって、教師に「米利堅（メリケン）人亜爾福列徳（アルフレット）僈満都留（エムマンテル）氏」を雇い、「入塾生徒【註二】、人員凡三百五十人、外来生徒【註三】、人員凡五百三十人」の組織内容で、明治四年八月十五日に創立された。設立者三人、教師の人物について調査したが不明確である。この日新義塾については「東京開学明細書」には記されて

【註一】資料集五十、299頁、日新義塾規則
【註二】塾に入り、日常生活は塾則に従う
【註三】通学生徒

いない。ただ同書第3巻に家塾明細表「東京府貴族士族　村上要信」の塾「培根舎」の記事の中に「明治三年庚辛十一月ヨリ同五年壬申十一月マテ三ヶ年間米人マンテル并クワラーゾオ之従学、同四年辛未八月芝愛宕下之同社ト謀リ日新義塾ト唱シ私学開キ洋人ヲ招雇仕度段官許ヲ得開業罷在候處、同五年壬申五月解塾」と記している。日新義塾は十ヶ月あまりで解塾している。しかし、加藤泰次郎の履歴から、日新義塾解塾の後も米人マンテルに明治七年まで師事していたことになる。ともかく加藤泰次郎は日新義塾から学んでいたことは避けられない。

日新義塾規則の中「日新義塾之記」に「泰西学科之皇国ニ入ルヤ茲二年□リ今時ニ至テハ交際ノ道ヲモ大ニ闢ケ面上ニ膜ヲ脱□ルカ如ク百般ノ學術一時ニ興リ智ヲ育シ才ヲ養フノ盛域ニ遇フ是レ國家ノ盛事豈造物者ノ賜ナラン乎學業ノ科ニ至テハ實ニ英佛日耳曼（ゼルマン）ノ三國ヲ以テ其科大ニ行レリ就中盛ナルモノ英學ノ右ニ出ルモノナシ」と記している。近代西欧の知識によって人民の知識進捗をはかることが国家を富強ならしめるという思想である。加藤泰次郎はこの種の知識、思想に触れたことは言うまでもない。そして同記に「學者不學者ノ名ヲ命ズルハ唯深淺ノ區別アル而已縦令其學ニ熟達スルト雖モ今日ノ言語ヲ辨スル能ハズンハ勞シテ功ナク苦ンテ益ナシ聊モ實地活用ヲ爲サズ恰モ有名無實所謂論語ヲ讀ンデ論語ヲ知ラズト是レ一徹ノ理ナラン乎吾等其一端ヲ大ニ慨ス日夜痛歎シ憂慮至衷ニ堪ユル能ハズ于時明治四年秋八月第十有五日憤然策ヲ決シ其要領ヲ確定シ有志ノ士君子ヲシテ實地ノ科ニ趨カセン事深ク懇願スル処ニシテ互ニ文明日新ノ世ニ生レ日新ノ書ヲ讀ミ日新ノ事ヲ知ル因テ日新ノ二字ヲ設ケ」とある。

「学問の実用性」とか「生活の合理化に役立つ実用的学問」、即ち「実学」の思想をあげている。

加藤泰次郎は日新義塾で開明主義、実用主義の思想にさらに、西欧の近代的民権思想にも触れたと見られる。

日新義塾で学んだ後、加藤泰次郎は、当時の多くの地方名望家に見られるように、ブルジョアジーへの脱皮をはかって居り、三崎地区の他の有力者と同じように、高利貸資本家であったが、とくに三浦汽船会社、共益社を創設していることが注目される。

汽船会社について、その沿革記【註】に「三浦ハ地勢縣地ノ南端ニ突出シ宛然半島ノ地形ニシテ陸路踦嶇トシテ旅客荷物交通運送ノ便ナク百般ノ需用悉ク海路ニ依ラサルヲ得ス……就中魚産ヲ以テ経営スル本郡南部ノ如キハ……旅客行通ノ途モ開ケス魚類送運ノ如キ僅ニ小漁船ヲ以テ運送スル而巳」であったために、加藤泰次郎は「東京三崎間に小形汽船ノ航行ヲ開始スルニ如カス此便路一タビ開ケハ魚類ノ價格ハ期セズシテ昂騰シ細民中大夛数ナル郡内漁民ヲ利スル少々ナラス加之ナラス百般ノ事業ニ至便ヲ興ル無量ナルヲ信シ小川茂周髙橋勝七若命信義等外数人ト協力シテ汽船會社ノ創立ヲ企テタ」のであった。加藤泰次郎は小川、髙橋、若命等の三浦郡の地方名望家に呼びかけて、汽船会社を創設したのである。「小川茂周（十五大区区長、三浦郡長、三浦郡大津村名主）、髙橋勝七（十五大区小区長）、若命信義（十四大区区長、学区取締、神奈川県県会議員）」。

三浦汽船会社設立の大意に「……今日ニ到ルモ未タ一隻ノ汽船ヲ見ス郡内亦一人ノ之ヲ企ツル者アルヲ聞ス徒ニ舊様ヲ墨守シ和船ヲ以テ僅ニ此線路ヲ往復スルモ……運輸ノ途殆ト停滞沮塞ス斯ノ

【註】資料集三十九、２６０頁、三浦汽船會社沿革記

如クニシテ坐シテ商業ノ隆盛物産ノ繁殖人智ノ開発ヲ望ム」とあるように、日新義塾で学んだ実用主義、開明思想の影響であったと推察する。この汽船創設に対して、「**三崎及其他ノ魚商魚類荷主ハ魚類ヲ汽船ニ積入ル、ハ腐敗ノ恐レアリト唱ヘ百方尽力勧誘スルモ之ニ応セス**」と加藤と魚商との間に知識のズレがあったことは否めない。だが加藤の汽船会社は業績不振たるも、若干の魚商が積荷をしていた。また、明治十六年東京から進出してきた福沢汽船に、加藤に反対の湊大三郎（三崎町西部魚商店、質屋）を荷取扱人とする若干の魚商も積荷をしていることからもうかがわれる。つまり加藤の汽船会社創設は旧態依然たる押送船業者（魚商を含む）への挑戦であり、またそれに高利貸（金融業者）への挑戦でもあった。金融業者への挑戦は汽船会社創設と同時に明治十六年の共益社創設に考察される。共益社の創設は松方デフレの経済不況の中で、従来の高利貸に代って債権を取り立てたのであって、それによって不況の中で債権回収に悩む中小高利貸を従属化させようとするものであった。

加藤はブルジョア化へ脱皮していく過程の中で、他の地方名望家と同様にある程度の民権の主張が見受けられる。明治十年の県の誘導によるマッチ会社設立についての反対意見上申書【註一】に「**旧幕以来屢々官ニ於テ奨励督促産業ヲ起サント爲セシモノアルモ今日ニ至テ其成功ヲ爲センモノナシ維新以来牧牛ニ養豚ニ茶桑ニ奨励実ニ尽セリト雖モ人民ハ之レヲ心服セス……僕等聞之欧州経済学者ノ説ニ政府ノ商法ニ立入ル事ノ弊ヲ痛ク論破セシヲ……**」と、県官等の産業政策に強く反発している。彼の政治意識の中には、ある程度の反体制的心情と、民権の主張が存在していた。彼は三崎の一地方にあって、民衆の権利の主張を啓発してもいる。

明治十六年一月、彼は一八七〇年刊行の「米國亜兒塡氏原著」を訳して「米國政治要略」【註二】として、「丸家善八」から出版した。その内容は米国政治制度の概略を説明したものである。加藤は序の中で次のように述べている。

今也本邦立立憲政体、設国會期、既定矣、講明各国政体法規、考察其治体制度之如何與本邦制度民俗之如何、圖善美之成績他日者、今日志士之所尤急也、余在僻地、偶繙此書、以爲此書或有所稗補今日之急歟因不顧拙劣、翻譯將上梓公于世、其如譯字行文不免誤謬者、敢待大方識者是正、云爾、

明治十六年一月撰於三崎北條僑居

加藤泰次郎　識

加藤泰次郎は、明治六年村用掛時代の戸長塩瀬与太郎が明治十三年に「國會開設ノ儀ニ付建言」の総代になっているが、加藤の場合、民権運動に積極的に参加した形跡はない。しかし、前引（米国政治要略）序文で「……志士の急とする所……」と言っていることから、彼もまた時代の大きい流れであった民権思潮に無関心ではなかったし、人民の権利に目覚めていないわけでもなかった。ただ、加藤の場合、ブルジョアジーへの脱皮をはかろうとする意識が強いが、当時の自由民権家た

【註一】資料集十六、180頁
【註二】資料集五十一、311頁、米國政治要略

ちに見られるナショナルな思想は、比較的稀薄である。彼の視野は主として、三浦地方に限局されナショナルなレベルには及んでいない。そのため加藤は、中央の政策の実現者たる地位を利用しつつ、もっぱら三浦地方のみを行動舞台として、ブルジョアジーへの脱皮をはかったにとどまった。

加藤泰次郎のブルジョアジーへの脱皮の一環として、三浦汽船の設立、共益社等は開明主義、実学主義の影響によるものであり、とくに東岬学校と諸磯学校との合併、東岬学校、西岬学校の廃止、六合学校、三崎学校の設立ができたのも、日新義塾で学んだことが基礎になっていると考える。

第四章

小学校令（明治十九年）以後の小学校の発展

——六合学校と三崎学校との合併による宝蔵学校の設立

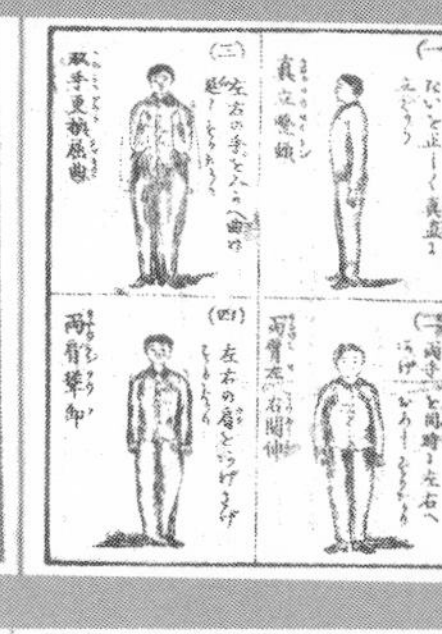

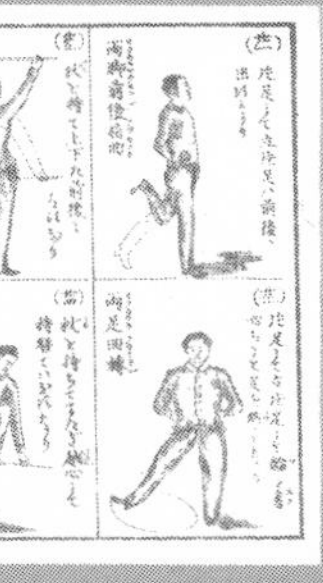

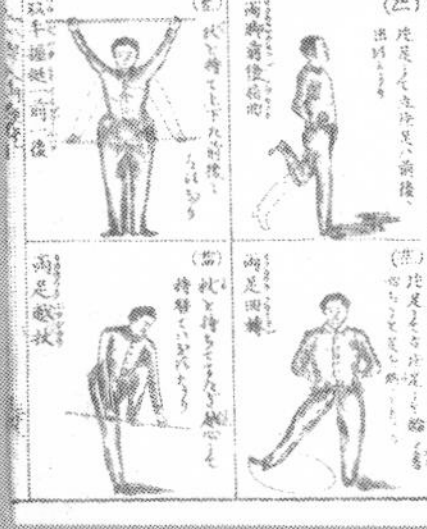

體操圖「水溪良孝編輯　國井應文畫　小學入門閲蘭　全　附體操圖解」（明治八年七月發兌　文求堂梓）より

明治十七年九月、地方制度の改革によって、学区に関して神奈川県の政策は、高等科設置区域を中心にした学区編成であった。この学区編成法は連合戸長役場の行政区域と一致したものであった。明治十九年小学校令の発令により、神奈川県は一月各学校ごとの初等科、中等科、高等科を廃止した。

乙第十號　　郡区役所（神奈川県教育月誌神奈川縣布達）
　　　　　　戸長役場

明治十七年九月第六十九號布達申毎學校毎學科ノ制限及聯學区教育方ノ儀來ル三月盡日限廃止ス

右相達候事

明治十九年一月十四日

神奈川縣令　沖　守固

あらたに各小学校は、尋常にあるいは尋常高等併置に改められたのである。学区編成はなされていないから、学区は従来どおりの連合戸長役場の行政区域と一致したものであったと推定する。

三崎地区では「**明治貳拾年参月六合學校ヲ本校**（**三崎學校**）**ニ合併シテ分教場トナシ**、**本校ヲ宝藏學校ト改称ス**」【註一】と尋常高等併置の宝藏学校が成立する。

東岬学校と諸磯学校との合併、東岬西岬学校廃止、三崎学校、六合学校の設立のように宝藏学校

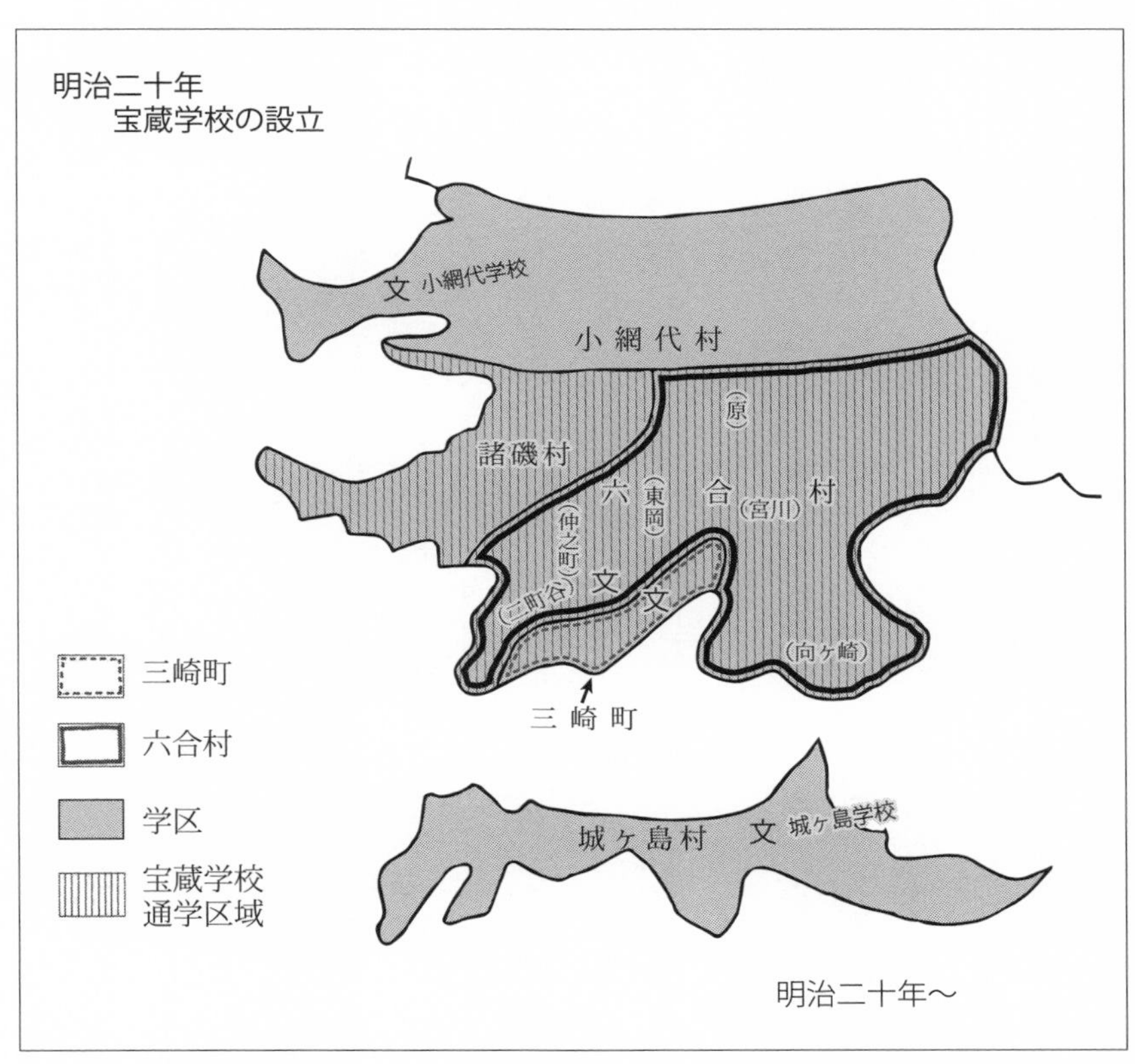

の設立も有力者の政治的関係が介在しているように思われる。

明治十九年農商務省令のために三浦郡内に漁業組合設置【註二】の動きが見られる。このときつくろうとした漁業組合は一村単位のものでなく、三浦郡南部組合、三浦郡西浦組合、三浦郡下浦組合のように広い地域を単位としたものであった。その他に三浦郡一帯を総合し、「稼場区域聯合会」も計画されたが実現しなかった。これら一連の漁業組合設置の中心となったのは三崎町外拾壱ヶ町村戸長加藤泰次郎であった。だが、三

【註一】学校沿革誌
【註二】漁業組合設置について三崎町史、111頁

崎町を含む三浦郡南部組合等は各町村の総代の意見が調整できず、漁業組合規約は二十五年まで調印できなかった。この背景には網漁民と釣漁民の対立があった。

とくに十六、十七年頃から千葉県の夜流し網が横行し、そのため三崎沿岸の漁場は魚類が少なくなったという。三崎沿岸の何千という釣漁民にとって息の根を止めるような仕打であった。

夜流し網の大漁にならって、三浦郡にも元より網漁業の行なわれている半農半漁の城ヶ島、二町谷、諸磯、小網代、三戸の村々、三崎町の魚商等資力のある者がこの経営をしていた。釣漁業の三崎漁民には、網漁業は入り難い稼業であり、またその資力もなかった。実に夜流網の問題は網漁民の背後にある有資産家と裸一貫の釣漁民大衆との紛議であり、漁業組合結成を妨げる原因であった。有資産者の一人である加藤泰次郎は三浦郡長に漁業組合設立に寄せて、夜流し網の奨励を上申【註一】したり、農商務大臣後藤象二郎に夜流し網許可の嘆願書【註二】を出している。三崎地区の名望家は加藤泰次郎を中心として釣漁民に対応するために連合したと推察する。

おそらく加藤泰次郎は、網漁民と釣漁民との対立を機会に、三崎地区の有力者層を結束させることによって、彼の政治勢力を全町に示していったと推定する。しかも彼は三崎有力者層を結束させながら三浦汽船への積荷を魚商たちにさせている。加藤は汽船会社について「**資力続カス……廃棄セントスルニ当リ、魚商荷主ハ将来誓テ他社ニ積入ヲ爲サザル旨ヲ以テ其継続ニ尽力セラレンコトヲ依頼サレ**」【註三】たのである。

三崎学校、六合学校合併の原因は上記の漁業関係の紛議の背景の中で、加藤泰次郎を中心とする名望家の結束の結果であろう、おそらく加藤は三崎学校、六合学校を合併させて、地方名望家を結合させることによって彼の支配力を強めるとともに、地方有力者たちの釣漁民への支配強化の一環であったと推察する。三崎地区有力者たちの網漁業への資本導入は漁業における三崎地区で最初の資本生産様式への過程であった。そのために宝蔵学校が設立されたことは、三崎地区有力者たちのブルジョアジーへの脱皮の最終的な過程と一致したといってよい。三崎地区の小学校の成立はほぼ有力者たちが、ブルジョアジーへの道を歩む過程と一致しながら合併、廃合をしていったのである。

尋常高等小学校宝蔵学校の成立によって、旧六合学校の生徒の一部は宝蔵学校に通学するようになったと推定する。その生徒の増加のためであろう、二十年五月旧三崎学校校舎に二十二坪半を増築している。加藤泰次郎戸長は二十年七月十二日付で、学校資産管理委員に次の建増経費精算書を提出している。

宝蔵学校建増経費精算（小学校新設廃号並寄附金書類）

一金、百七十七円八拾三銭五厘　支出総計

内金、九拾六円八拾銭五厘　増築教場建設費

金、四拾円五拾銭　同屋根一式諸費

金、弐拾壱円九拾銭三厘　門併ニ破損個所修繕費

【註一】資料集五十七、332頁

【註二】三崎町史、115頁、142頁

【註三】三崎町史、69頁

金、拾八円五拾七銭五厘　生徒運動会諸費
一金、百六円七十六銭(ママ)?　収入総額
内金、拾五円　町村費予算額
金、四拾九円五拾銭　三崎町人民寄附金
金、四円弐拾銭　城ヶ島村同断
金、五円　小網代村同断
金、四円　諸磯村同断
金、拾八円六銭　六合村同断
差引、七拾円七銭五厘　不足
但シ、一時借入金ヲ以テ支出ス
右之通ニ付此段報知候也
明治二十一年七月十二日
戸長　加藤泰次郎

これが従来その学区内町村住民の負担であった学校建築に、連合戸長役場が町村費を計上した最初の予算であり、この一時借入金をあてた不足金もまた町村負担であった。

ところで、寄附金額は非常に低額であり、しかも七十円余りの不足額を出している。とくに小網代村、諸磯村、城ヶ島村等は四円、五円等であきらかに行政に携わっている名望家だけの負担であっ

たといえるが、詳細については明確でない。宝蔵学校建増は尋常高等小学校設置という中央の政策の課題に対して地方有力者がとった措置であった。

二章三節で述べたように三崎地区の小学校の就学率は低く、オカモノ（商人階級、陸者）の学校という性格が強かった。三崎学校、六合学校の設立となってもオカモノの学校という性格は変わっていなかった。明治十六年六合学校、明治十七年三崎学校の各就学率を見ると、全国、神奈川県、青森県のそれより低い。一面経済不況の影響も一因をなしていたことも考えられる。

	学齢人口（人）	就学者数（人）	就学率（%）
六合学校（明治十六年）	367	130	32
三崎学校（明治十七年）	715	237	33
神奈川県（明治十六年）	125,132	63,012	50
青森県（明治十六年）			37.09
全国（明治十六年）			51.03

教育制度発達史　明治十六年　六合学校設置伺　資料集
文部省年報十六年　明治十七年　三崎学校　〃

（村立学校設置伺（資料集五十三、315 頁）六合学校　明治十六年
三崎学校取調書（資料集五十五、325 頁）三崎学校　明治十七年）

六合学校、三崎学校の就学率の低い中で明治十六年、六合、三崎学校町村立設置伺から学費を見ると、三崎学校、六合学校とも全国、神奈川県の学費に較べて授業料の割合が高い。とくに六合学校に較べて三崎学校が高い。つまり、オカモノ（商人階級、陸者）の学校であるという性格から就学率が低く、授業料の割合が高いのである（次頁の表）。

	全　国	神奈川県	三崎地区	
			六合学校	三崎学校
前年ヨリ越高	% 8.1	% 4	% ——	% ——
協議集金	58.2	48	57	71
積金利子	9.1	28	21	——
有志寄附金	4.9	1	——	——
生徒授業料	4.3	11	22	29
地方税	12.5	6	——	——
諸入金（雑納金）	2.9	2	——	——
総　計	円 12015203.789	円 213049.778	円 427.06	円 827.50

教育制度発達史第二巻
文部省年報　明治16年神奈川県年報
町村立小学校本支両校設置伺（資料集五十四、320頁）
三崎学校——明治十六年
村立学校設置伺（資料集五十三、315頁）
六合学校——明治十六年

その他、三崎学校の学費のうち協議集金は全国、神奈川県のそれに較べてその割合が大きい。六合学校に積金（資本金）利子が入っているが三崎学校にはない。これは三崎学校の場合、教育費について協議費に頼ることができたといってよい。三崎町は比較的商人階級が多かったため協議費で学校設立維持ができたのであろう。

オカモノの学校という性格がなくなるのは、就学率五〇％以上になってからであろう。明治二十六年の宝蔵学校の就学率を見ると、略青森県と同じで四五％であった。五〇％を越えるのは二十六年以降となる。

就学率の低下を防ぐため、町役場では明治二十年頃学校に入学させようと、家庭訪問をしてみたが「学校に行くのはミズライ（恥ずかしい）」といって勧誘に応じなかったという。

	宝蔵学校	神奈川県	青森県	全国
明治 20 年	%	% 37	% 33.94	% 45.00
明治 26 年	45.7		45.15	58.13
明治 30 年		74.7	55.30	66.65
明治 34 年	77.66		77.14	88.05
明治 35 年		89	91.25	85.61

〈教育制度発達史
文部省年報　明治 20 年～ 35 年　　学事統計書類──三崎小学校 88 年のあゆみより

漁民の子弟の多くは筆子として、寺や町の手習師匠に通っていた。学校開設以来二十年後未だに寺子屋の旧風になじんで、学校は庶民の子弟には近より難い特別の所であった。「学校はオカモノ（陸者、商人階級）」の行く所、「寺子屋は漁師の子」が行く所といった階級的差別感が、学校の生徒、寺子屋の筆子という言葉となって漁民の間にこびりついていたのである。

漁民の経済的貧困から、手習い師匠の安い月謝が庶民の子を集めて学校を遠ざけた一因をなしていた。漁民たちは三崎町有力者の経済的支配の中で、学校に行く経済的余裕がなかったのである。明治二十四、五年頃三崎地区の手習師匠の例として、三崎町西部に加賀屋と呼ぶ手習師匠が居り、月謝三銭で毎月二十五日の天神様の日には、床の間に天神様の掛軸を掲げ、筆子が三厘ずつ持ち寄り、神酒、果物、花を買って供えたという。

このように三崎地区の小学校はあくまでも名望家だけの学校であり、漁民にとっての学校は寺子屋だけであった。

結論

明治初期、当時の教師が一斉教授法として掛図（博物図）を活用している様子。
「小学入門教授圖解　第八」（明治十年　出版人 小林鉄次郎　鮮齊永濯畫）より

神奈川県三崎地区の小学校成立過程を追うことによって、地方有力者たちが県の教育政策に対応しながら、小学校を設立維持していく実情を明らかにしてきた。

「学制」に基づいて、明治六年県の指導のもとに設立された東岬、西岬の各学舎等は小学校令期に至るまでに、徐々に合併廃合をし、六合学校、三崎学校、宝蔵学校という校名の転換をして県の教育政策に編み込まれていく。すなわち県の政策と地方有力者という関係の中で小学校が設立維持されていった。

(一)三崎地区における小学校設立の基本的構造

三崎地区の地理的相違が漁師町の三崎町西部、港町の三崎町東部、半農半漁の六合村という性格であるために、有力者も三崎町西部に魚商を兼ねた質屋、酒屋、三崎町東部に質屋、酒屋、たばこ屋、米屋等の多角経営者、六合村には在村地主というタイプが存在していた。学校設立、維持の責任者である戸長、副戸長、学校世話役、学務委員のほとんどが前述の有力者たちであった。三崎地区の学校設立は、三崎町東部と六合村の一部(向ヶ崎)とを学区にした東岬学校、三崎町西部と六合村の一部(宮川、原、仲之町、二町谷)とを学区にした西岬学校の二校であった。その他諸磯村に諸磯学校、城ヶ島村に城ヶ島学校があった。とくに注目すべき学校設立形態について、東岬学区、西岬学区それぞれが地理的相違による三崎町東部、西部に分けられていたことである。

明治十年、神奈川県の教育政策は弱少学区を減少させる布達を出したが、三崎町東部有力者(高利貸)たちはこの布達を機会に、東岬学校と諸磯学校との合併、同時に西岬学区である六合村の一部(原、宮川部落)を東岬学区に吸収することによって政治的支配強化をはかった。その政治的支配強化を補強するように、三崎町東部有力者たちは東岬学校の新築に際して、六合村有力者に較べて高額の寄附をし、彼等の威信と権威とを高めていた。明治十六年、東岬、西岬学校が廃止されて、あらたに三崎学校、六合学校が設立される。三崎町東部、西部有力者たちは、松方デフレの経済不況の中で、赤字続きの西岬学校に三崎町西部有力者の高額な負担にあるように、彼等の学校設立維持の責任から考えて、六合村が比較的半農半漁の地域であるため、六合村に六合学校を設立させ、彼等は独自で三崎町だけの三崎学校を設立している。当時、神奈川県の政策は、弱少学区の減少と学区の分離を防止するという方針であった。三崎町有力者たちは経済不況の中で六合村に土地集積をしているため、彼等の六合村への協議費の負担過重と、前述の県の政策方針とから三崎町、六合村、諸磯村を一学区とする連合会を作ることによって、六合村地域への発言権を獲得している。結論的には三崎町有力者たちは県の教育政策と一致させながら、彼等の階級的立場を堅持するため、三崎学校、六合学校を設立したのであった。しかし、この三崎学校、六合学校も、明治二十年に合併して宝蔵学校の設立となる。宝蔵学校の成立の内面には、釣漁民と網漁民との対立があった。網漁民に網製造の資本金を出資している三崎町有力者たちは釣漁民への支配強化の一環として、六合学校と三崎学校とを合併させたのである。この合併は小学校令による県の尋常高等小学校設置政策を利用したものであった。

三崎地区の小学校設立、展開過程を見る限り、質屋、酒屋を営む三崎町有力者たちは、高利貸、土地集積によって寄生地主化しつつ、ブルジョアジーへの脱皮をはかりながら学校設立維持をしていた。とくに、三崎地区で行政の中心勢力を占めていた加藤泰次郎は船会社、共益社（金融会社）

等の創設によってブルジョア化への道をたどりながら小学校の合併、廃合を通じて、小学校の設立、維持を推進したのである。三崎地区の小学校成立は三崎地区有力者たちがブルジョアジーへ脱皮する過程の中で、最終的に、彼等が三崎地区で初めての網漁業へ資本導入するという漁業法の資本制生産への過程と一致している。三崎地区有力者たちは段階的に学校を合併、廃合させながら、彼等がブルジョアジーとして独立できるような過程の中で学校と設立維持していった。彼等は県からの政策による官僚支配体制に入っていくような形態で、学校設立維持を通して自己の立場の貫徹、地位の保持をはかっていたのである。

三崎町有力者たちの、前述の小学校設立維持過程は、三崎地区だけの問題ではない。たとえば「**村中上等ノ人物ハ学務委員ノ任ヲ以テ反テ己レノ名望ヲ損スルノ地トナシ務テ此任ニ当ルヲ避ケル**」（文部省年報青森県十五年報）と地方名望家として彼等の立場の貫徹のため、官僚支配体制に入ることをこばむ例もあった。また「**区長ハ漸次教育ニ関セサルモノノ如クニ成行キシカハ……**」あるいは「**（学区取締）事務タル万々区々ニ関セサルナキヲ以テ区長モ又茲ニ焦慮シ相待チ相輔クルニアラサレハ殆ト其実効ヲ期シ難シ**」（石川県、八年報）といわれるように、地方名望家は学事について熱心でない一面もあった。彼等は「**其名望ヲ負フ者多クハ富豪給料ヲ不問ニ置キ役員トナリ栄誉ヲ売ランヲ希フ者……**」（新川県、八年報）であったらしい。

このように彼等は一般に三崎地区有力者と同じように彼等の町村における立場の貫徹、地位の保持をはかっていたためと考えられる。明治前期の地方名望家は一般に地方銀行を設立したり、会社設立等多方面に活躍しているように、ブルジョアジーへの脱皮をはかっていた。しかも彼等の名誉欲等はその一面をあらわしている。学校設立の際の高額の寄附等は最もその代表的な例である。

　三崎地区有力者の学校設立維持の活動状況の中で、三崎町有力者の経済的支配下にあった漁民、魚商たちは経済力の無力、「**漁民ノ知能ハ経済ノ進歩ト正比例ヲ以テ進マズ依然旧習ヲ墨守シ……**」【註一】のように、漁民の子弟は公立小学校に行かなかった。漁民たちの子弟は「手習い師匠」に3R's（読み書きそろばん）を学ぶ位であった。三崎地区の就学率の低いのはそのためであり、就学率の高いのは三崎町東部の商人階級（有力者）の子弟たちであった。

　三崎地区には「オカモノ（陸者、商人階級）」の学校と漁民の学校（寺子屋）という二重学校体系が顕著にあらわれていたといってよい。この状態は明治二十五年頃までつづいていた。一般に、千葉県銚子の就学率も低かったように、漁民の子弟は公立学校に行かなかったと推察する。三崎地区における小学校設立過程は、県の教育政策と地方有力者との直接、間接の結びつき、それも三崎地区名望家の社会的経済的条件を背景にしたブルジョアジーへの脱皮の一環として、成立、展開したのであった。

(二) 今後の課題

　地方名望家たちは社会的経済的条件を背景にして、彼等の立場の貫徹をはかりながら、中央の政策である小学校設立というナショナルな課題に対応していた。地方名望家といっても多種多様であり、あるものは商人階級であり、あるものは農民階級である。三崎地区有力者の場合、学校設立の

【註一】資料集五十七、332頁

中心となっていたのが質屋、米屋、酒屋等の人々であり、在村地主はあまり学事について顕著な活動はみられなかった。名望家の種類によって学校設立、維持という学事についての行動に大きな相違が見られる。そこで多種多様な地方名望家、彼等が学校設立維持にあたって、彼等の根底にあったイデオロギーは何であったのであろうか。三崎地区の場合、学校設立、維持を推進していった高利貸資本家階級の名望家たちのイデオロギーを十分に解明できなかったが、地方名望家たちのタイプによるイデオロギーの相違の問題は、今後、究明されるべき課題の一つである。

それとならんで小学校の成立にとって、士族階級の多い地域、農村部、漁村部という相違が小学校成立の進歩性と後進性にどのような関連があるかも大きな問題である。また当時の民衆の教育要求も千差万別である。三崎地区の場合、就学率の高い地域、低い地域があった。そのように、たとえば都市部、農村部、漁村部という地域性における民衆の教育要求の解明も必要である。

明治前半期は、新日本の展開起点であり、近代日本への準備に努めた期間であった。明治前半期は政治、経済、社会等あらゆる分野において、あるいは急進し、後退し、ときには迂路に迷ったりした時期、要約すれば近代日本発達の準備に動揺と苦悩の期間と見ることができる。現実の教育は、国家、社会の現実的要請と無縁に遊離しては考えられない。そのためにも、地域性、文化程度、経済的条件等を考慮にした研究が望まれると考える。

主要参考資料並びに文献

○三浦市役所所蔵文書

戸長役場諸願届綴（学事関係文書として独立したものでなく、一般行政書類と一緒に学事関係文書がある）

明治六年～十一年　各年度各冊、三小区関係

明治十一、十三、十四、十五年　三崎町戸長役場

明治十四年、十七年　六合村戸長役場各年度各冊

第十四大区布達綴　明治十年後半　一冊

神奈川縣指令綴　十五年～十九年　一冊

三崎連合戸長役場回議録　明治十六年～十九年　各年度各冊

三崎花暮町外十一ヶ町村戸長役場編地誌　明治二十年

小学校新設廃合並寄附金書類　一冊　明治十年～二十年

（明治十年～二十年の三崎地区の学事関係文書をほとんど集録してある）

○城ヶ島　加藤家文書

三浦汽船会社沿革記　一冊

米国政治要略　一冊

戸長、学務委員の辞令、任命書類

加藤泰次郎履歴　一枚

日新義塾規則　一冊

○三崎小学校蔵

学校沿革誌　一冊

卒業生名簿　一冊

○三戸村前田家文書

御廻達誌　明治六年

御布告写　明治七年

表題ナシ　明治八年

明治九子年廻達控

明治三十日記

学校世話役日記　明治十年

○松輪村、藤平源兵ヱ家文書
明治十一年　松輪村村費計算書

○神奈川縣立図書館所蔵
現今船数取調帳　明治十年三崎町
学事統計表――三崎小学校――明治二十一年
神奈川縣下職員録　明治八、九、十、十一、十二、十三、十四、十五、十六、十七、十八年
皇国地誌残稿
神奈川縣史料　第一巻～六巻
神奈川縣布達全書、明治五、八、九、十、十二年
神奈川県布達全書目録
神奈川縣御達

○東京大学　明治雑誌文庫
神奈川県布達　明治十三年～二十年
神奈川縣教育月誌　明治十年～二十年
横須賀新報　明治二十二、二十三年
神奈川県公報摘要　明治二十年、二十二年

○三崎地区関係の書物

㊕沿革記
㊓〃
海鳥のなげき　内海延吉著
沿岸漁業九十年誌
三崎町史
88年の歩み——三崎小学校
三崎郷土史考

○その他

神奈川縣会史第一巻
川崎教育史、相模原市史、第三巻、六巻
横浜市史稿——教育——、横須賀の教育の歩み
愛甲郡誌、津久井郡誌、横須賀市史、川崎市史
教育通信第一～第五集神奈川縣教育センター
神奈川縣教育史年表（教育センター刊）
神奈川縣、教育会五十年史
文部省年報（明治六年～二十年）
明治以降教育制度発達史、小学校の歴史Ⅰ、Ⅱ、Ⅲ（倉沢剛著）ジャパンビューロー

明治地方自治制度の成立過程（亀卦川浩著）東京市政調査会
明治前期教育行政史研究（金子照基著）風間書房
学生の歴史（唐沢富太郎著）創文社、教師の歴史（同上著）創文社
教科書の歴史（唐沢富太郎著）創文社、明治百年の児童史（同上著）講談社
近代日本教育史（唐沢富太郎著）、世界の理想的人間像（同上著）中央公論社
学区制度の研究（千葉正士著）勁草書房
小学校設立過程の研究（東京教育大学紀要）第七巻
明治期初等教育の研究（前野㐂代司著）成文堂
日本漁業史（山口和雄著）生活社
渋澤水産史研究室報告第二輯
漁業構造の史的展開（二野瓶徳夫著）御茶の水書房
近世漁村史の研究（荒居英次著）新生社
日本漁業経済史（羽原又吉著）岩波書店

日本地方財行政史序説（大石嘉一郎著）御茶の水書房

明治前期教育政策史の研究（土屋忠雄著）講談社
学制論考（井上久雄著）風間書房
「明治初期における小学校教育の成立過程」東京女子大学附属比較文化研究所紀要
　第四巻——名倉英三郎——

明治初期における岡山県の初等教育――児童就学と教科書の問題を中心として――

岡山大学教育学部研究州録第9号　秋山和夫

明治初期における栃木県の初等教育について

宇都宮大学学芸学部研究論集第5号　入江信三郎

埼玉県における近代学校成立の過程

埼玉大学教育学部紀要第五巻　鈴木義隆

明治初期の教育政策と地方への定着（仲　新　著）講談社

資料集

水溪良孝編輯　國井應文畫　小學入門便蘭　全　附體操圖解（明治八年七月發兌　文求堂梓）

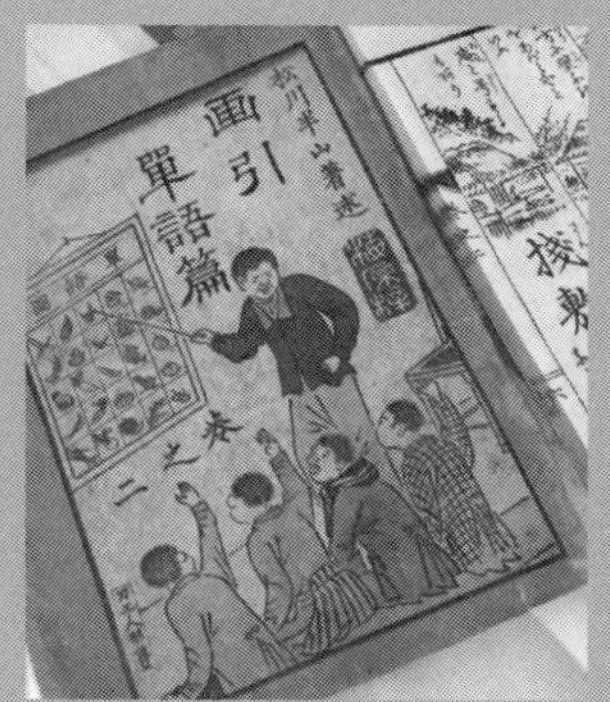

松川半山著述　童豪画引單語篇（明治七年十一月発市）。各単語の解説をした字引

教育錦絵　新板改正単語の圖（ゑひすや板）。五十音の圖、濁音の圖、次清音、数字の圖、算用數字、羅馬数字圖、加算九九の圖、乗算九九の圖、伊呂波圖

地球畧圖　大日本畧圖　銅鐫　小学入門　全　附録單語圖解　大橋堂藏版

一写真

明治十年〜二十年
「小学校新設廃合並学校寄附金書類」

明治八年「諸願届綴」

諸願届綴

明治十年「大区布達綴」

諸願届綴

明治十年以降「指令綴」

明治十六年、十七年、十九年「戸長役場回議録」

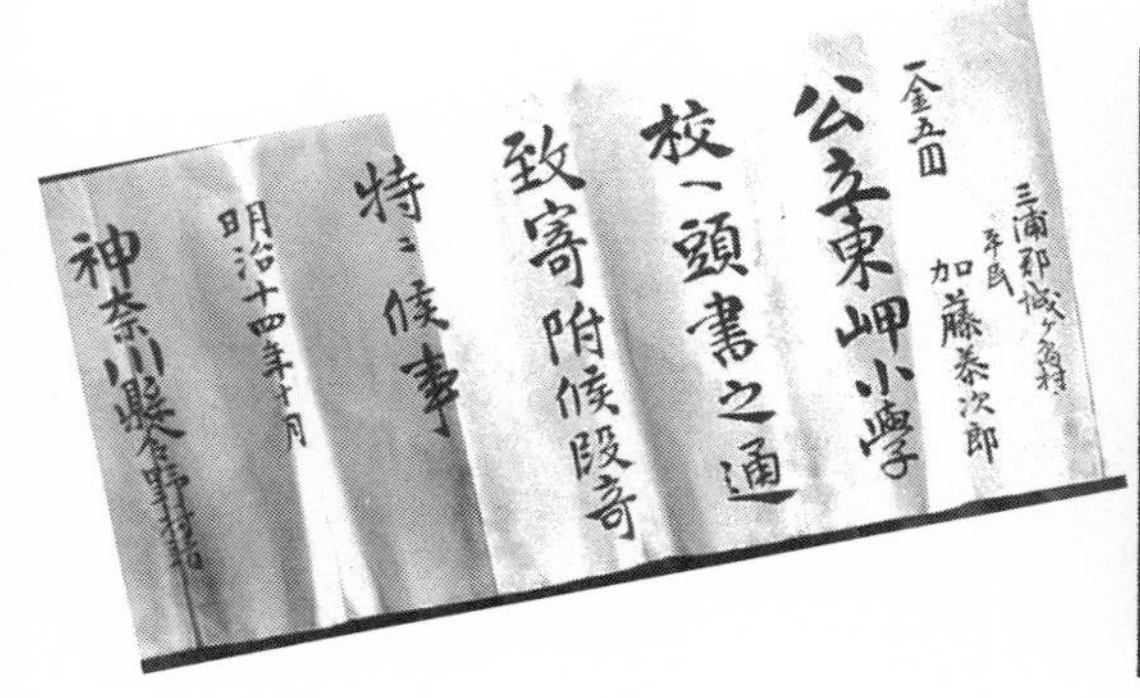

三浦郡城ヶ島村
平民
加藤泰次郎
一金五円
公立東岬小学校一頭書之通
致寄附候段奇
特ニ候事
明治十四年十月
神奈川県

二　公立学校構内土地取調書（(諸願届綴) 明治十三年一月ヨリ六月迄 三崎町戸長役場）

神奈川県

相模国三浦三崎町

公立東岬学校

字日出町

第十壱番地

一、構内総坪　　三百坪　　学校敷地トシテ明治六年五月廿八日

相当ノ代価ヲ支払ヒ払ヒ下ゲ□□(虫食い)

此十六當申準市街宅地一反分

此地価金廿円壱銭

右之通取調候処相違無之候所此段上申候也

右町戸長代理

筆生　長谷川源左ヱ門

明治十三年五月廿五日

神奈川縣令　野村靖殿

三　神奈川県小学規則（明治六年二月）

學制の儀に付、今般御布告の趣も有レ之候に付、左の通管下一般の規則相立候間、其旨相心得べく候。尚巨細の儀は同熟議の上伺出べき事。

第一則

一、一大區に學區取締一人を置て、區内學務を總轄せしめ候事。

第二則

一、從来の筆學所は一切廢止せしめ、其師たる者は試驗の上、擧て小學舍の教師とす。但、試驗の節は官員師範學校へ出張檢査いたし候事。

第三則

一、一小區に小學本校一ヶ所を置べし。若し地勢阻遠にして不便なれば、便宜に支校を置くべき事。

第四則

一、當分の内師範學校を設置き、生徒二十歳以上身持正しく、略筆に志せし者を撰み、師範學校に入るべき事。但、師範學校の位置は追て達すべき事。

第五則

一、師範生徒入費は區内より差出すべきものと心得べし。然れども成丈高持の子弟等を撰み、以て其費用を自ら辨ぜしむべき事。

第六則

一、小児七歳に相成候はゞ、男女の別なく其近傍の學舎へ差出すべき事。但、七歳に相成候とも、病氣其外止を得ざる状情これあり、小學所へ差出しがたき分は、其旨巨細戸長へ届出べし。

第七則

一、女子の儀も當今の時勢に對し、無學に生育いたし候は、實に恥べき儀に付、男子同様小學所へ差出すべき事。

第八則

一、學課を五級に分け、一級毎に授業六ヶ月を限る。六ヶ月に至り、試驗の上昇進すべし。若し此月數卒業に及ばざるものは、尚六ヶ月間教授すべき事。

第九則～第十三則　略

第十四則

一、毎戸子弟の有無に拘はらず、有志の者より資を募り、右集金を以て學舎教授書籍等の費用に充べき事。但、右取纏方は區長・戸長にて萬端取扱申べき事。

第十五則

一、父母貧寒にして家業世話しく、又は勤仕等にて書間稽古成がたきものは、夜學いたすべき事。

第十六則

一、月謝は一ヶ月金壹朱歟、又は白米壹升、其外七月・十二月は金壹分づつ納むべき事。但、有福の者はその志に任せ、謝禮指出し候儀勝手たるべき事。

第十七則

一、貧乏にて月謝又は筆墨紙等調へがたきものは、戸長にて篤と取糺し、事情相違これなくば、相當筆墨紙を與へ修業いたさすべき事。

第十八則

一、學舎は追て新築致すべき筈なれども、當分最寄の寺院又は手廣の家宅を借受る事。其區内の便宜に任すべし。

第十九則

一、生徒の増減或は等級の昇降等、毎月製表いたし差出申べき事。

第二十則

一、休業は

一月一日より三日まで	同十三日	同廿三日	同廿九日	二月廿三日	三月二日	同廿日
六月廿八日より三十日まで	九月廿三日	十一月五日	同六日	同十一日	十二月廿六日より三十一日まで	毎月日曜日
鎮守祭						

右之通可二相心得一者也。

明治六年二月　神奈川縣權令大江卓

戸　長

副戸長

手習師匠

四　龍潜庵境内の筆塚

碑面銘
慶応二丙歳二月
筆子中

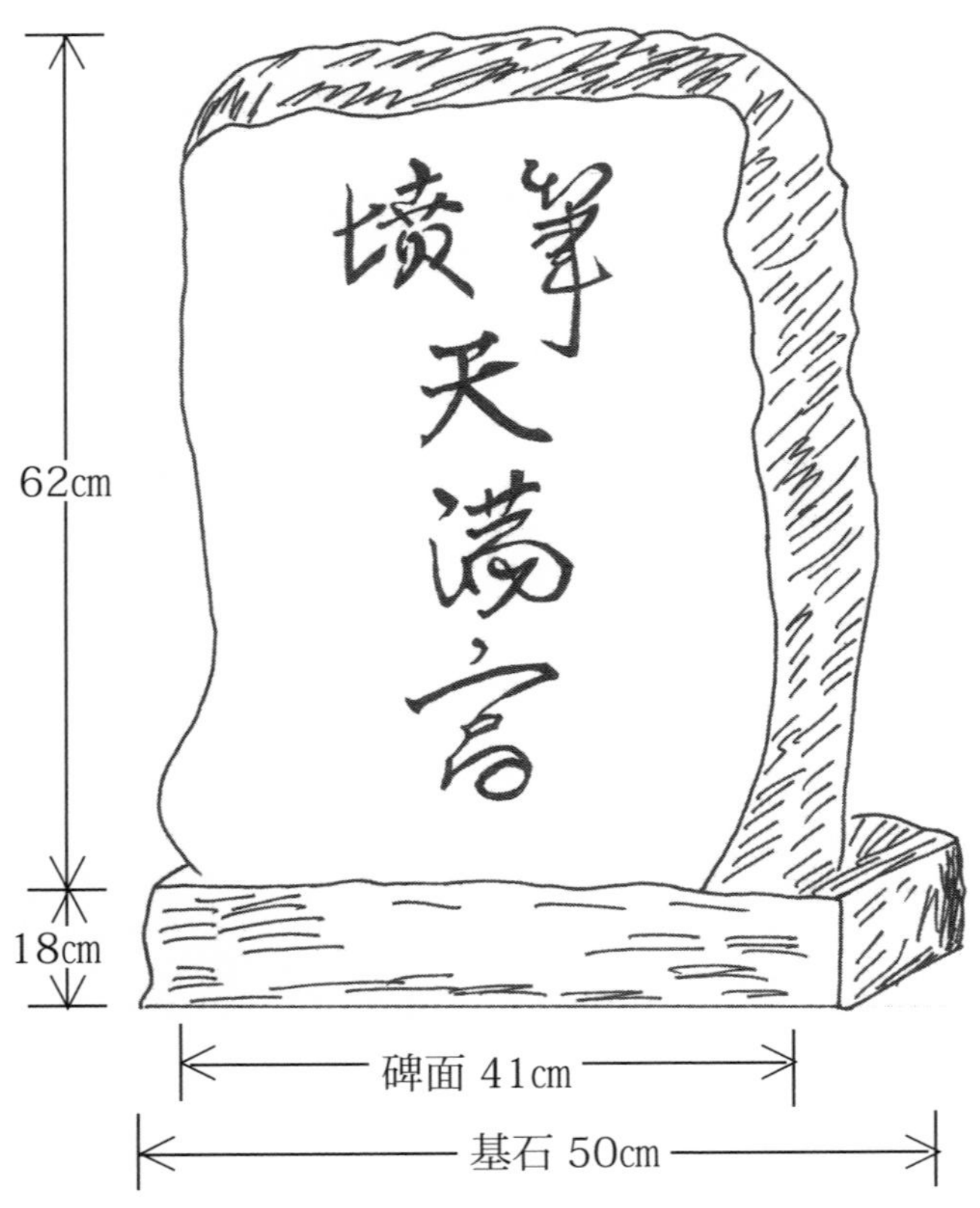

五　小網代学校図、城ヶ島学校図、西岬学校図（明治十五年）

小網代学校図

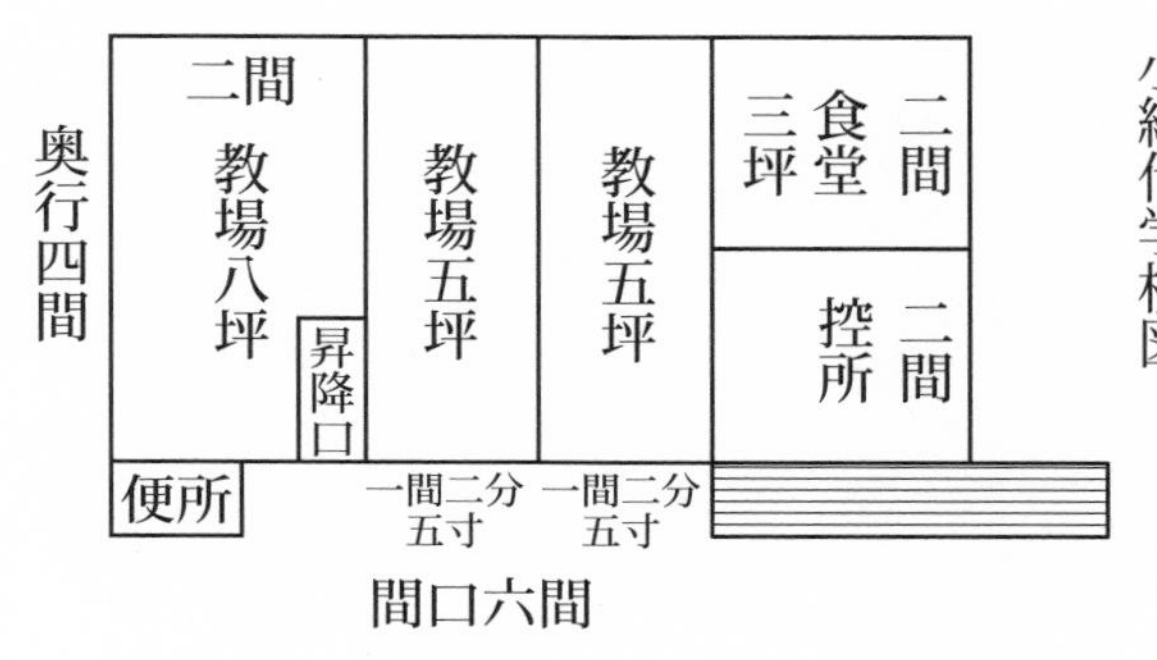

城ヶ島学校図［脇坂了浄持地］

長さ七間
横　六間　　坪数　四十二坪
教場　六ヶ所　教員控所　一ヶ所
生徒控所　一ヶ所　便所三ヶ所

教員便所
生徒控所
庭
教員控所
食堂
便所
便所
教場
教場
教場
教場
教場
教場
生徒昇降口

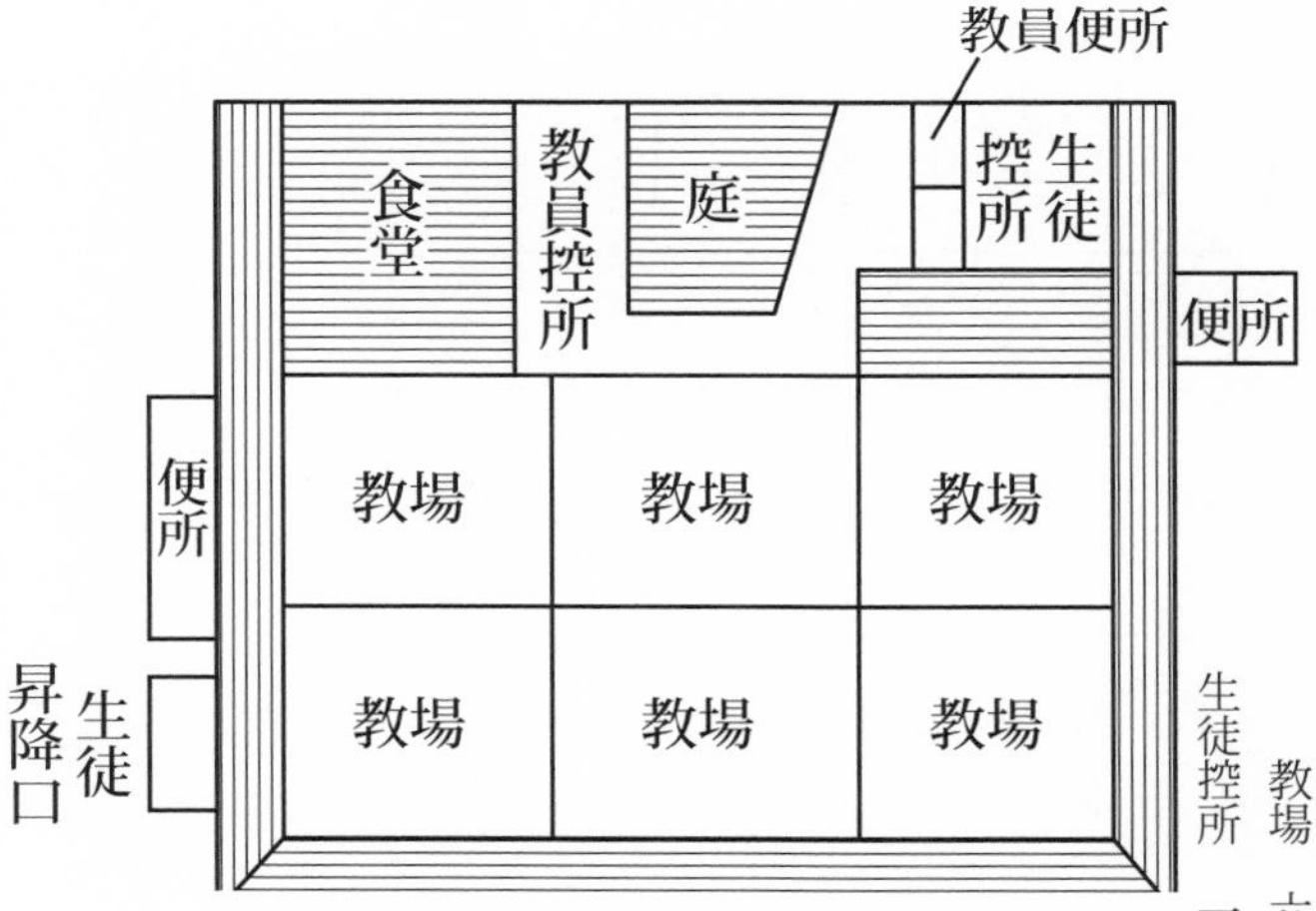

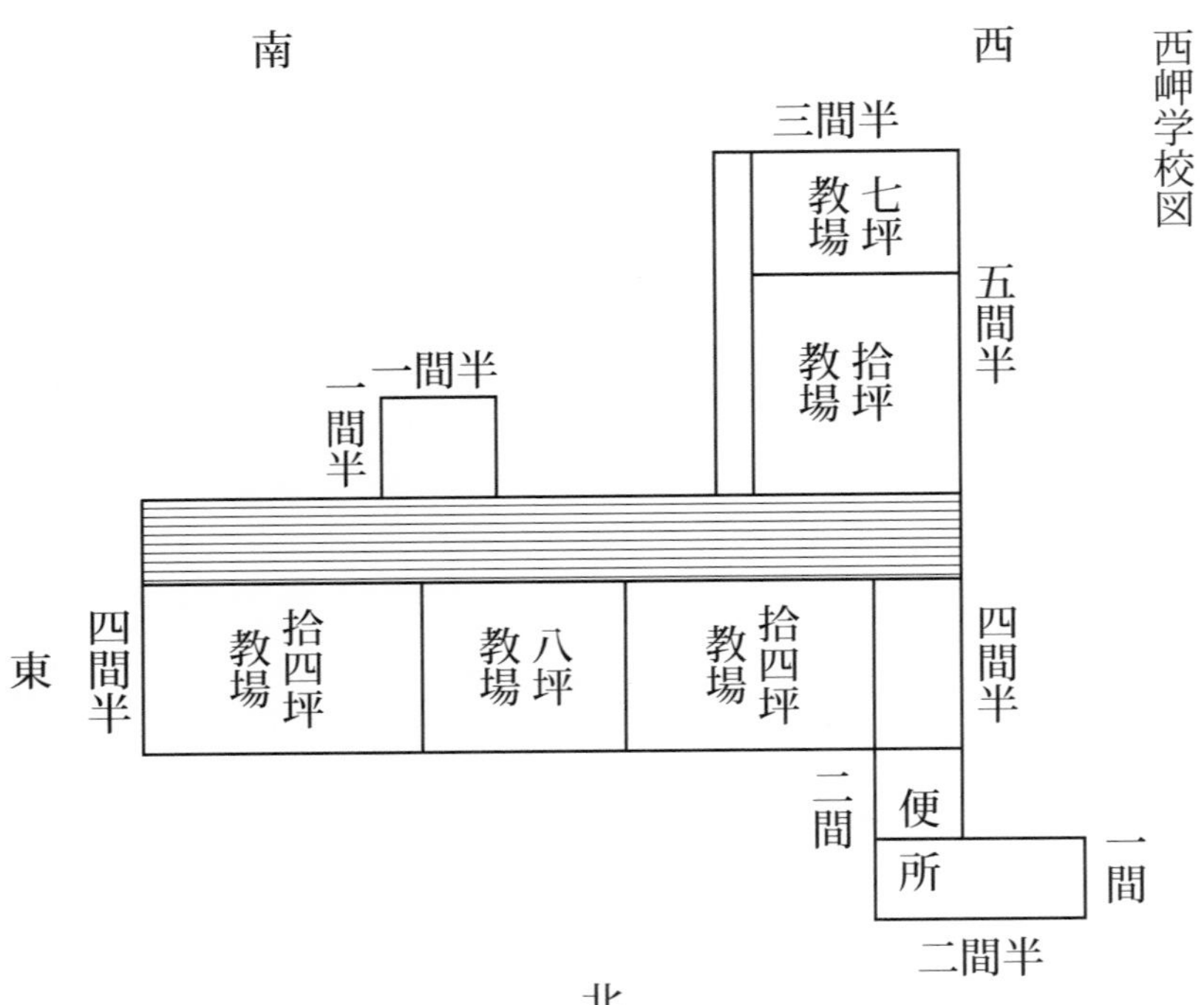
南
西
三間半
七坪
教場
五間半
拾坪
教場
一間半
一間半
東
四間半
拾四坪
教場
八坪
教場
拾四坪
教場
四間半
二間
便所
一間
二間半
北

西岬学校図

六　西岬学舎、諸磯学舎の図（推定資料　明治六年）

西岬学舎（大乗寺）

2間半
4間
1間半
3間
1間半

諸磯学舎（郷戸の観音堂）

3間
1間半
1間半
2間

七　西岬学校図（明治十五年）

西岬学校図

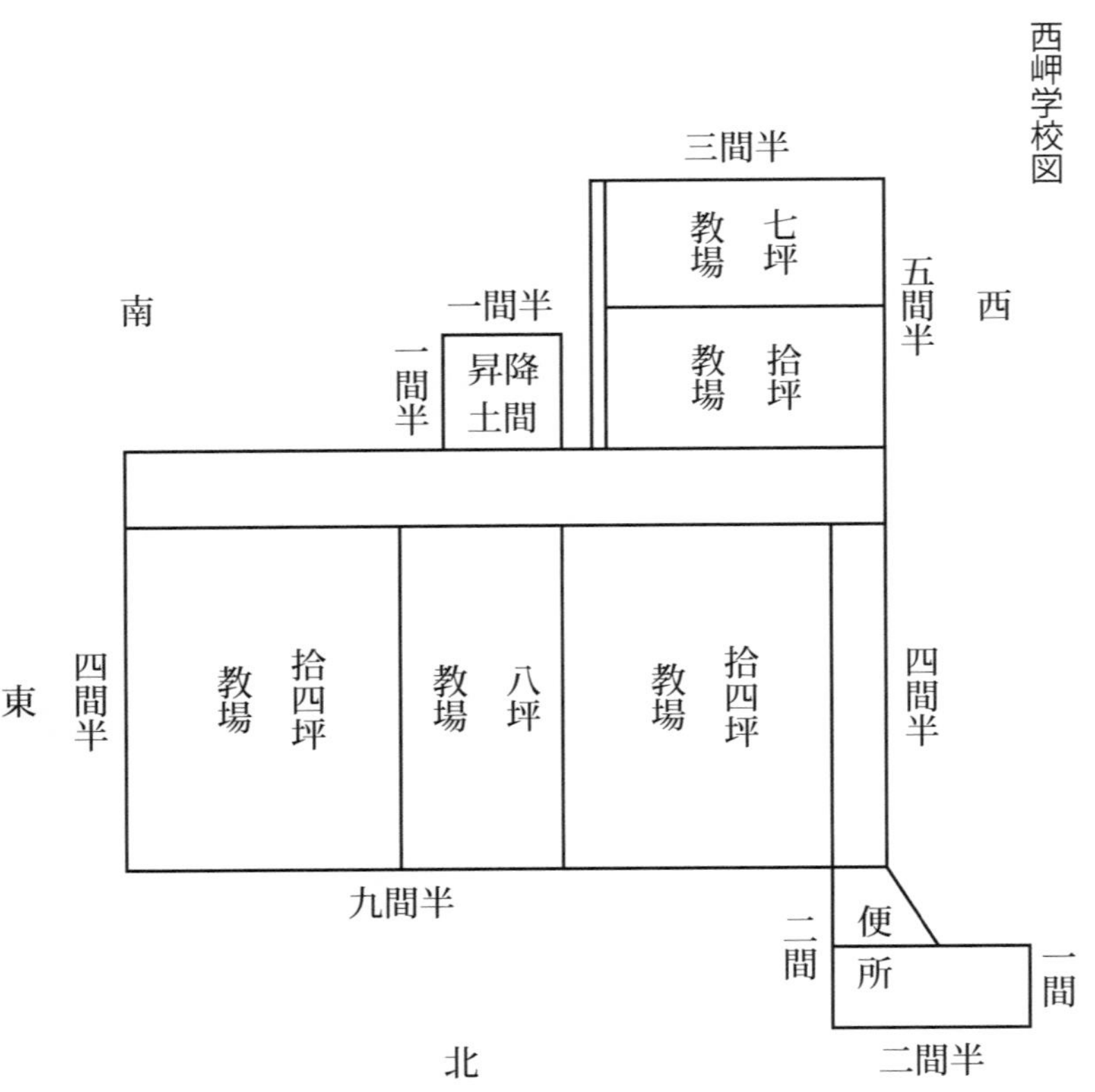

八　学区人員取調書

第十五番東岬学舎
　此の人員　三四三一人　男　一八四〇
　　　　　　　　　　　　女　一五九一
第十六番西岬学舎
　此の人員　二四六三人　男　一三〇二
　　　　　　　　　　　　女　一一六一
第十七番城ヶ島学舎
　此の人員　四四四人　男　二二八
　　　　　　　　　　　女　二一六
右者当三番組小学舎附属人員取調候処書面之
通ニ御座候　以上

明治六年十一月

　第十四区三番組　副戸長　石渡直道
　　　　　　　　　戸長　塩瀬与太郎

（諸願届綴　明治六年）

九　神奈川縣教育会議案書

第一項

委托金分配ノ方法

一、委托金ハ人民貧富ヲ不問凡チ就學セシムル爲メ……金ナリ故ニ就學人口ニ分配ス

一、管内四ヶ所師範學校ノ費用ハ一ヶ年合計六千……算ス是亦委托金ヨリ出スヘシ

一、學區取締師範學校訓導教長ノ旅費及ヒ……皆委托金ヨリ出スヘシ

但學區取締給料ハ先規ノ通リ……

第二項

一、各大區毎ニ教長一名ヲ置キ十……ノ月給ヲ與ヘ其半額ハ委托金……スヘシ

教員ヲ褒貶黜陟スルノ法

一、一ヶ年皆勤スルモノハ相當ノ賞ヲ與ヘ且行……授業法ニ熟シ誘導宜ヲ得ル者ハ昇級セシムヘシ……

一、放蕩懶惰ニシテ職務ニ怠ルモノハ督責ヲ加ヘ……サル者ハ免黜スヘシ

第三項

訓導名稱改正ノ事

附等級給料ノ事

一、小學訓導等級　　月俸

等級	月俸
一等	三十圓
二等	廿五圓
三等	二十圓
四等	十五圓
五等	十二圓

訓導補等級

等級	月俸
一級	十圓
二級	九圓
三級	八圓
四級	七圓
五級	六圓

授業生

等級ナク給料ハ五圓以下ヲ與フ

師範學校訓導等級

	月俸
一等	三十圓
二等	廿五圓
三等	二十圓
四等	十五圓

五　等　　十二圓

第四項

未學ノ壯丁ヲ授業スル法

一、本縣規則ニ據テ學ヲ開キ先修身科ヲ以人タ……ヲ教ヘ且各生家業ニ適當ノ書及ヒ算術等ヲ授……テ捷徑ニ就シムヘシ

一、教師ハ其地ノ小學訓導ニシテ教場モ亦同……

第五項

試驗優等生賞譽ノ法

一、生徒ノ賞譽ハ試驗當日ノ優劣……

一、賞譽品ハ等級優劣ニ依テ給與ス……

一、賞譽ハ奬勵ノ最モ重大ナルモノナレ……ヲシムヘシ故ニ學區取締區戸長立會之ヲ……區掲示場學校等ヘ掲示スヘシ

但師範校本區ハ同校ニ於テ之ヲ行ヒ他ハ試驗……於テ施行スヘシ

第六項

教員養成ノ法

一、教員ハ本縣本籍ノ者ニシテ教員志願ノモノハ師範……校ニ於テ養成シ卒業ノ上管内小學校ノ教員ニ充ツシ

但本籍人ニシヲ志願ノ者乏キキハ他府縣ヨリ……ルヽモ妨ケナシ

一、前條志願ノ者ハ履歴生國ヲ糺シ確カナル保證……ルノ上雇入ルヘシ

一、教員ニ雇入ルヽ上ハ直ニ該中學區師範……二週間以上授業法ヲ傳習セシムへ……

但傳習中ハ雇入レノ學區ヨリ……シ

一、教員養成ノタメ假傳習所或……ヲ須ヒス

第七項

教員會議ノ事

一、會議ハ大中小分テ三ツトス大會ハ毎歳一回……横濱ニ集會ス中會ハ毎歳兩度各中學區内師範……會ス小會ハ毎月一度其大區中便宜ノ地ニ集會

但會議規則ハ別ニ取調フヘシ

第八項

師範生徒募集ノ法

一、師範生徒ハ本縣本籍ノ子弟ヲ養成スルヲ要ス他府縣……ノ者ハ法留定マラサルカ故ナリ

但本縣志願ノ人ニ乏シキトキハ他府縣ノ志願人……モ妨ケス

一、前條ニ依ルト雖モ尚人員足ラサルトキハ各區へ……テ之ヲ募集スヘシ

一、生徒年齢在學期限并試驗法入校手續等……則ニ依ルヘシ

但卒業生徒ヲ泒出スルハ學務……込ヲ以テス

第九項

校用書籍ノ事

一、師範學校用書籍買入ハ委托金ヲ以……費ヲ以ス

各小學校費計算ノ事

第十項

一、學校費用ハ學資金ノ利子及ヒ生徒月謝金ヲ以……充ツルト雖モ尚足サルトキハ其區費ニ課スヘシ

一、學校ノ費ハ世話役ヲ擔任シ計算簿ヲ製シ月末……區戸長并其校訓導連印之上學區取締へ差出スヘシ

一、學區取締ハ右計算簿ヲ取纏メ二ヶ月毎ニ縣廳へ……スヘシ

一、各學校用紙ハ美濃紙十三行並半紙八十行罫ヲ用……シ

一、學校資本金ノ利子取集メハ毎月廿日ヲ以テ期……

第十一項

就學督勵ノ法

一、毎年一月七月兩回戸長該區齡ニ……其父兄ヲ詳記シ之ヲ區長ニ出シ……參査シ就學不就學ヲ區別シテ……

一、學齡ニシテ不就學ノ者ハ區……ヲ探索シ非常ノ窮民ニ非サルトキ……セサル者ハ區内人民相議シテ相當……ルノ規則ヲ設クヘシ

第十二項

學資集徵ノ法

一、各地學資未タ全備セス故ニ物産營業等定税ノ……乎増シテ以テ學資ニ積立スヘシ
一、學資全カラサル地ニシテ祭禮等ニ托シ芝居角力……ナストキハ學税トシテ金若干ヲ賦スヘシ

第十三項

教員接待ノ方

一、滿一ヶ年以上奉職ノ教員ヘハ其功勞ニ應シ相當勞金ヲ給與スヘシ
一、教員ハ都テ客待スヘシ

第十四項

學區取締專務是非ノ事

一、學區取締ハ毎大區内務一名正副……都合二名ヲ置クヘシ
但事務章程ハ更ニ布達アル……

第十五項

學資金保存ノ方法

一、本縣下學資金四種アリ一ハ段別賦……ニシテ其利子ヲ學費トシ一ハ寄附金一……分酸ス其内現金ノ分ハ取纏メ公債証書ヲ買……各區適宜ノ方法ヲ以テ保存スルヲ要ス

第十六項

學校世話役ノ事

一、世話役ハ毎校一名乃至二三名ヲ置クヘシ
一、世話役ハ學事篤志ニシテ居民ノ名望アルモノヲ以テ之ニ充ツ

但正副戸長ヲシテ兼務セシムルコトモアルヘシ

一、世話役ハ校費出納授業料集徴其他一切ノ校務ヲ……スルモノトス

一、世話役ノ給料ハ各地方ノ適宜タルヘシ

但兼務ノ者ハ別ニ給与セサルモノトス

第十七項

各大區必一校ヲ新築スル事

一、各大區中便宜ノ地ニ一小學校ヲ……キ區内ノ小學ヲ総督セシメ乃……此校ヘ通學スルヲ要ス且教育……於スヘシ

一、新築ハ各大區トモ速ニ着手スルヲ要……ハ其地ノ適宜タルヘシ

但七中學區内各大區ノ如キハ師範校建築……免ルヽヲ以テ宜シク他區ニ先チテ築造スヘシ

第十八項～第廿項　略

十　学校世話役書上（諸願届綴　明治九年）

第拾四大区三小区
東岬学校世話役
三好直吉
長谷川久五郎
大谷清八
西岬学校世話役
湊又三郎
内藤吉兵衛
井上半六
城ヶ島学校世話役
青木平左ェ門

右者当三小区内学校世話役書面之通相違無御座候以上
戸長　加藤泰次郎
明治九年十月六日
神奈川県学務課御中

十一　学校章程取調書上帳

第十四大區四小區
三戸学校

第十四區大區四小區
相模国三浦郡
三戸学校
小網代
下宮田村

第弐拾六番三戸学校
自家

一、高
一、戸数
一、人員
一、教員
三等訓導　　前田治左ヱ門
月給何円　　何円　生徒ヨリ授業料
一、助教　無之　村方ヨリ与荷(ママ)
一、世話人　無之

一、生徒何人
八級　何人
七級　何人
六級　何人
五級　何人
四級　何人

一、費用　一ヶ月平均
一、金拾弐銭三厘　器械代料
一、〃三十四銭三厘　書籍代料
一、〃三十五銭　白墨代
一、〃五十八銭　畳替代
一、〃十弐銭五厘　弁当薪炭代
一、金十六銭弐厘　炭代
一、〃十弐銭五厘　夜学油代
一、教員会議料　無之
一、筆墨料　無之
一、小使給料　無之
一、夜学授業料　無之
一、世話人集会料　無之

一、金六百円　　資本金
一、金　六円　　同一ヶ月利子集金
一、金一円十九銭三厘　一ヶ月使拂残金
右之通リ立合取調申候処相違無御座候以上
昭和八年十二月　右区
何村
訓導　何々誰
戸副　何――
戸長　何――

十二　第十四大区二小区松輪村村費計算書（明治十一年）

第九月分

一、金壱円弐十五銭　村用掛月給

一、金壱円五十銭　学校世話役月給

一、金十銭　村用掛筆墨料

一、金四拾八銭五厘　諸用紙代

一、金壱円八十五銭　用度品費入費

一、金五十銭　雇小使月給

一、金弐円弐十五銭　惣代村用掛　区務所其他出向費

一、金壱円弐十銭　例祭入費

一、金四円三十銭　学校入費

合金　拾三円四十銭五厘

十三　民費豫算先入取調書

明治十一年 十月ヨリ 十二月迠 民費豫算先入取調書

第拾四大区弐小区

松輪村

一金、三円七十五銭　村用掛以下月給

一金、壱円五十銭　定使月給

一金、四円　用度取調費

一金、拾九円五十銭　学校入費

一金、四円　縣廳其他出所入費

一金、壱円　例祭入費

一金、五円三十銭四厘八毛　第九月迠□行不足

一金、拾三円六拾五銭六厘　小区豫費金

一金、拾四円三十九銭六厘　警察費 大区費 豫費金

合金　六拾七円十銭六厘八毛

十四　三戸学校学校経済取調書

第十四区四番組
弐拾六番小学
三戸村学舎

一金、拾壱円拾弐銭四厘五毛　諸書物代
一金、壱円五拾銭　高机壱脚
一金、壱円七十五銭　チール弐ツ
一金、三拾六銭　薪代（去六月より当戌五月迄）
一金、八銭　大瓶壱ケ
一金、拾銭　茶碗五ケ
一金、四円　時計壱ケ
一金、拾弐銭五厘　茶代
一金、拾四銭五厘　水手桶壱ケ
一金、四拾銭　障子紙代
一金、拾壱円（去ル酉六月より当戌五月迄）　訓導月給助合（ママ）
合三拾円五拾八銭四厘五毛

右者去酉六月より當戌五月迄其取調奉差上候書面之通相違無御座候以上

明治七戌年五月　右校訓導　前田次左ェ門

十五　小学校合併願

第二十三大区貳小区壱小区
成思館　　戸室村
戸室学校　合併　林村
右小学校創立之際数校建設相成居候處□運方に非し生徒日に増し月に進み教員人を得ざれば施設の前途を誤り可申然れ共毎校其人を要する時は随て費額増加し到底民力に堪えざるの怖あり因て將来の目途熟々協議の末前書の通り合併相決し永遠維持保護の方法相立益々旺盛を表し候様仕度保護方法の儀ハ追て詳細取調上申仕候間右合併御許可被成下度連署を以て奉願上候也

明治十年五月廿四日

右林村
人民總代　小島與平次㊞
世話役兼村用係補助　葉山彦太郎㊞
戸室村人民總代　霜島九重㊞
世話役兼村用掛　霜島甚四郎㊞
厚木町人民總代　高部太吉㊞
世話役　講呂木源兵衛㊞
講呂木瀰兵衛㊞

渋谷健㊞
町田掛補助　柳川歌吉㊞
一小区戸長　霜島久圓㊞
二小区戸長　高梨能有㊞
学区取締　佐野保次郎㊞
講呂木環㊞
副區長　中丸重郎平㊞

神奈川縣権令　野村　靖殿

書面願旨聞届候條移轉ノ末其旨可届候

明治十年七月二十四日

割印

神奈川縣　縣印

十六　摺附木製造所開設について

――加藤戸長の官業攻撃――

当区内三崎町製造之儀素ヨリ実ニ有志ノ協議上ヨリ成ルモノニ無之県官ノ誘導ニ因リ不止得ルニ出ルモノト雖此ノ起業ノ以テ後来窮民ヲ救フニ足ルベキヲ信シ因テ先般規則書相添エ出願候得共目今ノ景況恐ラクハ起業ノ目途立サルベシ勧業ノ事ニ付テハ旧幕以来屢々官ニ於テ奨励督促産業ヲ起サント為セシモノアルモ今日ニ至テ其成功ヲ為セシモノナシ維新以来牧牛ニ養豚ニ茶桑ニ奨励実ニ尽セリト雖モ人民ハ之レヲ心服セス之ガ為メ幾多ノ民力ヲ費ヤセシモ其ノ成績ノ挙カラサル歴々之ヲ既往ニ徴スルニ足レリ之レ他ノ故アランヤ興業ノ有志者ナラスシテ恃ニ官吏ノ督促ニ因リ所謂不止得之情実ニ出レハナリ僕等聞之欧州経済学者ノ説ニ政府ノ商法ニ立入ル事ノ弊ヲ痛ク論破セシヲ本県ノ如キ敢テ毫モ如此弊アラスト雖モ当町漁民ノ世ノ変換ニ推移スル能ハス頑愚自ラ居ル僕等之レヲ如何トモスル能ハス公等之レヲ推察シ製造等ノ未タ当地之人民ニ適応セサルヲ以追而上申仕候迄伝習人御差向之儀御猶予被成下度様御副書奉願上候以上

明治十年三月三十一日

三小区扱所

十七　摺附木製造所設置願

右者当町漁民共不漁打続キ候節活計営方ニ差支致難渋候ニ付傍生活ノ助ニ相成候様摺附木製造所相開申度依テ町内有志ノ者協議仕別冊規則書ノ通資本トシテ金千円相募リ結社営業仕度候間御許可被成下候様奉願上候以上

（年月日なし）

右

三崎町惣代　沢村卯兵衛　笹本惣吉　大谷清八　内藤吉兵衛　井上半六

同町用係　小村徳左衛門　湊大三郎　香山米蔵

副戸長　鈴木与右衛門

戸　長　加藤泰次郎

副区長　塩瀬与太郎

区　長　若命信義

神奈川県権令野村靖殿

（以下朱書）

書面願之趣追テ一般ノ会社条例相立候迄人民相対ヲ以テ結社営業候儀不苦事但社則浄書之上更ニ壱冊可差出事

明治十年七月廿四日　　神奈川県［印］

十八　写真

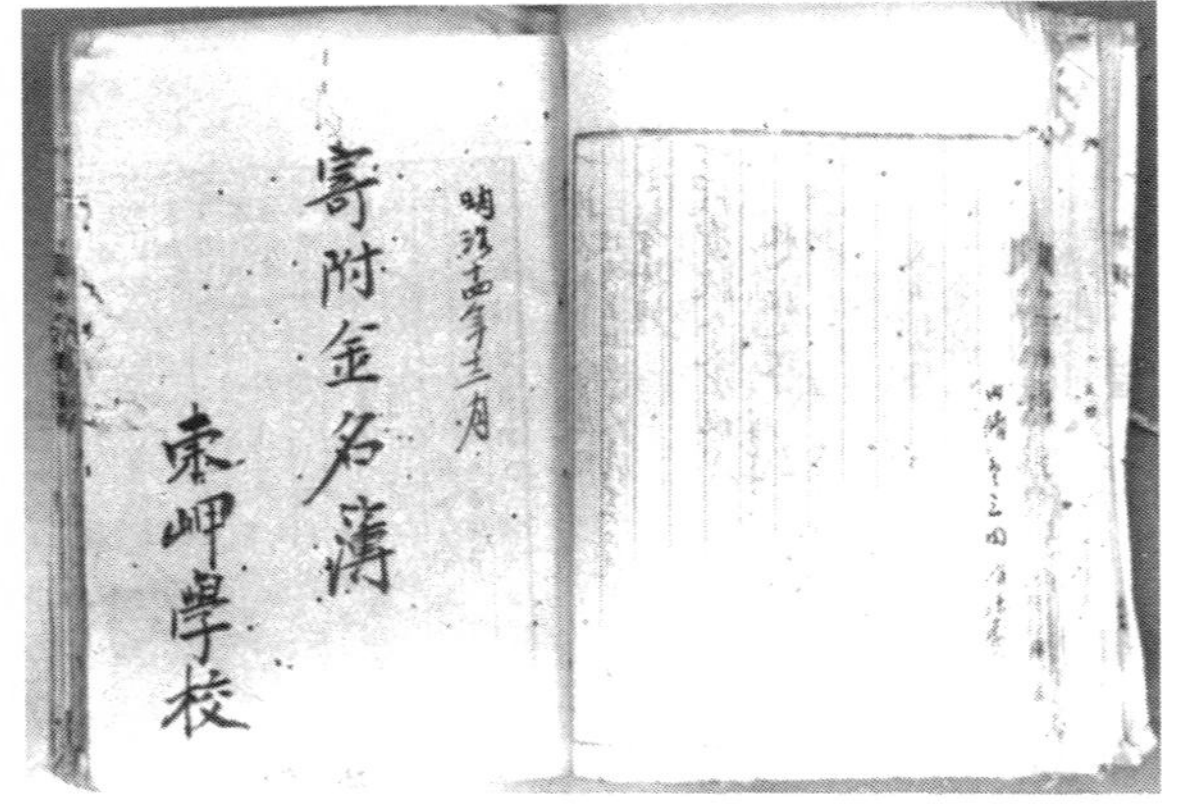

十九　相模国三浦郡三崎町公立小学東岬学校寄附御届

金千五百六円五拾六銭五厘　建築総計費
内訳
八百貳拾四円　三崎町共有金出金
三浦
一、金百円也　小村徳左ェ門
一、金五拾円也　澤村清助
一、金三五円也　笹本惣吉
一、金二五円也　大谷清八
一、金二五円也　神田兵左ェ門
一、金拾五円也　野村久五郎
一、金拾円　神田金兵エ
一、金〃　笹本徳太郎
一、金〃　佐伯定七
一、金〃　川名甚左ェ門
一、金〃　小林孫右ェ門

一、金〃　高橋仁兵ェ
一、金〃　杉山佐五兵ェ
一、金拾円　三好直吉
一、金〃　大川寅吉
一、金〃　大谷安太郎
一、金〃　石川善七
一、金〃　山本顧四郎
一、金〃　小牧半兵エ
一、金八円　内藤寛十郎
一、金六円　長谷川久五郎
一、金〃　若林太助
一、金〃　深沢萬造
一、金〃　尾瀬戸保之助
一、金〃　塩瀬与太郎
一、金五円　辻川清兵エ
一、金〃　塩崎吉五郎
一、金〃　塩瀬与次ェ門
一、金〃　小網吉次郎
一、金四円也　木村勘四郎

一、金三円五十銭也　長谷川源兵エ
一、金三円　川端八右ェ門
一、金三円　鳥居八三郎
一、金三円也　大谷仲兵エ
一、金〃　高木清右ェ門
一、金〃　大久保龍覚
一、金〃　高麗覚常
一、金〃　鈴木鉄之助
一、金〃　永塚鉄次郎
一、金二円五十銭　久保田伝兵ェ
一、金〃　秋本清造
一、金二円　松月甚三
一、金〃　天野彦兵エ
一、金〃　加藤久七
一、金〃　中西善吉
一、金〃　鈴木惣次郎
一、金〃　高木為吉
一、金〃　板倉文次郎
一、金〃　古川利兵エ

一、金〃　鈴木金五郎
一、金〃　川崎久兵エ
一、金〃　松崎吉次郎
一、金〃　浜口義左ェ門
一、金二円也　木村傳□ェ門
一、金〃　高木治左ェ門
一、金〃　下里七之助
一、金壱円六拾二銭五厘也　久野五兵ェ
一、金壱円五拾銭也　久野七三郎
一、金〃　鈴木喜兵次
一、金〃　田中善左ェ門
一、金〃　三好金兵ェ
一、金〃　小山清助
一、金〃　鈴木龍之助
一、金〃　稲田由造
一、金〃　青木惣兵ェ
一、金〃　澤村りつ
一、金〃　□弥右ェ門
一、金〃　笹本彦八

一、金〃　溝川仙太郎
一、金〃　内藤要造
一、金〃　村田幸助
一、金壱円廿五銭也　村上清之助
一、金壱円也　高月一甫
一、金壱円也　佐々木角太郎
一、金〃　池田藤吉
一、金〃　岩野喜兵エ
一、金〃　関根通幸
一、金〃　宝島与兵エ
一、金〃　大竹次郎兵エ
一、金〃　中西函之八
一、金〃　青木半次郎
一、金〃　小山忠吉
一、金〃　滝口吉兵エ
一、金〃　田所小兵エ
一、金〃　鈴木定次郎
一、金〃　鈴木源次郎
一、金〃　本橋忠太夫

一、金八拾二銭五厘也　石井函次郎
一、金八拾銭也　澤村太兵エ
一、金七拾五銭也　石橋長八
一、金〃　飯塚又七
一、金〃　田中由次郎
一、金〃　金子清吉
一、金七拾五銭也　高木福次郎
一、金〃　鈴木半七
一、金〃　湊八三郎
一、金六拾六銭六厘也　大塚半次郎
一、金〃　高木㐂左ェ門
一、金六拾二銭五厘也　澤村甚太郎
一、金五十銭也　中澤清五郎
一、金〃　鈴木藤右ェ門
一、金〃　亀田常七
一、金〃　木村甚右ェ門
一、金〃　加藤正兵ェ
一、金五拾銭也　福池寉吉
一、金〃　中飯勇吉

一、金〃　植村源造
一、金三拾七銭五厘也　本橋清兵ェ
一、金三拾五銭也　鈴木善左ェ門
一、金三拾三銭三厘也　植村常吉
一、金二拾五銭也
合計金　五百三拾三円壱銭五厘也（ママ）

三浦郡六合村　藤崎惣兵エ
一、金四円五拾銭也　下里市右ェ門
一、金四円也　下里徳右ェ門
一、金三円也　小宮惣右ェ門
一、金二円五拾銭也　青木七次郎
一、金〃　下里紋吉ェ門
一、金二円二拾五銭也　下里彦兵ェ
一、金二円也　尾崎茂右ェ門
一、金〃　尾崎茂七
一、金〃　永塚儀左ェ門
一、金〃　□嶋寅之助
一、金〃　小島徳右ェ門

一、金〃　小島㐂右ェ門
一、金〃　下里六郎右ェ門
一、金〃　徳田徳三郎
一、金壱円五十銭也　小川作右ェ門
一、金〃　下里治兵ェ
一、金〃　山田平左右門
一、金〃　小島四郎ェ門
一、金〃　辻井藤兵エ
一、金壱円五十銭也　水野峰吉
一、金〃　高橋新右ェ門
一、金〃　高橋八右ェ門
一、金〃　下里仁右ェ門
一、金壱円五十銭也　下里由右ェ門
一、金壱円廿五銭也　長谷川平造
一、金壱円也　宇田川市左ェ門
一、金〃　出口孫兵エ
一、金〃　幾島市郎兵エ
一、金〃　宇田川七郎左ェ門
一、金〃　天野左五郎

一、金〃　宮川久兵エ
一、金〃　宮川治右ェ門
一、金〃　下里彦右ェ門
一、金〃　下里茂右ェ門
一、金〃　宮川勘右ェ門
一、金〃　宮川紋右ェ門
一、金〃　宮川□左ェ門
一、金〃　住谷椎右ェ門
一、金〃　宮川伊左ェ門
一、金〃　伊藤清吉
一、金壱円也　高梨忠兵ェ
一、金〃　池田㐂兵ェ
一、金〃　高梨五郎右ェ門
一、金〃　山本市次郎
一、金〃　宮川太郎ェ門
一、金〃　宮川兵次郎
一、金〃　宮川政吉
一、金〃　宮川治三郎
一、金〃　青木五郎右ェ門

一、金〃　石渡清助
一、金〃　高木市兵ェ
一、金〃　田中吉蔵
一、金〃　石渡忠太郎
一、金七拾銭也　下里嘉左ェ門
一、金五拾銭也　藤崎平四郎
一、金〃　杉良七三郎
一、金〃　藤間甚次郎
一、金〃　宮川久左ェ門
一、金〃　大井仁左ェ門
一、金〃　宮川清次郎
一、金五拾銭也　石渡権次郎
一、金〃　石渡忠七
一、金〃　宮川清吉
一、金〃　宮川㐂右ェ門
一、金〃　宮川太左ェ門
一、金〃　宮川栄吉
一、金〃　宮川又右ェ門
一、金〃　下里平次郎

一、金〃　宮川七次郎
一、金〃　宮川市郎左ェ門
一、金〃　宮川平左ェ門
一、金〃　山本長左ェ門
一、金〃　出口孫右ェ門
一、金四拾銭也　宇田川佐助
一、金〃　宇田川与兵ェ
一、金三拾銭也　脇野作十郎
一、金〃　松本善蔵
一、金三拾銭也　長谷川元十郎
一、金三拾銭也　青木重兵ェ
一、金〃　宮川元次郎
一、金廿拾五銭也　中井八五郎
一、金〃　幸崎七五郎
一、金〃　天野栄吉
一、金〃　石渡六右ェ門
一、金〃　水野平七
一、金〃　松本市右ェ門
一、金〃　鈴木市太郎

一、金〃　下里徳左ェ門
一、金〃　永塚半左エ門
一、金〃　古川与左ェ門
一、金〃　下里久五郎
一、金〃　中村孫四郎
一、金〃　天野重郎兵エ
一、金〃　吉田左七
一、金〃　天野善十郎
一、金〃　松本八三郎
一、金〃　白井吉五郎
一、金〃　永塚新兵ヱ
一、金〃　下里傳左ヱ門
一、金〃　水野長兵ヱ
一、金廿五銭也　尾崎兵次郎
一、金〃　相沢嘉吉
一、金〃　宇田川清左ェ門
一、金二拾銭也　相良久八
一、金〃　松塚半兵ヱ
一、金〃　永塚茂八

一、金〃　　　相良久兵ヱ
一、金〃　　　藤崎良五郎
一、金〃　　　鈴木八郎兵ヱ
一、金〃　　　植村㐂兵ヱ
一、金〃　　　藤崎助五郎
一、金拾五銭也
　計九拾（ママ）九円五拾五銭也

三浦郡諸磯村
一、金拾円也　　　小領兵左ヱ門
一、金六円也　　　長田甚左ヱ門
一、金五円也　　　三堀㐂右ヱ門
一、金〃　　　長田□左ヱ門
一、金二円也　　　出口市右ェ門
一、金〃　　　青木彦三郎
一、金二円也　　　渡辺弥八
一、金〃　　　渡辺金左ヱ門
一、金〃　　　青木紋左ヱ門
一、金〃　　　三堀嘉左ヱ門
一、金〃　　　石川孫左ヱ門

一、金〃　　　　　　石川庄右ヱ門
一、金〃　　　　　　石川丈右ヱ門
一、金〃　　　　　　青木忠左ヱ門
一、金〃　　　　　　三堀㐂左ヱ門
一、金〃　　　　　　三堀勘三郎
一、金〃

合計金　五拾円也

惣（ママ）計金　六百（ママ）八拾二円五十六銭五厘

右者東岬学校新築費ノ内、前書人名ノ者ヨリ金員寄附候間此段御届申上候也

右戸長

小村徳左ヱ門

明治十四年一月四日

神奈川縣令　野村　靖殿

二十　写真

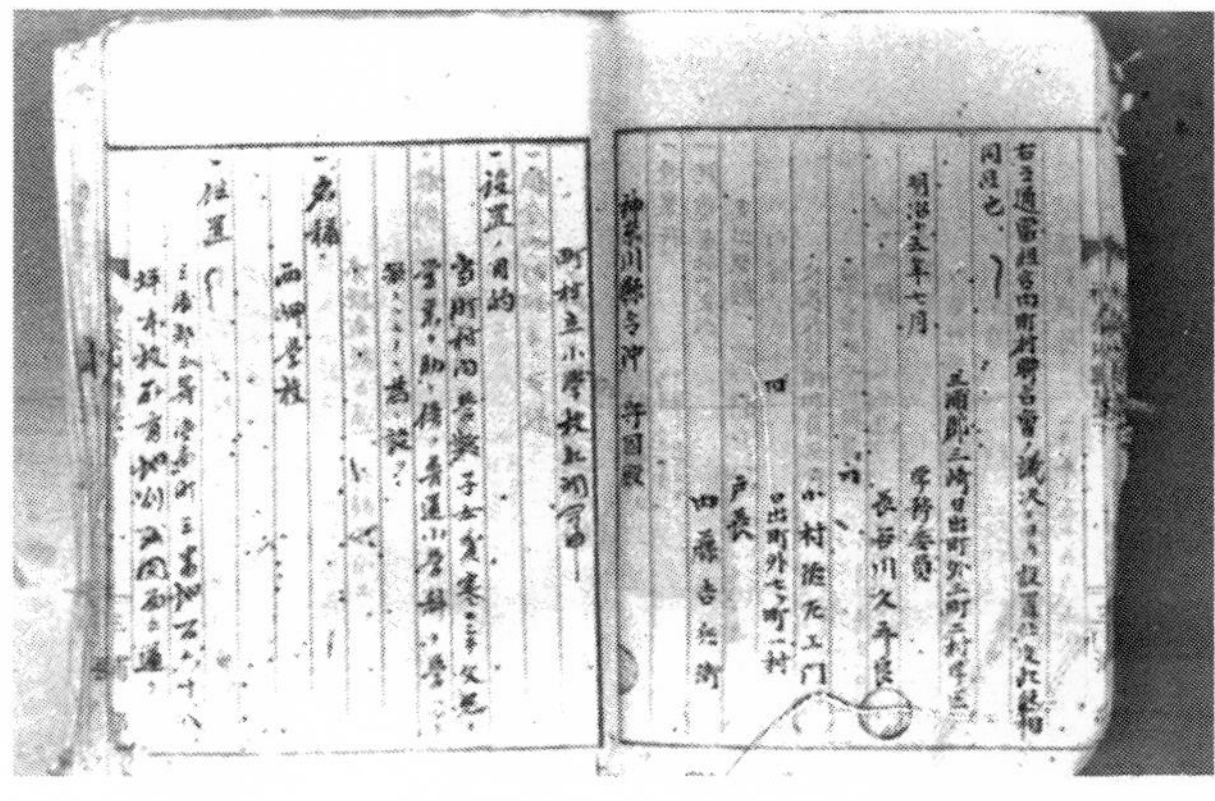

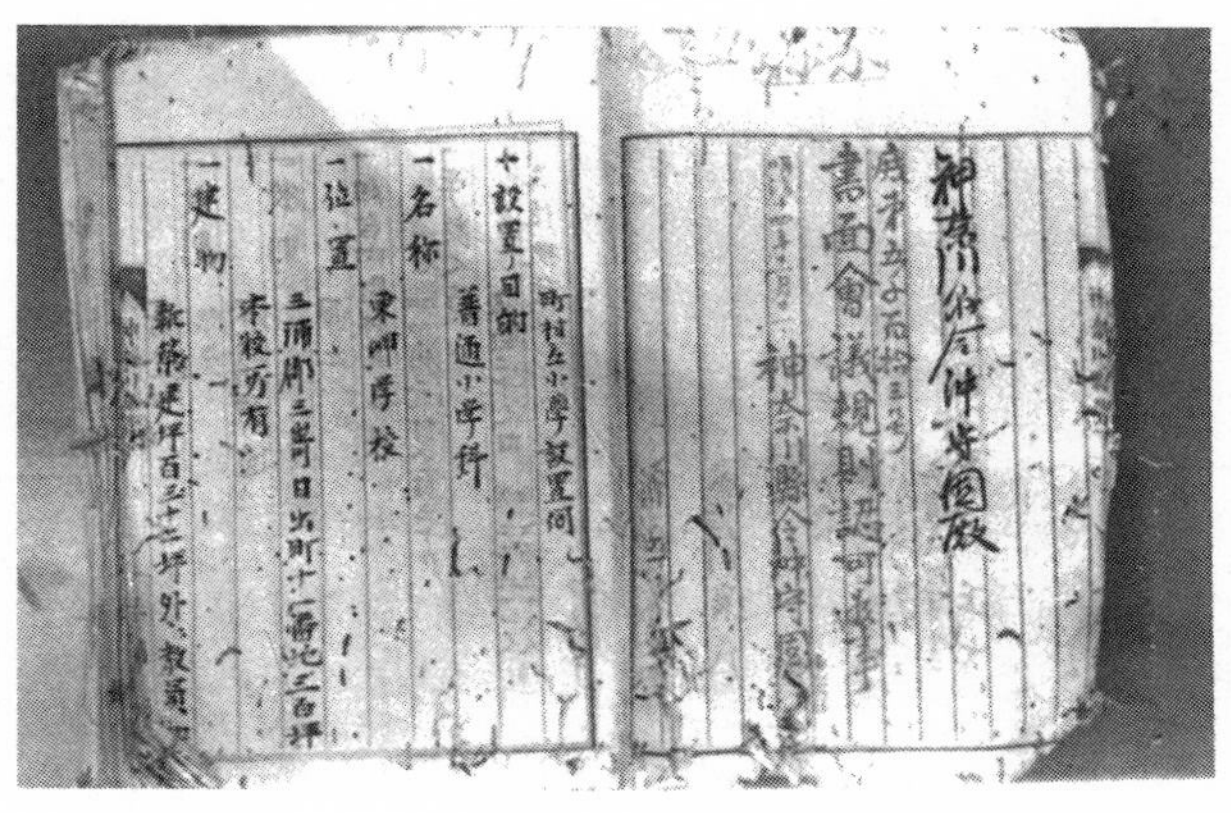

二十一　東岬学校取調書（三崎町戸長役場諸願届綴　明治十三年一月～六月迄）

村長名	戸数	人口	学齢人口	全就学	全不就学	齢外六年未満	同十四年以上
日出町・入船町・仲崎町・花暮町	四百七十四戸	二千五百八人	三百四十三人	百五十六人	百七十二人	十五人	
六合村之内・宮川・向ケ崎・原	二百四十九戸	一千二百十三人	百四十五人	三十五人	百十一人		
諸磯村	百二十戸	六百三十五人	七十二人	二十一人	五十一人		

生徒等級

上等第一級	三人内 男二人 女一人	下等第一級	十九人内 男七人 女十二人
同第二級	二人 男二人	同第二級	廿一人内 男十人 女十一人
同第三級	一人 男一人	同第三級	十四人内 男八人 女六人
同第四級	一人 男一人	同第四級	廿人内 男十一人 女九人
同第五級	五人 女五人	同第五級	廿八人内 男十四人 女十四人
同第六級	八人内 男五人 女三人	同第六級	卅一人内 男十四人 女十七人
		同第七級	卅一人内 男十六人 女十五人
		同第八級	四十三人内 男廿二人 女廿一人

教員人名

月給十円	山本顧四郎
同五円	田中泰造
同四円半	松本元一郎
同四円	土田興邦
同三円	佐藤元九郎

世話役人名

無給、澤村清男　同、高橋仁兵ヱ　同、杉山佐五兵ヱ　同、三好直吉　同、長谷川久五郎
同、小嶺兵左ヱ門　同、下里市右ヱ門　同、田中吉造　同、下里大造

学費

一ヶ月平均　三十四円五十四銭五厘　但、資本金及協議費

積置正金、六百六十八円三十五銭二厘
明治十一年三月新築着手　経費　凡、一千五百円
右之通ニ候也
右、学校世話役惣代(ママ)
長谷川久五郎
明治十三年七月廿七日
三崎町戸長
小村徳左ヱ門

二十二 第十学區第十七番城ヶ島学校統計表（明治十二年）

位置			
校堂			常光寺借家
地数			
小学聯区数			
郡村町数			一村
戸数			八十戸
人口	全数		四百五十人
	男		二百三十人
	女		二百二十人
学齢人員	全数		七十七人
	男		四十一人
	女		三十六人
満六才ヨリ満十四才迄	就学	全数	二十五人
		男	十五人
		女	十人
	不就学	全数	五十二人
		男	三十一人
		女	二十一人
六才未満就学生徒	全数		一人
	男		一人
	女		
十四才以上就学生徒	全数		
	男		
	女		
日々出席生徒平均			二十五人
学齢内外夜学生徒	全数		十五人
	男		十人
	女		
夜出席生徒平均			七人
小学教員	全数		壱人
	男		
	女		

納之部	前月ヨリ繰越	
	生徒授業料	九円
	寄附金	
	献金	三円
	総計	十二円
出之部	教員給料	三十円
	世話役給料	十円
	教員旅費	一円五十二銭
	傭夫賃	七十二銭
	書籍機械費	一円二十銭
	学校借家費	一円二十銭
	薪炭油費	六十銭
	総計	四十五円二十四銭

(年ヶ半年二十治明) 表計統校学岬西学小番六十第 區学中十第 三十二

厘五銭四十四円三	増減			高越年ヶ半前	
			厘七銭七世円六十四	料業授徒生	納之部
			銭廿円六	金附寄	納之部
				金　献	納之部
厘六銭三世円十三			銭六十七円壱百	金集内区学	納之部
				省部文	納之部
			銭七円壱十三	子利金附寄	納之部
				子利金積	納之部
			円十三	子利金本資	納之部
				代下拂品諸	納之部
				金　諸設学	納之部
銭九廿円四十三			四銭五卅円八十七百	計　総	納之部
			円二十七	料給員教	出之部
銭十八円二十三			銭十六円九十九	料給員教雇	出之部
			円一十二	料給役話世	出之部
			円九	料給使小	出之部
				費旅員教	出之部
			銭十	費旅役話世	出之部
			銭十三円一	賃夫傭	出之部
厘五銭二十六円三			銭五世円四十	費械機籍書	出之部
毛五厘九銭五			厘一銭六十五円四	費繕営及築建	出之部
円二			円四	料家借校学	出之部
				費地借 同	出之部
厘五銭六円一			銭十五円六	費油炭薪	出之部
銭十円一			銭六十五円三十	費雑墨筆	出之部
				金越繰	出之部
銭六十五円〇十三	増減		七銭七十九円五十四百二	計　総	
				餘有	出納差
銭七十三円一	減		銭〇十六円七十六	足不	出納差
					出納差
					出納差

			号ノ西字町崎三	置　位	
			全	堂　校	
			全	地　教	
	増減	比較前年	町崎三郡浦三	数区聯学小	
	増減	全		数町村郡	
		全	戸二百五	数　戸	
人八	増	全	人六廿百千二	数全	人口
人六	増	全	人九十九千	男	人口
人二	増	全	人七十二千	女	人口
人四	減	全	人九十廿百三	数全	学齢人員
人九	増	全	人九十九百	男	学齢人員
人三十	減	全	人四十八百	女	学齢人員
人七十二		全	人二十百二	数全 就学	満六才ヨリ満十四才迄
人三十二		全	人一十二百	男 就学	満六才ヨリ満十四才迄
人四		全	人一十九	女 就学	満六才ヨリ満十四才迄
人三十		全	人七十六百	数全 不就学	満六才ヨリ満十四才迄
人四十		全	人四十七	男 不就学	満六才ヨリ満十四才迄
人七十		全	人三十九	女 不就学	満六才ヨリ満十四才迄
人三		全	人壱十	数全	六才未満就学生徒
人二		全	人七	男	六才未満就学生徒
人一		全	人四	女	六才未満就学生徒
		全	人九	数全	十四才以上就学生徒
		全	人九	男	十四才以上就学生徒
		全		女	十四才以上就学生徒
人十二	増	全	人十九百	数徒生席出分日	
		全	人五十八	数全	学齢内外夜学生徒
		全	人五十五	男	学齢内外夜学生徒
		全	人十三	女	学齢内外夜学生徒
		全	人五十八	均平徒生席出の夜	
		全	人六	数全	小学教員
				男	小学教員
				女	小学教員
			人十	例比学就中人百員人	

			前年比較
所有金高之部			
	学校寄附金	六円廿銭	増 一円廿銭
	学校資本金	六百円	
学資寄附之部			
	寄附人員	二名	

訓導 間宮高美 印

世話役 内藤吉兵ヱ 印

戸長 小村徳左ヱ門 印

二十四　町村立小學校取調開申

一、設置の目的
当町村内學齢子女貧寒ニシテ父兄ノ営業ノ助ケ傍ラ普通小學科ヲ學ハント欲スルモノノ為ニ設ク
一、名稱
西岬学校
一、位置
三浦郡三崎海南町三番地百六十八坪、本校所有地別紙図面之通リ
一、建物
新築建坪、六十七坪七分五厘別紙図面之通リ
一、教則
本縣成規之通リ試験法同上
一、校則
本縣成規之通リ
一、組合内町村并ニ戸数
四ヶ町一ヶ村四百三十戸
一、学齢人員
四百二十八人、内　男二百〇三人　女二百廿五人

一、生徒概数
百八十人、内　男九十五人　女八十五人
一、校長履歴及教員学力品行履歴
別紙ニ進達
一、校長教員及補助員人員
教員一人、男六等訓導、補助員四人男
一、校長教員及補助員俸額
教　員　一ケ月　金八円五十銭
一ケ年　金百〇二円五十銭
補助員　一ケ月　金廿一円五十銭
一ケ年　金二百五十八円
一、授業料
一ケ月　金八円七十四銭
一ケ年　金百〇四円八十六銭
一、経費収入支出
支出概額　一ケ月　金三十七円二十銭
一ケ年　金四百四十六円四十銭

内　訳

校長補助員給料　一ケ月金三十円
　　　　　　　　一ケ年金三百六十円

筆墨紙其他雑費　一ケ月金七円二十銭
　　　　　　　　一ケ年金八十六円四十銭

収入概額　一ケ月金三十七円二十銭
　　　　　一ケ年金四百四十六円四十銭

内　訳

授業料　一ケ月金八円七十四銭
　　　　一ケ年金百〇四円八十八銭

協議費　一ケ月金二十八円四十六銭
　　　　一ケ年金三百四十一円五十二銭

差引金額餘数

右之通リ當組合内町村連合会議之議決ニ依リ設置仕度此度相伺候也

三浦郡三崎海南町外三ケ町一ケ村

学務委員

明治十五年七月廿八日

三浦郡三崎日の出町外七ヶ町一ヶ村

星野小左ヱ門 ㊞

戸長

内藤吉兵衛 ㊞

神奈川縣令　沖守固殿

二十五　校長履歴書

神奈川県相模国三浦郡三崎町拾壱番地
生国相模国三浦郡三崎日の出町産
内藤豊三郎
十九年七ヶ月

一、師範学校卒業証書有之
一、本縣六等訓導証書有之
一、明治六年四月ヨリ同十年四月マデ五ヶ年間宮城町間宮高美ニ従ヒ小学科修業以同年五月ヨリ同十四年マデ四年間同町同人ニ従ヒ漢書算術等修業仕同年之同師範学校徴募ニ応ヒ同校ヘ入学シ同年十二月卒業仕同十五年七月訓導証ヲ受ク也
右相違無上申候也
明治十五年七月廿八日
内藤　豊三郎 印

二十六　町村立小学校設置伺

一、設置ノ目的
　普通小学科
一、名称
　東岬学校
一、位置
　三浦郡三崎日ノ出町十一番地　三百坪
　本校所有
一、建物
　新築
　新築建坪百三十二坪外ニ教員控一所十一坪
一、教則
　本縣成規ノ通リ
一、校則
　同上
一、組合内町村并ニ戸数
　四ケ町二ケ村八百三十坪

一、学齢人員
　五百二十人内　男二百六十一人
　　　　　　　　女二百五十九人
一、生徒概数
　二百人内　男九十八人
　　　　　　女百二人
一、校長教員補助員履歴ハ別紙ニ進達
一、校長教員及補助員人員
　校長一人男二等証教員一人男補助員五人男
一、校長教員補助員俸額
　校長　一ヶ年　百二十六円
　教員　一ヶ年　八十四円
　補助員　一ヶ年　二百二十八円
一、授業料
　一ヶ年　九十二円四銭
一、經費金収入支出
　支出概額　一ヶ年　五百九円八銭五厘
　　内　譯

校長教員補助員給料　一ヶ年　四百三十八円
筆墨紙其他雑貨費　一ヶ年　七十一円八銭五厘
収入概額　一ヶ年　五百九円六十四銭
内　譯
授業料　一ヶ年　九十二円四銭
協議費　一ヶ年　三百四十円
資本金利子　一ヶ年　七十七円六十銭
差引残餘　一ヶ年　五十五銭五厘

右之通當組合内町村聯合会ノ議決ニヨリ設置仕度此度相伺候也

明治十五年七月十一日

三浦郡日ノ出町外三町二村学区
学務委員
長谷川久五郎
同
小村徳左ヱ門

三浦郡三崎日ノ出町外七ヶ町一村
戸長
内藤吉兵衛

神奈川縣令　沖守固殿

二十七　町村立小學東岬学校取調書

町村名	戸数	人口	学齢	就学	不就学	六才未満就学	十四才以上就学
日の出町入学 仲里町 花暮町	四百六十	二千百九十二人内 男千百〇九 女千〇八十三	二九一 男一四七 女一四四	一四一 男七六 女六五	一五〇 男七七 女七三	十一 男七 女四	○
諸磯村	百十八	七百十九人内 男三百五十七 女三百六十二	八一 男三九 女四二	二十一 男九 女十二	六十 男二十九 女三十一	○	○
六合村ノ内東部	二百五十二	千四百四十五人内 男七百〇八 女七百三十七	一四八 男七〇 女七八	三十八 男十九 女十九	二十 男九 女十一	○	○
合計	八百三十	四千三百五十六人の内 男二千百七十四 女二千百八十三	五二〇 男二五八 女二六二	二〇〇 男一〇四 女九六	三百二十 男百五十七 女百六十三	十一ノ内 男七 女四	○

生徒

高等自一至四	ナシ
中等一	○
仝二	二人 内 男二人 女〇
仝三	九人 内 男六人 女三人
仝四	十四人 内 男六人 女八人
仝五	八人 内 男三人 女五人
仝六	廿六人 内 男十一人 女十五
初等一	十四人 内 男九人 女五人
仝二	廿三人 内 男十一人 女十二人
仝三	廿七人 男十五人 女十二人
仝四	十九人 男八人 女十一人
仝五	廿一人 男十一人 女十人
仝六	三十八人 男廿一人 女十七人
合計	二百十一人

教員助教

雇入年月日	月給	証書区別	姓名
明治六年 四月 二日	十円五十銭	無	山本 顧四郎
十五年二月二十三日	七円		瀬戸 正宣
十三年三月一日	六円	無	松本 元一郎
十二年八月五日	五円	無	土田 興邦
十四年五月十日	五円	円	牟礼 勝也
同年四月二十一日	二円	同	三好 広吉
十五年四月二十八日	五十銭	同	長田 竹松
同年同月二十一日	五十銭	同	辻本 武次

学費

金、五百九円六十四銭

内

積金利子　七十七円六十銭

協議費　三百四十円

月謝　九十二円四銭

新築

一、経費金一千五百〇六円六十銭五厘

明治十二□年十二月落成

右之通ニ候也

明治十五年五月廿日

学務委員

長谷川　久五郎㊞

學務課御中

二十八　村立小学校設置伺

一、設置ノ目的
當村学齢子女貧寒ニシテ父兄ノ営業ヲ助ケ傍ラ普通小学科ヲ学ハント欲スルモノノ内設
一、名称　城ヶ島学校
一、位置
三浦郡城ヶ島村四十五番地坪数百卌坪脇坂了浄持地
一、建物
脇坂了浄持家　建坪四十二坪
一、教則　本縣成規ノ通リ
一、校則　同上
一、組合町村并ニ戸数　一村八十二戸
一、学齢人員
七十四人内　男三十五人　女三十九人
一、生徒概数
四十三人内（ママ）　男三十七人　女二十六人
一、校長履歴及教員学力品行履歴
未タ校長教員無之ニ付追テ開申可仕

一、校長教員及補助員人員

授業人　二人

一、校長教員補助員俸給

甲　一ケ月　五円

一ケ年　六十円

乙　一ケ月　三円

一ケ年　三十六円

一、授業料

無之

一、経費金収入支出

支出概額　一ケ年　百三十二円三十銭

一ケ月　十円〇十八銭ナリ

内訳

授業人給料　一ケ年　九十六円

一ケ月　八円

書籍費　一ケ年　八円五十銭

一ケ月　七十銭

薪炭油費　一ケ年　三円二十銭
　　　　　一ケ月　廿五銭
借家料費　一ケ年　十二円
　　　　　一ケ月　一円
諸雑費　一ケ年　二円六十銭
　　　　一ケ月　二十二銭十厘
収入概額　一ケ年　百二十三円七十七銭
　　　　　一ケ月　十円二十一銭二厘
協議費　一ケ年　百七十七円七十七銭二厘
　　　　一ケ月　九円八十一銭
雑納費　一ケ年　六円
　　　　一ケ月　五十銭
差引残
一ケ年　壱円四十七銭二厘
一ケ月　十三銭四厘

右之通村会ノ議決ニヨリ設置罷在候ニ付
此段開申仕候也

三浦郡城ヶ島村学務委員
青木平左ェ門

明治十五年七月
神奈川縣令　沖守固殿

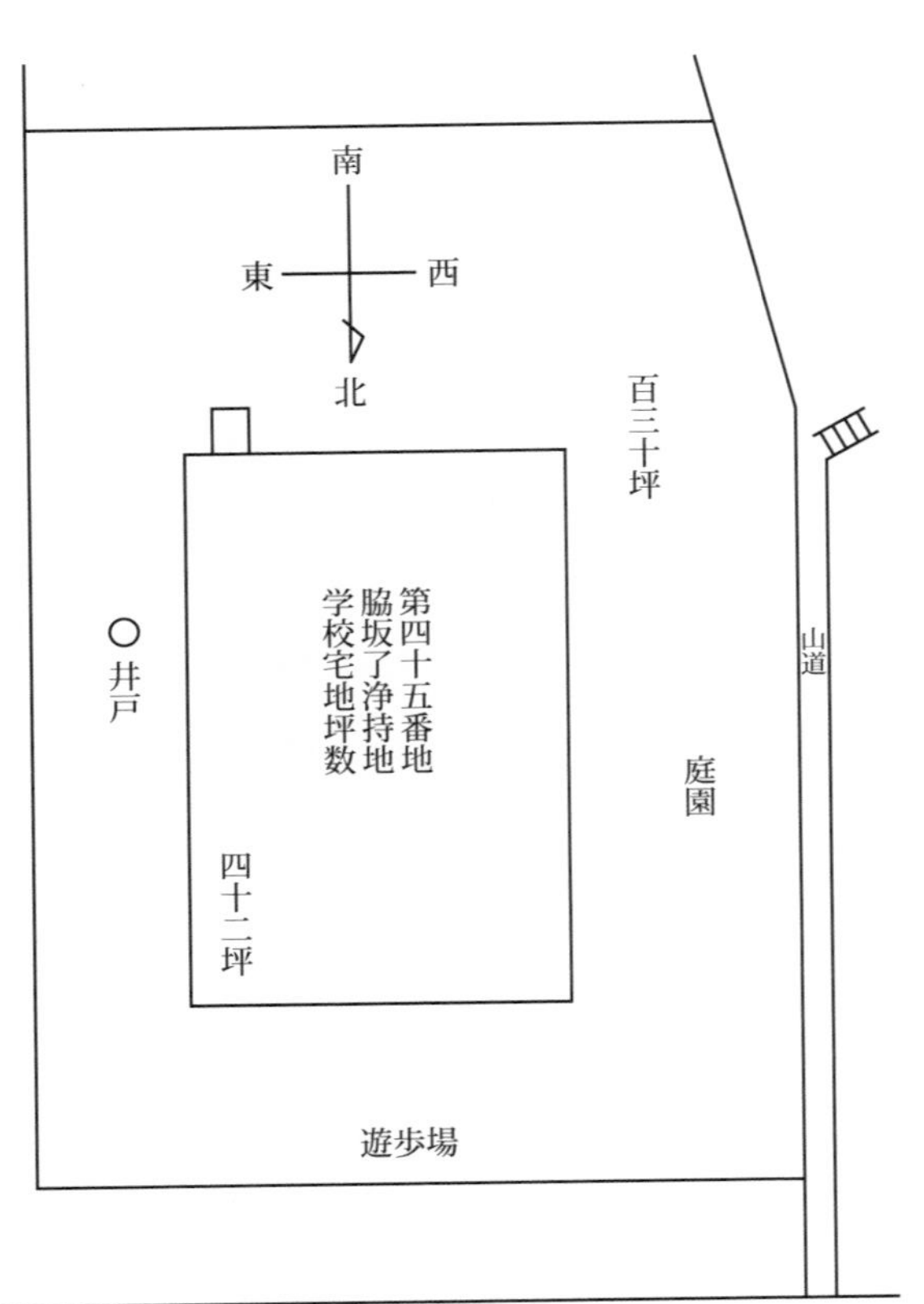

二十九　三崎小学校卒業生名簿

明治十一年以来卒業生徒総数

下等一級　男七十二人　女五十四人　合百三十一人
上等一級　男　九人　女　五人　合　十四人
初等一級　男九十三人　女　六十人　合百五十三人
中等一級　男　十三人　女　九人　合　廿二人
尋常科　男三十七人　女二十七人　合　六十四人
高等科　男　三人　女　二人　合　五人

右自明治十一年至明治廿二年

総計男二百二十七人　女百六十二人

合三百八十九人

明治十一年東岬学校西岬学校春期試験後ヨリ、同十五年ニ至リ西岬学校ヲ廃シ東岬ヘ合併シ、三崎合校ト改称シ同十六年ニ至リ六合学校ヲ創立シ同廿年一月六合学校ヲ廃シ三崎合校ヘ合シテ宝蔵学校ト改称シ現今ニ至ル迠ノ下等中等高等尋常等ノ卒業生人員録

明治十一年四月春期下等一級卒業

東岬学校　佐々木角太郎
〃　長谷川カメ
〃　高橋　エツ
合三人　男一人　女二人

西岬卒業　金岬幸次郎　合男一人

同十二年四月春期下等一級卒業

東岬卒業　長嶋幸太郎
仝　飯塚幸三郎
古塚　謙吉
合三人男三人

西岬卒業

石井猪之助　木内安太郎
調　雄太郎　加藤　仙蔵
石井吉三郎　長島包次郎
藤井　若松　関　鏐吉
山田　ラク　長嶋　ギン
飯田　クン　房家　クラ

合十二人男八人女四人

廿二年十月秋期下等一級卒業

東岬卒業
　三好　廣吉　　　　飯塚辨次郎
西岬学校卒業
　小川　竹松　　　　松崎　五吉
　木村　イマ
　　　　　　　　合三人男二人女一人
十三年四月春期下等一級卒業
東岬試験表ナシ
西岬卒業
　杉田鐵之助　　　　佐藤　濵次
　杉田金次郎　　　　新倉　巳松
　出口春之助　　　　渡辺三代士
　杉嵜　モト　　　　内藤　エイ
　白井　トク
　　　　　　　　合九人男六人女三人
同年同月上等第一級
西岬卒業
　福井　延蔵　　　　内藤廣之助

合　二人男

十三年十月秋期下等一級
東岬卒業
岩野　貞助　　長田　竹松
出口伊之助　　辻本　武次
松井仁太郎　　梶　　キリ
長谷川ツメ　　高木　キク
久野　ハル　　久野　ヨネ
相沢　ヒサ　　小嶺　ミチ
本橋　フジ　　田中　タケ
川田　タツ

合十五人男五人女十人

同年同期上等第一級
東岬卒業
杉山彌太郎　　塩嵜　熊吉
岩野　フサ

合三人男二人女一人

十三年十月秋期下等一級

西岬卒業
三浦　了善　　土方　虎義
新明金太郎　　小笠原久吉
高木八太郎　　鈴木竹次郎
天野　米吉　　内藤徳太郎
抱井　ウラ　　湊　　ノブ
松嵜　ハツ　　幸田　ミサ
三壁　キノ
合十三人男八人女五人
同年同期上等一級
西岬卒業
高松豊太郎　　合男一人
十四年四月春期下等一級
東岬卒業
宮川福太郎　　尾崎藤太郎
三堀　政吉　　川崎　大造
高橋　熊吉　　関根豊太郎
板倉　ミヲ　　笹本　ウメ

石井　サダ

合九人男六人女三人

十四年四月春期上等卒業

東岬卒業

三好　廣吉

合男一人

同年同期下等一級

西岬卒業

鈴木　鉄丸

糟屋龍太郎

間向　近造

澤村　熊吉

吉田政四郎

江尻　留吉

松嵜　ツル

高橋　トラ

松井　ハル

中野　ミヨ

金井　セイ

杉田　ハマ

内藤　ウラ

石渡　マス

江尻　ウサ

長谷川トラ

多田　ヒサ

幸田　キイ

合十七人男六人女十一人

同年同期上等一級

西岬卒業

田中　半造　　木村　イマ

合二人男一人女一人

十四年十月秋期下等一級

東岬卒業

岩野　徳松　　中西　常吉

湯浅金太郎　　濵松田太郎

池田　文造　　相沢　トワ

青木　ツネ

合七人男五人女二人

同年同期下等一級

西岬卒業

斉藤伊之助　　石和金太郎

合男二人

同年同期上等一級

西岬卒業

白井　トク

十五年四月春期下等一級

東岬卒業

大竹久太郎　　　宮川　寅吉
高梨　常吉　　　高梨由之助
本橋　清造　　　村田　寅吉
下里　七造　　　長谷川房吉
宮川　キヨ　　　三上　テフ
鈴木　サト　　　長谷川ツネ
長田　シマ　　　田所　トメ
鈴木　トメ

合十五人男八人女五人

同年同期上等一級

東岬卒業

長田　竹松　　　辻木　武次
田中　タケ　　　小嶺　ミチ

合四人男二人女二人

十五年四月春期下等一級

西岬卒業

渡辺新太郎　　　三壁徳太郎
藤崎仁太郎　　　渡辺仙太郎

井上敏太郎　　大江藤次郎
天野　為吉　　高松　芳造
鈴木徳次郎　　小林　アキ
湊　　テイ　　高松　コウ
中野　ヒサ　　金子　ジウ
渡辺　キワ　　増井　ヨネ
香山　サキ　　木村　ハル
宇津木ワカ　　神戸　ハマ
石渡　キヨ　　松崎　タケ
合二十二人男九人女十三人

十五年十月秋期ハ初等中等高等ト改称ス

東岬卒業

青木幸次郎　　藤嵜谷次郎
水野　信吉　　幾島三次郎
辻井秀太郎　　鈴木　熊吉
久野千代造　　宇田川徳造
松嵜　テフ　　相澤　タツ
塩嵜　セイ　　中西　ユキ

港　ヒサ

合十三人男八人女五人

明治十五年秋期ニ至西岬ナシ

十六年四月春期初等一級

東岬卒業

川崎　友吉　十一年二ヶ月

三堀　廣吉　十二年

小川善太郎　十年四ヶ月

宮川惣之助　九年六ヶ月

川嶋喜代松　十二年一ヶ月

鈴木　千蔵　十年

川島　熊吉　十二年

尾瀬戸辨蔵　八年三ヶ月

上田　寅吉　九年八ヶ月

笹本　トモ　八年四ヶ月

石川　フユ　十年八ヶ月

鈴木　キク　十一年

鈴木　カ子　八年五ヶ月

湯浅　トヨ　　九年
小村　カク　　七年十一ヶ月
合十五人男九人女六人
十六年秋期九月初等第一級
六合校卒業　石渡　常吉　合男一人
同年同期中等一級
六合校卒業
伊澤　常吉　　高梨由之助
池田　文造　　　　　　合男三人
十六年秋期初等第一級
三崎校卒業
中村　弥吉　　十年八ヶ月
山崎富次郎　　八年
関根栄次郎　　七年四ヶ月
前田　熊吉　　十年一ヶ月　温習落第
鈴木　兼吉　　八年四ヶ月
山森　友吉　　八年七ヶ月
鈴木伊勢造　　七年五ヶ月　温習落第

杉崎　吉造　　　　　　　　温習落第
前田　一郎
下里　運吉　　　　　　　　温習落第
下里　トメ　　　　　　　　〃
宮川　ブン　　十年五ヶ月
　　　　　　合十二人男十人女二人
同年同期中等一級
三崎校卒業
鈴木　鉄丸　　出口　松造
大竹久太郎　　本橋　清造
石井　サダ　　三上　テフ
田所　トメ
　　　　　　合七人男四人女三人
十七年四月春期初等第一級
三崎校卒業
加藤　周平　　澤村　為吉
中村　之吉　　江川　操
澤村　国松　　松寄　吉造

塩瀬　廣吉　　島田　熊吉
高木菊太郎　　植村　トラ
鈴木　カメ　　青木　フヂ
梶川　ヤマ　　中野　ナカ
湊　　レイ　　新明　シモ
秋本　シケ　　志賀　シヅ
山田　サヨ　　鈴木　ハナ
新井　マン

合廿一人男九人女十二人

十七年四月春期中等一級
三崎校卒業
吉田政四郎　　石和金太郎

合二人男

同年同期同級
六合校卒業
高梨　大造　　石渡　若造
石井　権造　　下里　トメ
勝山　ブン

合五人男三人女二人

十七年秋期第一級

三崎校

斉藤　菊松　　斉藤　長吉

江尻　定吉　　三堀　亀吉

鈴木伊之助　　相澤　竹造

石渡　新造　　新井　兼助

石井吉之助　　笹本種次郎

石川　ナツ　　港　　ノブ

三堀　トク　　大井　イク

鈴木　チヨ

合十五人男十人女五人

十七年秋期高等第一級

三崎校

鈴木　鉄丸

十七年秋期初等第一級

六合校

青木　弥吉　　杉崎八太郎

西川　辨察　　小牧　セイ
小川　ジウ　　池田　カツ
森谷　キミ　　相沢　キク　温習落第
永塚　キク　温習落第
合七名男三人女四人
温習落第二人

十八年春期初等第一級
三崎校
石渡　菊造　　梶川松太郎
久保田亀三郎　長田彦太郎
内藤　金蔵　　増田　為一
新井　兼助　　小嶺時太郎
青木　テフ　　三堀　トク
石川　キウ　　鈴木　ユキ
中村　シヅ　　小牧　コト
合十四人男八人女六人

十八年春期中等第一級
三崎校卒業　三好　ツヤ　　合一人女

十八年春期高等第一級

三崎校　石井　サダ　合一人女

十八年春期初等第一級

六合校卒業

小川条太郎　下里　弥吉

石渡金太郎　渡辺　兼吉

宇田川大造　田中　倉吉

藤崎玉三郎　青木　ミナ

青木　ヨシ　澤　スズ

合十人男七人女三人

同年同期中等一級

六合校卒業

渡辺新太郎　合一人男

十八年秋期初等第一級

三崎校

尼野　定吉　三浦　廣道

石川国太郎　渡辺榮次郎

香山　熊吉　内藤　兼吉

藤崎　留吉　　岩野　カネ
幸田　キノ　　湯浅　シヅ
高木　サク　　小網　ミヨ
真田　キン

合十三人男七人女三人

同年同期中等一級
三崎校卒業
松崎　テツ　　塩崎　セメ

合二人女

同年同期高等温習
三崎校温習
石井　サダ

合一人女

十八年秋期初等第一級
六合校
小川金太郎　　小川市太郎
石渡　吉造　　松木　徳藏
小川新太郎　　相沢豊太郎
下里　竹松　　吉岡　トラ
下里　ナカ　　下里　テツ

石渡　ツゲ　　宮川　コマ
永塚　キク

合十三人男七人女六人

十九年春期初等第一級

三崎校

斉藤宇太郎　山田　定吉
塩崎　廉造　江尻　梅吉
青木文次郎　新明　菊造
岡田　竹松　抱井　仲造
河瀬木叚干　青木　庄吉
田中仙太郎　湊　　梅吉
野村　テツ　岩野　ナカ
宮川　サヨ　湊　　シマ
門向　イチ

合十七人男十二人女五人

同年同期中等一級

三崎校

清木　惇　　大井　キワ

笹本　トモ

合三人男一人女二人

十九年春期初等第一級

六合校

松崎熊次郎　　高梨　若松

笹本栄太郎　　高梨　吉藏

宮川　菊松　　石井安太郎

下里又次郎　　下里考太郎

三堀　ユウ　　松崎　カク

宮川　カツ　　飯島　コト

合十二人男八人女四人

同年同期中等一級

六合校　　小川善太郎

藤崎谷次郎　　渡辺　ミツ

合三人男二人女一人

明治十九年四月ニ至リ初等六級ヲ一年生トシ初等五級四級ヲ二年生トシ初等三級ヲ三年生トシ初等一級中等六級ヲ四年生トシ中等五級四級ヲ五年生トシ中等三級二級ヲ六年中等一級ヲ

七年生ト八年ノ前半期ヲ高等二級トシ後半期ヲ高等一級ト定ム
十九年秋期高等第一級

三崎校　　　　加藤　忠亮

明治廿年七年生ニ止リ卒業生ナシ
同年一月三崎学校ヲ寶藏学校ト改称シ六合学校ヲ合併ス
明治二十一年小学規則改正一ヶ年ヲ一学期トシ尋常四年高等四年トス

三十　卒業生の保護者と新築寄附金額との対照表

生徒名及び卒業年月	保護者名	明治十一年東岬学校新築寄附金	所在地
明治拾壱年四月春　下等一級			
佐々木角太郎	佐々木角太郎	壱円	三崎町東部
長谷川カメ	長谷川久五郎	六円	三崎町東部
明治拾貳年四月春　下等二級			
長嶋幸太郎		ナシ	
飯塚幸三郎	飯塚　又七	七拾五銭	三崎町東部
古塚　謙吉		ナシ	
明治拾貳年十月秋　下等一級			
三好　廣吉	三好　直吉	拾円	三崎町東部
飯塚辨次郎	飯塚　又七	七拾五銭	三崎町東部
明治拾参年十月秋　下等一級			
岩野　貞助	岩野喜兵ヱ	壱円	三崎町東部
長田　竹松	長田藤次郎	五円	諸磯村
出口　伊之助		貳円	諸磯村

辻本　武次		ナシ	三崎町東部
松井仁太郎		ナシ	諸磯村
梶　キリ	梶　利介	ナシ	諸磯村
長谷川ツメ	長谷川源兵ヱ	参円	三崎町東部
高木　キク	高木清左ェ門	参円	三崎町東部
久野　ハル	久野五兵ヱ	壱円五十銭	三崎町東部
久野　ヨネ	久野七三郎	壱円五十銭	三崎町東部
相沢　ヒサ	相沢久二郎	ナシ	六合村
小嶺　ミチ	小嶺兵左ェ門	拾円	諸磯村
本橋　フヂ	本橋忠太夫	八十二銭五厘	三崎町東部
田中　タケ		不明	
川田　タツ		ナシ	三崎町東部
明治拾参年十月秋　上等一級			
杉山弥太郎	杉山佐五兵ヱ	拾円	三崎町東部
塩崎　熊吉	塩崎吉五郎	五円	三崎町東部
岩野　フサ	岩野喜兵ヱ	壱円	三崎町東部
明治拾四年四月春　下等一級			
宮川福太郎	—	不明	—

尾崎藤太郎	尾崎　茂七	貮円	六合村
三堀　政吉		ナシ	
川崎　大造	川崎久兵ヱ	貮円	三崎町東部
高橋　熊吉	高橋　治助	ナシ	
関根豊太郎	関根　通幸	壱円	三崎町東部
板倉　ミヲ	板倉文次郎	貮円	三崎町東部
笹本　ウタ		不明	
石井　サダ	石井七郎兵衛	ナシ	三崎町東部

明治拾四年四月春　上等一級

三好　廣吉	三好　直吉	拾円	

明治拾四年十月秋　下等一級

岩野　徳松	岩野弥左ェ門	ナシ	三崎町東部
中西　常吉	中西　善吉	貮円	三崎町東部
湯浅金太郎	湯浅与次ヱ門	ナシ	三崎町東部
濵松由太郎	濵松八兵ヱ	ナシ	三崎町東部
池田　文造		不明	
相沢　トワ		不明	
青木　ツネ	青木七次郎	貮円五拾銭	六合村

下等一級　三十八人
上等一級　四人
寄附者　二十三人
不明　五人
ナシ　十三人

三十一　小学校設置ノ区域并校数査定方法心得

郡区役所

乙第四十二號

明治十三年十二月第五十九號布告教育令第九條ノ旨趣ニ基キ小学校設置ノ区域并校数査定方法左ノ通相心得現在ノ小学校及ヒ町村経費ノ都合ヲ斟酌シ更ニ学区制定ノ見迄ヲ立テ本月二十五日限リ取調可差出此旨相違候事

小学校設置ノ區域并校数査定方法心得

第一条、小学校ヲ設置スヘキ独立町村若クハ連合町村ヲ以テ学区トシ左ノ三項ノ意義ニ随ヒ之ヲ定ム

第一項、学区ノ境界ハ一町村ノ境界若クハ数町村連合ノ境界ト符号スルヲ要ス

第二項、学区ハ其区内学齢児童ノ学校ニ往来スルニ不便ナキヲ要ス

第三項、学区ハ小学校ヲ設立支持スルニ足ルヲ要ス

第二条、学区ハ前條ノ都合ニ因リ一区内ニ一小学校若クハ数小学校ヲ設置スルモ又ハ一区内ニ一小学校若クハ数小学ト一分校若クハ数分校トヲ設置スルモ妨ナシ

三十二　写真

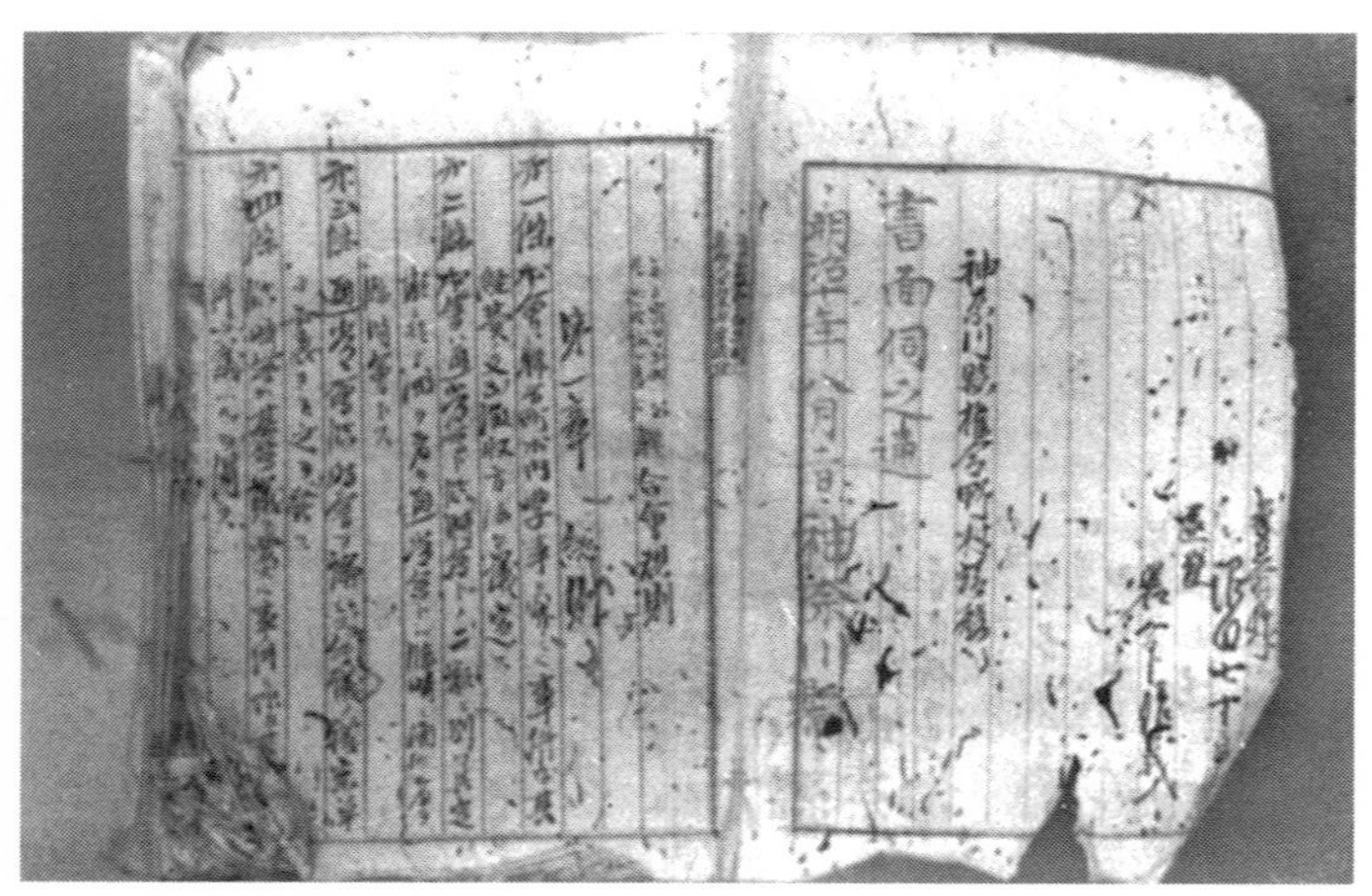

三十三　三崎日ノ出町　入船町　仲崎町　花暮町　六合村東部　諸磯村　連合会規則（学校廃合並寄附金書類）

第一章　総則

第一条、本会ハ連合町村内学事ニ関スル事件及ビ其ノ経費ノ支出徴集方法ヲ議定ス
第二条、本会ハ通常会ト臨時会トノ二種ニ別ツ其定期ニ於テ開クモノヲ通常会トシ臨時ニ開クモノヲ臨時会トス
第三条、通常会臨時会ヲ論ゼズ会議ノ議案ハ総テ戸長ヨリ之ヲ発ス
第四条、臨時会ハ其会議ヲ要スル事件ニ限リ其他ノ事件ヲ議スルヲ得ス
第五条、通常会期中二人以上ノ発議ヲ以テ連合町村内ニ学事ニ関スル事件ニ付キ建議セントスル者アラバ先ズ会議ノ議決ヲ得テ之ヲ会議ニ附シ可決スル時ハ其会ノ所見トシ議長ノ名ヲ以テ直チニ其筋ヘ建議スルコトヲ得
第六条、通常会ニ於テ議員中意見書ヲ出ス有ルトキハ戸長ハ之ヲ議ス可キモノト信認スルトキハ直ニ之ヲ会議ニ附シ同意者二人以上ナル時ハ議案トナスヲ得
第七条、本会ノ議決ノ事項ハ成規アルモノノ他ハ戸長ヘ届出ベシ
第八条、本会ハ議員中招集ニ応ゼズ又ハ事項ヲ告ゲズシテ参上セサルモノヲ審査シ其退職者タルヲ決スルヲ得

第二章　撰挙

第九条、本会ノ議員ハ連合各町村議員ヲ以テ之ニ充ツ

第十条、議長・副議長ハ議員中ヨリ公撰シコレヲ戸長ニ報告スベシ
第十一条、議長・副議長ノ議員ハ日当ヲ給セズ書記ノ日当ハ会費ノ中ヨリ之ヲ給ス
第十二条、書記ハ議長之ヲ撰シ庶務ヲ整理セシム
第十三条、議長・副議長ノ任期ハ連合各町村会議員満期改撰毎ニ之ヲ撰スヘシ
第十四条、前第拾三条ノ場合ニ於テ前任ノ者ヲ再撰スルコトヲ得

第三章　議則

第拾五条、議員半数以上出席セサレバ当日会議ヲ開クコトヲ得
第拾六条、会議ハ過半数ニ因テ決可(ケッスベ)シ、同数ナルトキハ議長ノ可否スル抛ニヨル
第拾七条、戸長或ハ其代理人ハ議案ノ旨趣ヲ弁明スルヲ得、但決議ノ数ニ入ル事ヲ得ス
第拾八条、会議ハ傍聴ヲ許ス戸長ノ□ニヨリ、又ハ議長ノ意見ヲ以テ傍聴ヲ禁スルヲ得
第拾九条、議員ハ会議ニ於テ充分討論スルヲ得ルト雖モ若規則ニ背クトキハ議長之ヲ制上シ又ハ退場セシメルコトアル可シ其強暴ニ渉ル者ハ警察官吏ノ処分ヲ求ムルコトヲ得

第四章　開閉

第二拾条、本会ハ毎年一月之ヲ開ク其開閉ハ戸長ヨリ之ヲ命ジ会期ハ五日以内トス但戸長ハ会議、衆議ヲ採リ其日限ヲ伸スルコトヲ得
第二拾一条、通常会ノ他会議ニ付スヘキ事件アルトキハ戸長ハ臨時会ヲ開クコトヲ得

本年八月本縣甲第百三拾二号ヲ以テ学務委員薦挙ノ儀ニ付相違候ニ付学事ニ関スル連合町村会規

則右之通創定候間御認可比如連置奉願候也

明治十四年十一月十二日

諸磯村議員

九名　略

六合村議員

十四名　略

三崎日ノ出村入船仲崎花暮町議員

十八名　略

諸磯村・六合村・三崎日ノ出町外七ヶ町壱ヶ村

戸長　三名　略

神奈川縣令　沖守固殿

庶務五千百拾三号

書面会議規則認可候事

明治十四年十一月二十一日

神奈川縣令　沖守固 印

三崎海南町西野町宮城町
西浜町六合村西部　　聯合会規則

同　文

明治十四年十一月十二日

三浦郡西岬学校学区内
六合村議員
十一人　㊞
仝三崎海南町西野町宮城町西浜町議員
十二人　㊞
六合村戸長
松井岡右ヱ門　㊞
三崎町壱ヶ村戸長

認可同文

代理筆生　沢村正七　㊞

三十四　小学校世話役御届（諸願届綴　明治十四年）

東岬学校世話役
三浦郡三嵜入船町
　　　三好直吉
仝郡仝所仝町
　　　高橋仁兵衛
仝郡仝所仝町
　　　長谷川久五郎
仝郡仝所仝町
　　　杉山佐五兵衛
西岬学校世話役
仝郡仝所宮城町
　　　湊彦三郎
仝郡仝所西浜町
　　　新明八左衛門
仝郡仝所西野町
　　　香山米蔵

全郡仝所海南町
山田芳次郎

右之通東西両校世話役相撰申し写御届申し上候也
十四年十一月二九日　　戸長　内藤吉兵ヱ ㊞

三浦郡長　　小川茂周 殿

三十五　通学区域取調

三浦郡三崎

日ノ出町

入船町

仲崎町

花暮町

右東岬学校ヘ通学

海南町

西野町

宮城町

西浜町

右西岬学校ニ通学

右之通相違無之候也

戸長　澤村清助

明治十四年三月十九日

三浦郡　小川茂周 殿

三十六　加藤戸長の県税戸数割免除の申請

（前略）聊カ其効ヲ奏シタルハ負債償却ノ一事ノミ爾后既ニ三ヶ年ノ星霜ヲ経ントスルニ前途究状挽回ノ道ヲ求ムルモ施ス可キノ術策ナキニ至レリ漁具漁船ノ貸与方法ヲ設ク時正ニ漁獲減少ニ際シテ其効用ヲ果サズ製網ノ業ヲ開ク近年物価ノ下落網類ノ販路ナキト業務ニ不熟ナル婦女等ノ管督ニ多費ヲ要スルニ苦ム加之ナラズ其損失ノ捕延法ナキヲ如何セン殊ニ今明治十七年ノ如キ頻年稀ナル不漁ニシテ啻ニ三崎ノミナラズ近隣漁村皆ナ然リトス他方移住ノ策ヲ立テンカ漁氏ノ習慣ト無能ナル他ノ労働事業ヲ執ル事能ハザル費用ノ出処ナキヲ如何セン家ニ一粒ノ米粟ヲモ剰ザス壱銭ノ余金ヲ留メス襤褸僅ニ裸身ヲ蔽フニ過ギズ本年農家秋収ノ時ノ如キ或ハ苅残ノ落穂ヲ拾ヒ来リテ食料ノ「カテ」トナシ芋類廃残ノ片々ヲ取リ来テ一日三食ノ補トナシ寒来ルモ薪炭ノ備ナシ農家ノ山林ニ入リテ枯木ヲ窃取シ農人為メニ苦状ヲ訴ルアリ法廷ノ喚徴応セズシテ科料罰金ニ処セラルルアリ其状実ニ視ルニ忍ヒサルナリ部内三崎貧民申如斯境遇ニ居ル者凡弐百戸トス唯々ニ暴行犯罪ノ行為ナキヲ僥倖トス顧ミテ商業者ノ有様ヲ察スルニ日ニ月ニ横須賀地方ニ出稼スルモノ其多キヲ増シ漁獲ノ利全町経営ノ資トナスハ既ニ閣下ノ明和セラルル処今其漁民ニシテ如斯商業弥以テ疲弊セサルヲ得ス況ンヤ世上挙ゲテ不景気ノ場合ニ於テ商家漁民ヲ賑ハスノ余裕ナキヲ如何セン聊資財アルモノハ金融ノ閉塞資財運転セズ今日ノ状況如斯ニ有之依テハ右ノ陳述仕候究民凡弐百戸ニ対スル本年戸数割税ノ義非例ノ特典ヲ以而来ル十九年一月上納ス可キ分御免除相成様仕度若シ御詮議可相成義ニ候得者人名等詳細上申可仕此段仰御裁可候也

三浦郡三崎花暮町外拾一ヶ町村

戸長　加藤泰次郎

明治十八年十二月十二日

三十七　巡察使関口元老院議官復命書

（復命書第八号神奈川県の部「民情」の項）

県下一般民情平穏ナリ、然ルニ俗ニ所謂三百代言人ナル者村落ヲ徘徊シ、愚民ヲ誑惑シテ金銭ヲ貪ルモノ往々有之、相州三浦郡三崎村ノ如キ数百ノ漁戸挙テ其術中ニ陥ラサル者ナキニ至ル　其状況ニツキ郡長ヨリ申出タル事左ノ如シ

一、近頃金貸営業次第ニ増加シ、昨今「百人ニ下ラズ、就中「三十人余（俗ニ三百代言ト云フモノ）是等ノ金銭ヲ一度「三円ヲ借受「一ヶ年半ヲ経過セハ元利積ハ「三十余円ニ昇リ、其ノ貸方、如何ヲ問フモ、初メハ「三円貸セシコトハ瞭然ナルモ、亦後満期ノ度毎元利ヲ結ンデ証書ヲ改メシ事数度、然レトモ其母子金ノ多寡ニ至リテ、之ヲ細別スル事ヲ知ラズ、剰ヘ書換ノ故証書ノ取戻シ等ニ至リテハ敢テ意トセス、只一時ノ催促ヲ免レタルヲ喜ビ、後日ノ憂ノ来ルヲ慮ヲサルナリ

該書ニツキ聞ク所ニヨレバ某月一日ニ金「一円ヲ借受タキ事ヲ金貸ノ者ニ乞フ、金貸日、本月限ナレバ用達ヘシ金利ハ日々「八厘ヅツヲ返済スヘキノ約ヲ結ビ、保証人ヲ定メテ借用証ノ認メ方ニ至リテハ負債主無筆ニシテ且婦人ナレバ、書記スル事能ハズ、之ヲ債主ニ依頼ス、債主ハ予メ是等ニ供スル数通認メアル証書ノ内一枚ヲ出シ、金員ノミヲ記入シ、保証人ノ誰ナルヤヲ問ヒ、之ヲ書記シ、保証ノ印形ヲ該家ノ妻ニ借受ケ、我夫ノ実印ト倶ニ債主ニ渡ス、債主之ヲ受ケ捺印ス、隣家何某ヘ勿論負債主モ保証人、即保証人ナリト心得シモ証書ハ連借ニアリ（何レモ債主ノ宛名ヲ書残

シ余白アリ）甚シキハ債主ニ於テ負債主一名　証書へ、出訴ノ際負債主ノ親族ヲ改造シテ保証ナシ、又ハ連借ニ書加ヘ偽印ヲ押シ、之ヲ公裁ニ訴フ。裁判官ハ証書面ニ付召喚状ヲ発附ス、爰ニ於テ初テ驚クト雖モ、無筆ノ漁民殊ニ妻ノ主ル所ナレバ出廷之レカ偽証ノ詐造ナル事ヲ答弁スル能ハス、且横浜迄ノ旅費ニ差支、旁他人ニ取扱ヲ頼ミ、幾分ノ金円ヲ投シ、示談ヲ致スモノ不尠、又返附スベキ書状ノ古証文（即ち反古）ヲ他ノ出訴者ヲ書入レ、一応ノ催促モナク出訴シ、召喚状ニヨリ考フレハ、右原人ヨリ金銭借用セシ覚ヘ無之、然トモ慥カナル証書原告ノ手ニ存在セシニ依テ、不止得扱人ヲ頼ミ、示談スル者往々有之（債主ノ名前記入セサル証書ハ他ニ売渡ス用意ナリ）債主負債主取扱右ノ振合ナリ　人民無識ヲ甘シ、其証拠ヲ得テ訴ル所ナレバ如何トモ致方ナキ次第ナリ

一、漁民ノ中チ一家ノ負債計量スルトキハ殆ド「二千円ニ近キモノアリテ、日々捕魚ノ収獲ニテハ一家ノ経費ヲ去レバ、負債ノ子金ヲモ償フヲ得ス、況ヤ母金返済ノ義務ヲヤ　故ニ一漁師ノ帰帆スルヲ見レバ、債主数人之を擁シ高声ニ催促シ、其収獲ヲ自宅ニ持帰ルヲ許サス、於是漁民ハ即時飢渇ニ迫リ、僅ニ某日ヲ凌ギ翌日未明ニ男子ハ出帆ス、依テ留守居タル婦ニ対シ債主ハ之ヲ促カシ甚シキニ至リテハ之ヲ腕力ニ訴ヘントスルニ勢ニ恐レ、婦女子ハ多ク昼間他家ニ身ヲ遁レ、夜ニ入リテ帰宅、寝ニ就クハ午後十二時頃ナリ　此ノ時ヲ襲ヒ、某月門ヲ敲キ厳促ニ及ハレ　一家挙テ他郷ニ避在シ（多クハ房総海岸ニ寄留）漁業スルモ間々アリテ、名状スヘカラサルノ情態ナリ、然シテ其ノ残リ居ル負債主共ヘ、裁判所ヨリ召喚状一時ハ日トシテ百通ノ多キニ至リシ事アリテ、身代ヲ差出ス如キハ続々絶ス、之レ自業自得ニシテ止ムヲ得スト雖トモ中ニハ出廷ノ旅費ニ困シ、遂ニ喚徴不応ノ罪科ニ問ハレ、其罰金亦完納スル事能ハスシテ、力役ニ替ラルル者モアリテ、家族ハ在

宿スルモ無職ナレバ、目下ノ糊口ニモ途ヲ失シ、実ニ憫然ノ極ニ至レリ、依テ昨十五年ニ至リ窮民婦女子相率ヒ処々ニ集合シ、生営ノ業ヲ仰カントノ報アルニ由テ警察官ト倶ニ該地へ出張、懇々相諭シテ一ト先解散ヲ命セリ、其後婦女子共打連レ郡役所へ出来リ、哀訴スル情状ヲ聞クニ、其ノ主トスル処ハ、該金返済方永年賦返済ヲ望ミ、債主ノ了説ヲ乞フニアリ、依テ之レヲ債主ニ懇解説諭スルモ、債主之レニ服セス、都詰ル所之ヲ法律ニ訴ルノ外他事ナキニ付、右説諭モ水泡ニ属セリ

一、家屋漁具等ヲ抵当ニ引取ラレ、且身代限ニテ負債ノ金額ヲ償フ能ハスシテ、家屋公売所分ヲ得シモノ一時雨露ヲ凌グ可キ所ナキニ素其地狭ク殊ニ貸店等無キヲ以テ、海辺へ仮ニ苫家ノ如キヲ設ケ、生業ノ途ヲ与ヘン事ヲ有志者ニ詢リ、略承諾セシニ由テ、県庁ニ乞該費ノ内へ幾分カノ資助ヲ仰キ置キタリ

（中略）

一、該地戸長及有志者相詢リ、彼ノ漁民該地ニ相続ノ方策ヲ設ケン事ヲ協議シ、従来漁民へ貸付シタル債主ノ金額ヲ纒メ一社（共益社）ヲ設ケ、負債ノ漁夫日々捕魚収獲金ノ内三分ノ一ヲ該社ニ積立、金百円ニ充ツレバ債主共ニ入札法ヲ用ヒ糶リ落サセ（貸金百円ノ証書ヲ所持ノ者「五円乃至「十円ニ糶リ々々金ノ尤モ低キニ落ス）既ニ「三月中「百円ノ証書ヲ所持スル者、該証書ヲ金「四円五十銭手取ニ糶リ落セシ由シ斯クシテ該糶落金ヲ相渡シ、残金ハ債主共一般ノ証書金額ニ応シ、割渡ノ方法ニ定メタリ、依テ現今貸金催促出訴ノ途既ニ絶ヘントスルニ至レリ且纒ニアルモ、社外ノ債主ノミニ帰セリ

以上ニ述ル不学不識ノ漁民ニシテ、加フルニ狡猾飽ナキ債主ニ対スルニ、疎忽ノ契約ヲ為スニ生スルノ致ス処ニシテ、勢ヒ止ムヲ得サルナリト雖モ、是等ノ弊害独リ此ノ上ノミニ非ラスシテ、至ル所咸此弊アルアラン、故ニ爰ニ先見セラレ「十年「七月七日、第五十号ヲ以布告セラレシナリ、実ニ之ヲ防ク良器ト雖モ、如何ンセン人民之ヲ遵守セス、之ヲ遵守セサルニ非ラス、政府ノ此意厚キヲ解セザルニ由リテ、往々此害ヲ被ムレリ、故ニ小官ノ仰ク所ハ、左ニ記スルノ意ヲ増加アラン事ヲ切ニ冀望ニ堪サルナリ

三十八　写真

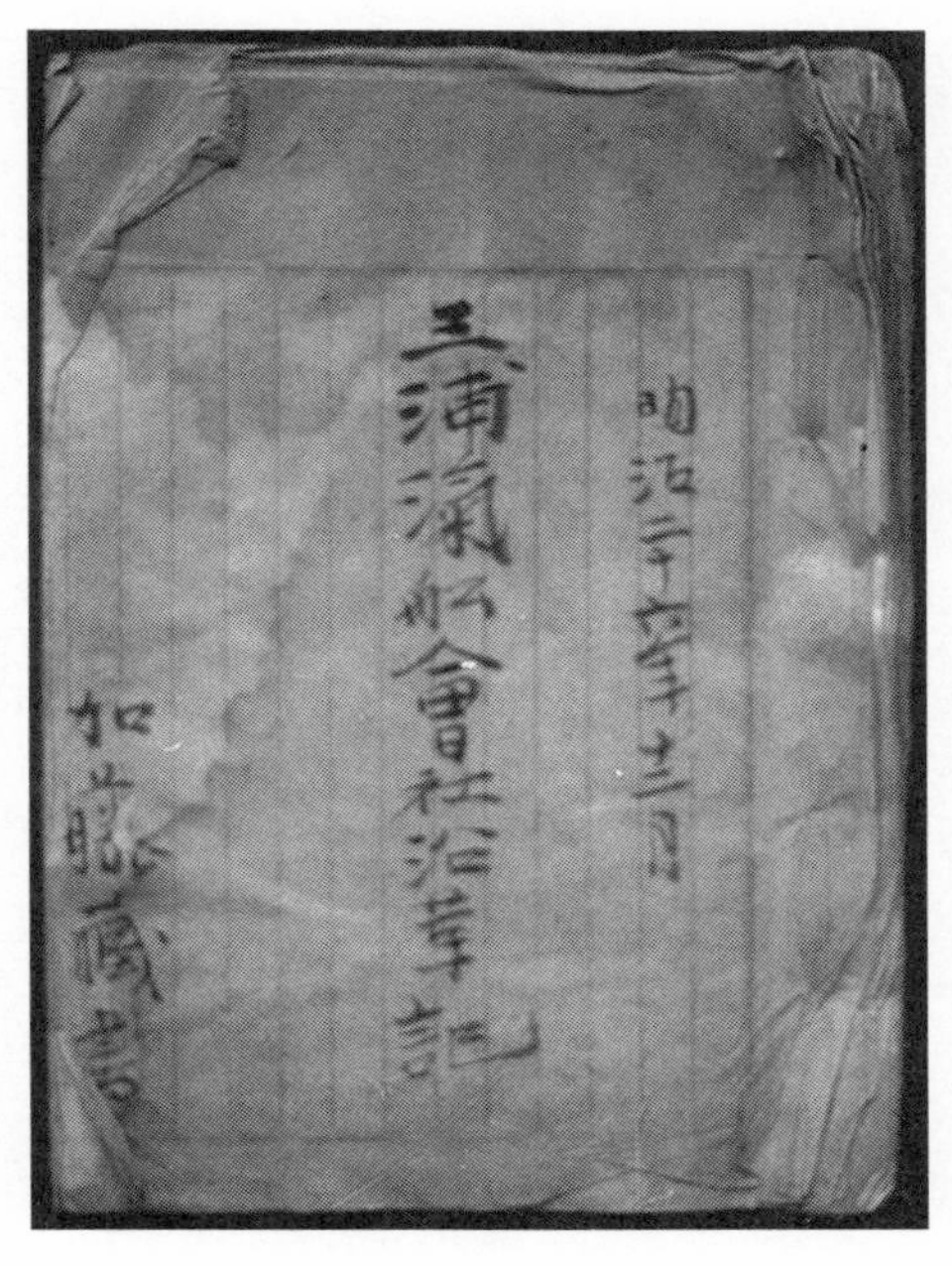

三十九　三浦汽船會社沿革記

三浦ハ地勢縣地ノ南端ニ突出シ宛然半島ノ地形ニシテ旅客荷物交通運送ノ便ナク百般ノ需用悉ク海路ニ依ラサル得ス然ルニ當時横須賀横濱航行ノ小汽船アル而已ニテ就中魚産ヲ以テ経営スル本郡南部ノ如キハ已ニ東京及房総各地及横須賀方面汽船ノ便アルニ拘ハラス旅交行通ノ途モ開ケス魚類送運ノ如キ僅ニ小漁船ヲ以テ運送スル而已為ニ運送ノ費用ト時間ヲ要スルトニ依リ毎歳夏季ニ至テハ魚類ノ價格著シク低減シ魚價ヲ以テ運賃ヲ償ハサルノ場合枚擧ニ遑アラサル此ノ不便ト不経済ヲ救済センニハ東京三崎間ニ小形汽船ノ航行ヲ開始スルニ如カス此便路一タビ開ケハ魚類ノ價格ハ期セズシテ昂騰シ細民中大多数ナル郡内漁民ヲ利スル少々ナラス加之ナラス百般ノ事業ニ至便ヲ興ル無量ナルヲ信シ小川茂周高橋勝七若命信義等外数人ト協力シテ汽船會社ノ創立ヲ企テタリ申合規則并状況ハ右ノ記録ノ如シ

三浦會社設立ノ大意

有無相通シ彼是相交リ以テ人々ノ交通ヲ自在ニシ以テ百貨ノ運輸ヲ便利ニシ然ル后始テ各人ノ幸福得テ進ムヘク物産ノ繁殖得テ望ムヘク商業ノ隆盛得テ期スベキナリ倩々本郡ノ地勢ヲ按スルニ相模ノ南端ニ斗出シ三面海ヲ環ラシ西相模洋ヲ隔テ豆州ニ対シ南遥ニ大島等ノ七島ニ面シ東房州ト相臨ム今此対岸ノ各地ト本部ト海産ノ利ヲ擧レハ此隣諸國之ニ及フモノナシ實ニ物産興起スヘキノ地ナリ而シテ各地ノ地勢ヲ視ニ本郡ト均シク其東京ニ到ルノ陸路ハ山肌起伏嶮岨泥濘道途迂回故ニ行旅物貨ノ運輸住来甚タ難シ顧テ其海路ヲ求ムレハ東京ヲ経ル遠キモ五十里ヲ出ス就中本

部ノ如キハ外海一大湾ノ中央位置ヲ占メ東京ヲ経ル僅ニ二十里程ニ過キス之ヲ鐵道ニ譬レハ湾内各地行旅百貨輸送傳達ノ停車場タリ之實ニ汽船航海ノ業一日モ欠クカラサルナリ而シテ此枢要ノ地ニシテ今日ニ到ルモ未タ一隻ノ汽船ヲ見ス郡内亦一人ノ之ヲ企フル者アルヲ聞ス徒ニ舊様ヲ墨守シ和舩ヲ以テ僅ニ此線路ヲ往復スルモ常ニ風波ノ憂ヲ免レズ又風潮ノ流動方向ニ因数日ヲ経サレハ東京ニ達スルヲ得ス運輸ノ途殆ト停滞沮塞ス斯ノ如クニシテ坐シテ商業ノ隆盛物産ノ繁殖人智ノ開発ヲ望ム蓋シ百年河流ノ清ルヲ待ノ類ナリ是啻ニ比隣各地ノ為ニ惜ム而已ナラス實ニ本郡公衆ノ為ニ隔靴掻痒ノ憾ニ堪ザルサリ因テ今回郡内有志者ト相謀リ一社ヲ結ヒ之ヲ三浦會社ト名ケ横須賀ニ本社ヲ設立シ浦賀三崎小田原東京及ビ豆州網代ニ支社ヲ置先漁産ヲ始メ商貨行旅等漕運ノ業ニ着手シ二三ノ汽舩ヲ以テ此線路ヲ擴張シ愈益此業務ヲ盛大ニシ郡内及ヒ各地ノ廣益ヲ謀ラント欲ス請フ有志ノ諸君此社ニ加入シ相興ニ事業ノ成功ヲ圖ランコトヲ

発起人

加藤泰次郎　髙橋　勝七　若命　信義
古谷　正橘　永嶋庄兵衛　砂村　泰實
石渡眞三郎　石渡　勝長　石渡　養泰
沼田七十郎　北村一兵衛

四十　共益社と貯蓄興業会社

資本ヲ株式ニ分割シタルモノ（明治十六年十二月調）

会社名称	営業種類	所在地	創業年月	支店	資本金	株数	一株金高
共益社	貸付金	三崎日ノ出町	明治十六年四月十一日	○	六九、九九〇円	六九九九	拾円

一株金高内金払込	株金払込総額	株主人員	収入 返済金	収入 雑収入	収入 計	支出 仕入金	支出 常費臨時費	支出 積立金	支出 計	差引純益金
○	六九、九九〇円	一六七人	五四七円	○	五四七円	○	四六一円	八六円	五四七円	○

一、本社ハ創立後直ニ休業シタルヲ以テ貸出シヲ為サス返済金ヲ徴収シテ□□株主ニ分配シ資本ヲ減却スルヲ以テ目今ノ目適トス

一、常費臨時費ノ多額ナルハ創業ヲ合算ヒシニ因ル

資本ヲ株式二分割セサルモノ（明治十六年十二月調）

会社名	営業種類	所在地	創業年月	支店	資本金
貯蓄興業会社	工業漁業	三崎仲崎町	明治十六年四月二十日	○	二五〇円

組合人員	収入			支出				差引純益金
	売上金	雑収入	計	仕入金	常費臨時費	積立金	計	
二〇一人	六一・九九四円	一八・五〇円	八〇・四九四円	四八・八六四円	一八・五〇円	○	六七・三六四円	一三・一三円

○発起人（共益社）

常盤　竜二　塩崎吉五郎　打原　仙吉　渡辺　権八

沢村　広吉　高明　一甫　石橋安左衛門　桃井　国平

小川　甚八　糟谷新三郎　佐藤元次郎　三堀安太郎

小嶺兵左ェ門　土方　円周　金沢　大蔵　加藤泰次郎

○役員

社長　加藤泰次郎

取締　石橋安左衛門　小嶺兵左衛門

支配人　鈴木与右衛門　旧社長以下当分無給

四十一　横須賀警察署三崎分署移転願

當横須賀警察署三崎分署之義ハ本郡南部取締之為明治十年中三崎町ヘ御設置可相成趣ニテ仮ヒ當所ヘ被設新築仕位置同九年中横須賀警察署長榊原勝行殿當所御見分之上三崎海南町五百四拾弐番地続キ海辺砂地官有地之内五十坪ヲ築立分署敷地ニ新成度趣當時之区戸長ヘ御談モ有之候処人家　密漁家ノ中ヘ分署御設置相成候テハ差支之趣申立當時之民情云フヘカラスシテ心中忌避シ何トナク不打合処ヨリ遂ニ隣村六合村ヘ御設立相成當町ヲ距ル　三丁餘ニ有之然ル処此程ニ至リ漸ク民情モ當分署之義ハ本郡南部取締ト乍申□□モ多キ故重々當所御保護新成下御陰ヲ以テ銘銘営業致候義人民一同感拝仕居候就テハ故ト當海南町海岸ヘ御新築御目論見新為□候場所ハ分署適当ノ位置ニモ□□候間□地ヲ築立當分署御移転相成候　致度右費用之義ハ町内共有金之内ヨリ上納仕度右ハ議員一同協議相決候上私共惣代ヲ以テ奉願候御採可□成下度候也

明治十五年二月七日

三浦郡三崎町日ノ出町外七ヶ町

連合町会議員惣代

中野　吉左ヱ門

金子　佐兵ヱ

神奈川縣令　沖　守固殿

四十二　明治十六年連合会改正申請願

（学校廃合並寄附金書類より）

三崎花暮町外七ヶ町六合村東部諸磯村連合会規則及ビ三崎海南町外三ヶ町六合村西部連合会規則相設ケ明治十四年十月二一日上申御認可ヲ得□行□在候処今般丙第八十二号ヲ以テ学区改正ノ儀御達相成候ニ付テハ現行ノ連合会規則相廃シ更ニ別冊之通三崎花暮町外七ヶ町六合村諸磯村連合会規則取設ケ且今該規則固ヨリ学区ニ関スル事項等施行仕度候ニ付御認可居成下度此段上申仕度候

明治十六年六月十日

三浦郡三崎花暮町外七ヶ町
人民惣代
三好　直吉 ㊞
仝
□□□□ ㊞
仝六合村
人民惣代
井上　半六 ㊞
仝
石渡傳次郎 ㊞

仝諸磯村
人民惣代
梶　利助　㊞
仝
青木忠左ヱ門　㊞
諸磯村戸長
小嶺兵左ヱ門　㊞
六合村戸長
松井岡右ヱ門　㊞
三崎花暮町外七ヶ町戸長
加藤泰次郎　㊞

神奈川縣令　沖　守固殿

庶　第三千四百八拾四号
書面之趣認可候事
明治十六年七月十四日　神奈川縣令　沖　守固　㊞

三崎日ノ出町　入船町　西野町
仲崎町　花暮町　海南町
宮城町　西浜町　六合村　諸磯村

連合会規則

（十四年の連合会規則と本文は同文の場合は除き異なる主要点を示す）

第三条　通常会臨時会ヲ論ゼズ会議ノ議栄ヘ総テ連合町村戸長ヨリ発ス
第六条　会議決ノ事項ハ総テ戸長ニ届出可シ其制規アル事項ハ規則ニ従ヒ其筋ノ許認ヲ請フ可シ
第七条　本会ハ町村会ニ於テ議定ス可キ事件ト連合会ニ於テ議定ス可キ事件トヲ分別スルヲ得
第八条　本会ハ毎年通常会ノ始メニ於テ学事ニ関スル前年度経費ノ決算報告ヲ受ケ戸長学務委員ニ説明スルコトヲ得

四十三　諸願届綴　撰挙人取調書（明治十二年）

三浦郡三嵜町百六十三番地　平民

一、金百六拾壱円廿五銭九厘　小村徳左ェ門

嘉永二年八月生

内　明治十二年二月　三十年二月

金百三円弐拾銭　当郡下宮田村ニ於テ納

金拾六円八拾五銭弐厘　〃　上宮田村ニ於テ納

金弐拾円拾壱銭六厘　〃　津久井村ニ於テ納

金拾八円六拾壱銭弐厘　〃　六合村ニ於テ　納

金弐円四拾七銭九厘　〃　三崎町ニ於テ　納

同町七百七十四番地　平民

一、金廿壱円廿八銭九厘　湊　彦三郎

天保五年九月生

内　明治十二年二月　四十四年六月

金六円拾弐銭四厘　当郡下宮田村ニ於テ納

金拾四円八拾五銭弐厘　〃　六合村ニ於テ　納

金三拾三銭三厘　〃　三崎町ニ於テ　納
同町六百八十番地　平民
一、金拾壱円三拾弐銭六厘　湊　大三郎
文政九年十一月生
内　明治十二年二月　五十二年四月
金五円　当郡下宮田村ニ於テ納
金五円九拾七銭　〃　六合村ニ於テ　納
金三拾五銭六厘　〃　三崎町ニ於テ　納
同町六百五十五番地　平民
一、金拾円三拾銭六厘　香山　米蔵
天保十年八月生
内　明治十二年二月　三十九年七月
金九円六拾四銭弐厘　当郡六合村ニ於テ　納
金六拾六銭四厘　〃　三崎町ニ於テ　納
同町五百四十五番地　平民
一、金五円五銭三厘　内藤吉兵ヱ
天保十二年六月生
内　明治十二年二月　三十七年九月

金四円五拾銭　当郡下宮田村ニ於テ納
金廿九銭　〃　六合村ニ於テ　納
金廿六銭　〃　三崎町ニ於テ　納
当郡城ヶ島村壱番地
一、金拾弐円七銭　加藤泰次郎
嘉永五年十二月生
内　明治十二年二月　廿六年四月
金拾壱円四銭　当郡六合村ニ於テ　納
金九拾六銭　〃　城ヶ島村ニ於テ納
合計六人
右者当三崎町城ヶ島村ニ於テ地租五円以上相納候者府県会規則第拾四条ニ照準仕取調候処書面之
通相違無御座候也
明治十二年一月廿五日　本三崎町城ヶ島村
戸長　小村徳左ェ門　㊞

四十四　諸願届綴　撰挙人取調書（明治十三年）

一、金百九十九円三十七銭二厘　三浦郡三嵜入船町百六十三番地　平民
小村徳左ヱ門
嘉永二年八月生
明治十三年五月　三十年十月

内
金百二五円七銭　当郡下宮田村ニ於テ納
金廿弐円四銭三厘　〃　上宮田村ニ於テ納
金廿三円四拾八銭弐厘　〃　津久井村ニ於テ納
金廿五円四十六銭七厘　〃　六合村ニ於テ　納
金弐円廿銭　〃　三崎町ニ於テ　納
金壱円廿壱銭　〃　高円坊ニ於テ　納

一、金廿壱円廿八銭九厘　宮城町千四番地　平民
湊　彦三郎
天保五年九月生
明治十三年五月　四十五年九月

内
金六円拾弐銭四厘　当郡下宮田村ニ於テ納

金十四円八十三銭弐厘
金三十三銭三厘
一、金十壱円三十二銭六厘
内
金五円
金五円九十七銭
金三十五銭六厘
一、金十三円廿四銭五厘
内
金八円九銭壱厘
金壱円八十九銭六厘
金弐円五十銭
金七十五銭

〃　六合村ニ於テ　納
〃　三嵜町ニ於テ　納
同郡三崎宮城町第六百八十番地　平民
湊　大三郎
文政九年十一月十日生
明治十三年五月　五十三年七月
当郡下宮田村ニ於テ納
〃　六合村ニ於テ　納
〃　三崎町ニ於テ　納
同郡三崎西野町第六百五十五番地　平民
香山米蔵
天保十年八月生
明治十三年五月　四十年十月
当郡六合村ニ於テ　納
〃　諸磯村ニ於テ　納
〃　下宮田村ニ於テ納
〃　三崎町ニ於テ　納
同郡三嵜西野町第六百九番地　平民

一、金六円九十二銭七厘

内

金四十八銭五厘

金三円六十銭壱厘

金弐円四銭三厘

一、金十三円三十三銭

内

金壱円廿六銭

金十壱円四銭

金九十六銭七厘

一、金六円四十五銭六厘

内

金五円十銭壱厘

幸田永寛

改化三年十一月生

明治十三年五月　三十三年七月

当郡六合村ニ於テ　納

〃　諸磯村ニ於テ　納

〃　三崎町ニ於テ　納

同郡城ヶ島村

加藤泰次郎

嘉永五年十二月十日生

明治十三年五月　二十七年六ヶ月

当郡三崎町ニ於テ　納

〃　六合村ニ於テ　納

〃　城ヶ島村ニ於テ納

同郡三崎入船町第百七十九番地　平民

澤村清助

天保十一年四月生

明治十三年五月　四十年二ヶ月

当郡六合村ニ於テ　納

金壱円三十五銭　〃　三嵜町ニ於テ　納
三嵜宮城町七百四十四番地　平民
一、金五円廿銭　三輪文伸
文化十年六月生
内　明治十三年五月満六十七年
金四円五十銭　当郡六合村ニ於テ　納
金七十銭　〃　三嵜町ニ於テ　納
同郡三崎宮城町第七百七十一番地　平民
塩瀬与太郎
天保十四年二月生
内　明治十三年五月　三十八年四ヶ月
金七円六十八銭八厘　当郡下宮田村ニ於テ納
金六十七銭五厘　〃　六合村ニ於テ　納
金二円七十九銭三厘　〃　三嵜町ニ於テ　納
合計九人
右者當三崎町城ヶ島村ニ於テ地租五円以上相納候者ニ付、府県会規則第十四條ニ照準仕取調候処
書面之通相違無御座候也
右

三崎城ヶ島村

戸長　小村徳左ェ門

明治十三年五月六日

三浦郡長　小川茂周 殿

四十五　縣会議員被撰人取調書

三浦郡六合村
二百九拾八番地　平民　農
松井　岡右ヱ門
文政十四年九月十七日生
六十六年九月
五百七拾七番地　平民　農
川嶋　徳左ヱ門
天保七年三月一七日生
四十七年一月
六百六拾八番地　平民　農
下里市右ヱ門
天保三年三月五日生
五十二年一月
二千三百三拾五番地　平民　農
藤崎八五郎
弘化四年十二月三十日生

三十六年四月
二千六百五拾二番地　平民　農
尾崎徳次郎
安政四年三月十一日生
廿七年一月

右者當村被撰人名取調候処無相違候也
明治十七年三月
右村戸長　松井岡右ヱ門
三浦郡長
小川　茂周殿

四十六　縣会議員撰挙人取調書

三浦郡　六合村

六百七拾五番地　平民　農

川嶋　惣左ヱ門

文政十年十月廿日生

五十六年六月

三百七拾二番地　平民　農

川嶋　喜左ヱ門

弘化三年十月廿日生

三十七年六月

六百五十壱番地　平民　農

下里市郎右ヱ門

七百拾一番地　平民　農

小川　治右ヱ門

文政四年四月四日生

六十三年

三千六拾二番地　平民　農
池田　七五郎
天保五年十二月十二日生
四十九年四月
三千六拾番地　平民　農
下里　治□□
文政五年七月十五日生
六十一年九月
二千七百六十壱番地　平民　農
山本　市次郎
天保九年八月一日生
四十五年八月
千七百廿壱番地　平民　農
高梨　勝二郎
□化二年十二月一日生
三十八年一月

千七百廿六番地　平民　農
伊沢清左ヱ門
文化八年六月二日生
七十二年十月
千七百廿八番地　平民　農
伊沢　左ヱ門
天保八年六月十一日生
四十六年十月
千七百三拾番地　平民　農
高梨　忠左ヱ門
天保八年八月生
四十六年八月
二千二番地　平民　農
下里　彦兵ヱ
文政元年七月三日生
六十五年九月
二千四十九番地　平民　農
宮川　勘右ヱ門

安政三年十二月生
廿七年四月
二千六百九拾五番地　平民　農
宮川　喜右ヱ門
嘉永五年八月七日生
三十一年八月
二千六百九拾四番地　平民　農
宮川　久兵ヱ
文政六年六月一日生
六十一年十月
二千四百二十五番地　平民　商
青木　七次郎
天保七年四月廿七日生
四十八年
二千八十四番地　平民　農
宇田川　市五郎
嘉永四年八月廿日生
三十二年八月

二千八十六番地　平民　農
出口　弥兵ヱ
天保三年十月十日生
五十二年六月
二千四百九十番地　平民　農
下里　紋左ヱ門
改化二年二月十五日生
三十九年二月
三千五百七拾五番地　平民　農
鈴木　与右ヱ門
天保九年八月十二日
四十五年八月
二千五百七十六番地　平民　農
鈴木　孫右ヱ門
天保十一年八月廿日生
四十三年八月
三千六百二十二番地　平民　商
佐藤　又三郎

天保十二年正月十八日生
四十三年三月
三千六百八十五番地　平民　商
石渡　傳次郎
天保八年八月十五日生
四十六年八月
二千七百拾七番地　平民　農
宮川　兼吉
安政三年十二月
廿七年四月
計廿四人
右者當村内撰挙人名取調候処相違無之候也
明治十七年三月
右村戸長
松井岡右ヱ門
三浦郡長
小川　茂周殿

四十七Ａ　旧西岬学校負債処分

一、西岬学校創立以来経費不足明治拾七年廃校以来本年二月ニ至ル其惣計元利金九百八十円六十銭五厘ノ内利金ソノ他棄損ヲ債主ニ乞ヒ其残額ヲ四ヶ町明治廿年一月ノ現戸数ニ分担ス其ノ額左ノ如シ

一、金六百八十八円二銭五厘

但シ三崎海南町西ノ丁宮城町西浜丁ノ四ヶ町ニ属スル負債

内

金百七十九円八十六銭　海南町

金百七十七円七十四銭四厘　西ノ町

金百八十六円十三銭二厘　宮城町

金百十四円二十六銭四厘　西浜町

右各町ニ分担ノ割合額ヲ以テ毎戸ニ賦課徴収スル方法ハ各町々会ノ評定ニイスルモノトス

但シ其徴収期ハ明治二十四年十二月ヲ超ルヲ得サルモノトス

明治二十年二月十三日

四十七　B　旧西岬学校負債処分

（学校廃合並寄附金書類）

別紙旧西岬学校負債ノ金額ハ海南町西野町宮城町西浜町四ヶ町人民ヨリ課出セシメシカ其毎戸ノ賦課額金弐円以上ニ達シ目下衰弱ノ民力ニ耐ヘ態ハサルヲ察シ更ニ但世話役等協議ノ上債主ト熟議特別ノ情誼ニ其負債高ヲ減少確定スルコト左ノ如シ

一、元利金合計金九百八拾円六拾銭五厘

右ノ内金七百八拾円六拾銭五厘ヲ棄損シ残金弐百円

右金弐百円ハ四ヶ町各町会ノ評決ニ任シ一般人民ヨリ徴収スル事ヲ約ス

明治弐拾年弐月□日

協議決定無異議事ヲ証スル者也

旧西岬学校世話役

香山米造

内藤吉兵衛

山田芳次郎

湊　又三郎

負債金額及債主人名（旧学校負債処分に続く）

一、金弐拾五円　加藤泰次郎
一、金拾弐円五拾銭　沢村甚太郎
一、金弐拾五円　星野六兵ヱ
一、金〃　佐藤又三郎
一、金拾弐円五十銭　大井秀延
一、金拾弐円五十銭　香山忠五郎
一、金弐拾五円　渡辺惣右ェ門
一、金八円三拾三銭三厘　三壁又四郎
一、金八円三拾三銭壱厘　新倉権助
一、金〃　鈴木甚三郎
一、金拾六円六拾六銭六厘　松月甚蔵
一、金拾六円六拾六銭七厘　増井啓次郎
一、金弐拾五円　若林太助
一、金〃　尼野彦左ェ門
一、金拾六円六拾六銭七厘　内藤吉兵ェ外

一、金六円八拾四銭七厘　出口吉五郎
　　　　　　　　　　　　出口作左ェ門
一、金四円八拾銭六厘　湊　清四郎
一、金拾七円拾銭三厘　内藤吉兵ヱ
一、金九円六拾三銭三厘　山田芳次郎
一、金四拾五円五拾弐銭　湊　彦三郎
一、金拾三円　三壁久左ェ門
　　　　　　　長谷川長八
　　　　　　　□屋與助
一、金弐百七拾九円八銭九厘　旧学校世話人

計金　六百五拾八円弐銭五厘（ママ）

四十八　写真

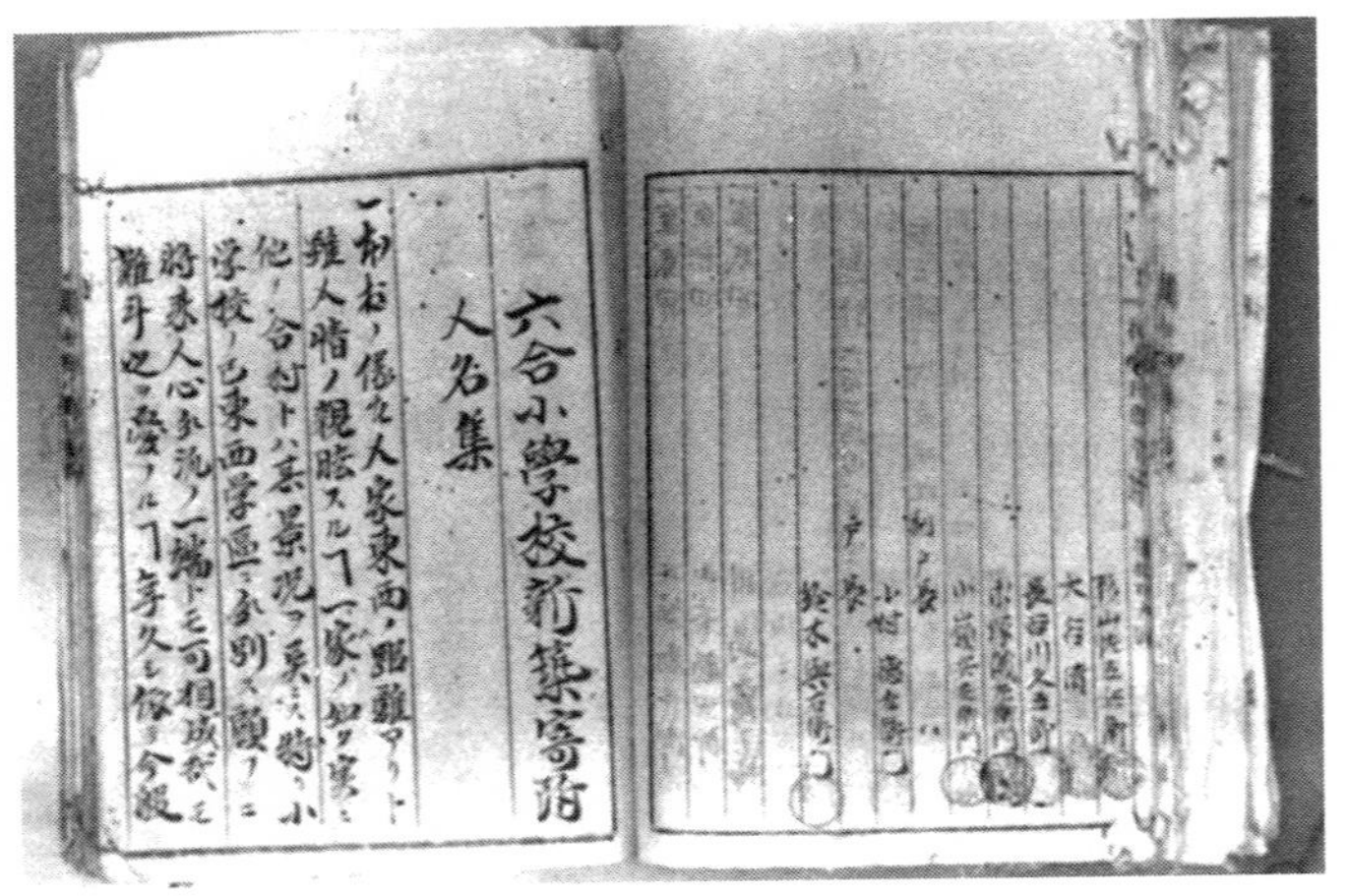
六合小學校新築寄附人名集

四十九　六合学校寄附者（御請書）

御　請

三浦郡六合村
石渡傳次郎

一、金拾五円
明治十六年八月六合学校新築費之内へ書面
之通寄附候段　奇持ニ付為其賞　木杯壱個
下賜候也
明治十七年八月
神奈川縣令従五位　沖守固
右謹テ御請候也
右
明治十七年五月三十日　石渡傳次郎
神奈川縣令　沖守固殿

御　請

三浦郡六合村

松井岡右ヱ門

一、金拾五円

明治十六年八月六合学校新築費之内江書

面之通寄附候段奇特ニ付為其賞　木杯

壱個下賜候也

明治十七年八月

神奈川縣令　従五位　沖守固

右謹テ御請仕候也

右

明治十七年九月三十日　　松井岡右ヱ門

同文

下里市右ヱ門

下里富五郎

佐藤又三郎

高梨勝五郎

青木七次郎

御　請

三浦郡諸磯村
黒田音次郎

一、金壱円
明治十六年八月六合学校新築費之内へ
書面之通寄附候段　寄特ニ候也
明治十七年八月
神奈川縣令　従五位　沖守固
右謹テ御請仕候也
右

御　請

三浦郡三崎宮城町
長谷川ツネ

一、金壱円
明治十六年六月六合学校新築費之内
公書面之通リ寄附候段寄持ニ候也
明治十七年八月
神奈川縣令　従五位　沖守固殿
右謹テ御請候　仕候也
右
明治十七年　長谷川ツネ
神奈川縣令　沖守固殿

御請書

三浦郡六合村平民

一金八拾銭　松井安五郎
一金〃　石渡兵五郎
一金〃　幾島市郎兵エ
一金〃　宮川新右ェ門
一金〃　尼野為吉
一金七拾五銭　松井定五郎
一金〃　下里彦右ェ門
一金〃　石渡七左ェ門
一金〃　小川忠吉
一金六拾銭　下里嘉左ェ門
一金〃　□野半助
一金〃　出口孫右ェ門
一金〃　長谷川元十郎
一金〃　水野兵七
一金〃　鈴木市三郎
一金〃　青木重兵エ
一金〃　石渡権蔵
一金五拾銭　下里惣左ェ門
一金〃　山田定吉
一金〃　山田幸右ェ門
一金〃　宮川重左ェ門
一金〃　宮川伊右ェ門
一金〃　宮川助右ェ門
一金〃　高梨八郎右ェ門
一金〃　宮川福松
一金〃　宮川圧右ェ門
一金〃　伊澤兵吉
一金〃　宮川豊次郎
一金〃　二見新次郎
一金〃　石渡きく
一金〃　石渡平次郎
一金〃　小川惣七
一金〃　石井喜右ェ門
一金〃　今井芳松

一金五拾銭　石渡權次郎
一金　〃　永塚新兵ヱ
一金　〃　幸崎七五郎
一金　〃　松本八三郎
一金四拾銭　宮川久左ェ門
一金　〃　石渡權右ェ門
一金　〃　宮川七左ェ門
一金　〃　宮川勘兵ヱ
一金　〃　宮川孫七
一金　〃　草間平蔵
一金　〃　草間甚兵ヱ
一金　〃　宮川清吉

一金四拾銭　宮川惣兵ヱ
一金　〃　下里源吉
一金　〃　下里徳左ヱ門
一金　〃　宮川利八
一金　〃　宮川傳次郎
一金　〃　下里傳三郎
一金　〃　宇田川清左ェ門
一金　〃　白井吉五郎
一金三拾銭　平野權九郎
一金弐拾五銭　石渡甚七
一金　〃　石渡甚五郎
一金弐拾銭　宮川長七

右私共儀明治十六年八月中六合学校新築費
之内ニ頭書之通金円ヲ寄附候段寄特ニ候旨
御賞状下賜謹テ御請仕候也

右

御　請

一金八円五拾銭　藤崎八五郎
一金八円　宮川兼吉
一金七円五拾銭　尾崎徳次郎
一金七円　川島徳左ェ門
一金〃　抱井良蔵
一金〃　松井六左ェ門
一金六円　鈴木孫右ェ門
一金〃　香山忠五郎
一金〃　松崎清七
一金五円五拾銭　川島惣左ェ門
一金五円二十五銭　下里□左ェ門
一金五円　井上半六
一金〃　抱井太三郎
一金〃　柳井国平
一金〃　山田太郎兵エ
一金〃　宮川勘左ェ門

三浦郡六合村平民

一金四円　石渡半次郎
一金〃　河田佐左ェ門
一金〃　尾崎儀兵ヱ
一金三円五拾銭　小川次左ェ門
一金〃　宮川久兵エ
一金〃　松崎鯛次郎
一金〃　宇田川市五郎
一金三円五拾銭　永塚儀左ェ門
一金三円　小川七郎右エ門
一金〃　池田七五郎
一金〃　伊沢權□左ェ門
一金〃　高梨忠兵エ
一金〃　宮川次左ェ門
一金〃　渡辺利三郎
一金〃　宮川□吉
一金〃　亀田傳三郎
一金〃　水野寅吉

一金五円五拾銭　川島㐂右ェ門
一金四円五拾銭　下里六郎右ェ門
一金四円三十五銭　飯島夘兵エ
一金四円　小牧芳三郎
一金〃　河田政太郎
一金〃　渡辺藤吉
一金〃　下里治兵エ
一金〃　徳田徳三郎
一金二円　相沢新兵エ
一金〃　宮川郷左ェ門
一金〃　宮川長五郎
一金〃　石渡平次
一金〃　今井友七
一金〃　小川吉五郎
一金〃　吉岡豊吉
一金〃　石渡藤次郎
一金〃　出口孫兵エ
一金〃　長谷川半蔵

一金〃　山本市次郎
一金弐円五拾銭　池田寅吉
一金〃　松井牛五郎
一金〃　伊沢清左ェ門
一金〃　高梨五郎右ェ門
一金〃　池田金七
一金〃　宮川元次郎
一金二円　笹本權四郎
一金〃　石橋孫兵エ
一金壱円五十銭　石渡庄七
一金〃　石渡想五郎
一金〃　石渡戸左ェ門
一金〃　小村新蔵
一金壱円三十銭　関屋里よ
一金〃　松本林蔵
一金〃　川島作左ェ門
一金〃　宮川太郎右ェ門
一金〃　佐原長蔵
一金〃　小川牛七

一金〃　辻井藤兵エ
一金壱円七拾五銭　宇田川七郎左ェ門
一金〃　下里伊左ェ門
一金〃　小川次郎右ェ門
一金〃　山田平左ェ門
一金〃　下里元左ェ門
一金〃　小川權左ェ門
一金〃　渡辺佐兵エ
一金壱円五十銭　鈴木五郎左ェ門
一金〃　笹本勘兵エ
一金〃　松崎金助
一金〃　加藤四五平
一金〃　相沢太郎右ェ門
一金〃　池田藤次郎
一金〃　川島角次郎
一金〃　山本長左ェ門
一金〃　宮川㐂右ェ門
一金〃　石渡兵助

一金〃　石渡兵左ェ門
一金〃　佐原庄右ェ門
一金壱円　松崎寅吉
一金〃　松崎鶴松
一金〃　鈴木与右ェ門
一金〃　鈴木伊助
一金〃　松井㐂兵エ
一金〃　富藤吉五郎
一金〃　宮川松三郎
一金〃　松井兵次郎
一金〃　小川善吉
一金〃　小川八五郎
一金〃　下里仁右ェ門
一金〃　宮川栄吉
一金〃　宮川平左ェ門
一金〃　宮川吉左ェ門
一金〃　宮川太左ェ門
一金〃　下里茂左ェ門

一金壱円　下里半十郎
一金　〃　宮川又右ェ門
一金　〃　宮川熊次郎
一金　〃　鈴木甚八
一金　〃　二見吉次郎
一金　〃　松崎保太郎
一金　〃　石川彦蔵
一金　〃　佐原勝七
一金　〃　佐原伊兵エ
一金　〃　石渡彦五郎
一金　〃　佐原助次郎
一金　〃　今井權七

一金壱円　松崎市十郎
一金　〃　石渡寅吉
一金　〃　山田七郎右ェ門
一金　〃　佐原六左ェ門
一金　〃　田中吉蔵
一金　〃　宮川兵次郎
一金　〃　青木五郎左ェ門
一金　〃　高木市郎兵エ
一金　〃　石渡長左ェ門
一金　〃　宮川次三郎
一金　〃　中村孫四郎
一金　〃　石渡六左衛門
一金　〃　永塚半左ェ門

右私共儀、明治十六年八月中六合学校新築費之内頭書之通リ金円ヲ寄附候如寄特ニ候旨御賞状左
下賜謹テ御請仕候也

右

五十　日新義塾規則

表紙

干時明治四辛未九月
日新義塾規助　印

日新義塾之記

泰西學科之　皇國ニ入ルヤ茲ニ年□（虫）リ今時ニ至テハ交際ノ道ヲモ大ニ闢テ面上□（虫）膜子脱□ルカ如ク百般ノ學術一時ニ興リ智ヲ育シ才ヲ養フノ盛域ニ遇フ是レ国家ノ盛事豈造物者ノ賜ナラン乎學業ノ科ニ至テハ實ニ英佛日耳曼（ゼルマン）ノ三国ヲ以テ其科大ニ行レリ就中盛ナルモノ英學ノ右ニ出ルモノナシ倩洋籍ノ由テ来リシ處ヲ推考スルニ其基礎タルヤ和蘭ノ學為㆓嚆矢㆒焉洋籍ヲ學フノ輩日ニ月ニ多ク蓋シ時期ノ経過ヲ逐ヒ終ニ其盛ヲ極ムルモノ恐クハ魯西亞（ロシヤ）與タリ其彊土タル全地球六分ノ一ニ居ル五洲中ノ大國其政度大ニ備リ今日ノ權日カラ彼レニアリ殆ント數歳ノ後ニ至リ其盛ナルヤ敢テ豫

メ知ル可キニアラズ洋人港ヲ問ヒ来リシヨリ昔享保以降今ヲ経ルコトハ十有余歳日既ニ久シ然リト雖モ今日ニ至ルマデ實地ノ學ニ志ス者十之一タル譬ハ漢籍ニ於ルカ如シ往古ノ情態ヲ知ルト雖モ現今ノ事情ニ通ズレ能ハズ畢竟其語學ヨリシテ學バザル故ナリ況シヤ洋籍ニ於テヲヤ實ニ洋學者ト唱フル者夥タ多シト雖モ惜哉唯學向上ノ事情ヲ知ル而已ニシテ今日ノ情實ニ達スルコトヲ得ズ其固陋推シテ知ル可シ必シモ語學ヨリシテ學バズンバアラズ吾退キ謹ンデ之ヲ推窮スルニ文部之道ニ通ズルニ随テ終ニ其極度ヲ窮ムル能ハズ成學シタル者トテハ固ヨリ義塾ノ同社ニ於テ一人モアラズ況ンヤ　皇国中ニ於テヲヤ真ニ洋籍ニ熟達シタル者トテハ人物更ニナシ學者不學者ノ名ヲ命ズルハ唯深淺ノ區別アル而已縦令其學ニ熟達スルト雖モ今日ノ言語ヲ辨スル能ハズンノ労シテ功ナク苦ンデ益ナシ聊モ實地活用ヲ爲サズ恰モ有名無實所謂論語ヲ讀ンデ論語ヲ知ラズト是レ一徹ノ理ナラン乎吾等其一端ヲ大ニ慨ス日夜痛歎シ憂慮至哀ニ堪ユル能ハズテ時明治四年秋八月第十有五日憤然策ヲ決シ其要領ヲ確定シ有志ノ士君子ヲシテ實地ノ科ニ趨カセンコト深ク懇願スル處ニシテ互ニ文明日新ノ世ノ生レ日新ノ書ヲ讀ミ日新ノ事ヲ知ル因テ日新ノ二字ヲ設ケ　官許ヲ請テ別ニ一小學舎ヲ立テ以テ日新義塾ト名ク洋籍ト雖モ吾カ國ノ教方甚ダ迂遠ニシテ實地ニ益ナキ而已ナラズ却テ害ヲ招ンモ亦タ計ル可カラズ因テ西洋ノ教師ヲ招キ互ニ努力シ互ニ督責シ廣ク學科ノ一端ヲ闢キ以テ報　國ノ策ヲ上ント欲ス冀クハ吾カ黨ノ志君子実笈ヲ負フテ千里ニ来集シ茲ニ英才ヲ育シ茲ニ活眼ヲ開キ進退必ズ禮ヲ守リ請フ幾于モ切磋勉勵シテ務メヨト吾レ敢テ之ヲ誣ユルニ非ラズ唯志君子ノ意ニアルノミ其一端タルヤ階梯補助莫キニシモアラン縦令其本音ヲ能ク辨ズル人ト雖モ苟モ西洋ノ師ニ就テ學バズンバアラズ自カラシテ地理民性ノ然カラシムルモノ也嗚呼有志ノ君子其要ヲ辨ゼヨヤ先キ

ニ共立學舍慶應義塾次テ鏡新舍義塾等ノ設ケ有リト雖モ吾等其制ニ倣フニハ毫末モ非ラズ人ノ自由ヲ妨ゲ人ノ制ニ傚ヒ名義ヲ立ツルハ固ヨリ天理ニ背ムキ人情ニ戻ル今マヤ吾カ輩ノ所業人ト大ニ反對スルニ似タリト雖モ天ノ我ニ與フル才力ヲ用ユルノ外ナラズ聊モ私論ヲ以テ事ヲ慢ニスルニハ非ラズ左ニ學則ノ科ヲ豫メ立ツルト雖モ悉ク通覧スルヲ主旨トスルニハ非ラズ地理ハ地理窮理ハ窮理唯一科ヲ以テ脩身ノ業ト為ス可シ普ク一科ノ業ヲ専ニシ苟モ其業ニ熟達スルキハ足レリ盡セリト謂フ可シ以テ日新義塾之記ト為スト云々

同社　青木精一識

學則

上堂之科

一　英學入門
一　初學讀本　　サァーゼント氏第一編
一　同　　　　　同　　　　　第二編
一　同　　　　　同　　　　　第三編
一　文法書　　　ピ子ヲ氏　　第一綱
一　地理誌　　　グワヨート氏
一　算術
一　作文
一　理學誌　　　クワエツケンボス氏
一　格致文法書　ピ子ヲ氏　第二編
一　萬國史　　　ペトルハァルー氏

入室之科

一　格物窮理學
一　博物誌
一　測量學
一　尺牘

一　飜譯

等級

一　第一等　同二等　同三等　同四等
同五等　同六等　同七等　同八等
同九等　同十等　同十一等　同十二等
同十三等　同十四等　同十五等　同十六等
等外　員外

斯ノ如ク學科ノ等級ヲ區別スルト雖モ格致ノ科ニ至テハ同社ノ才力奥因ヲ窮ムル能ハス孶術ノ進歩ニ應ジ其時期ニ従ヒ其科々ニ熟達セシ洋國ノ教師ヲ招キ志君子ノ階梯ニ供セント欲ス

義塾同社
東京　田中冬藏
山口　青木精一
宮津　村上要信
教師　米利堅（メリケン）人
西爾副列徳僈満都留（アルフレットエムマンテル）氏
整列掛
房長

司典
会計掛

塾則

一　同社ノ人務メテ義塾ノ學術ヲ盛大ニセンコトヲ欲シ今日ノ行ヲ嚴重ニセン為メ左ノ紀律ヲ設ク
一　萬件塾長ノ指揮ニ従事ス可キ事
一　今日ノ交リ信義ヲ厚シ禮讓ヲ尊ム可キ事
一　坐臥飲食都テ清潔ヲ心得可キ事
一　門ノ出入夜第九字ヲ限ル
一　夜中音讀ヲ禁ズ
一　各朝早起夜具ヲ庁付銘々ノ席ヲ掃除ス可キ事
一　金銀ノ貸借ヲ固ク禁ズ
一　稽古時限ノ儀ハ朝八字ヨリ晝十二字迄午後一字ヨリ夕五字タルベシ
一　朝夕怠ラズ掃除スベキ事
　　但シ塾僕三人ヲ一組ト為シ一週ヲ以テ順番引請可キ事都テ拭掃除雨戸開閉等塾僕ノ職分タルベシ
一　塾中ニ於テ若シ不謂ノ所業有之節ハ整列掛ニ申渡ス可キ事
一　外人應接ハ必ズ應接ノ間ニ於テ致ス可キ事

但シ知己又學友等不得止ノ時ハ私席ニ案内苦カラズ鄰席ノ妨ト成サルコト堅ク遠慮スベシ

一　塾中出入ノ諸商人等ヘ要用有之節ハ食堂ニ於テ談般致ス可キ事

但シ塾僕ノ外決シテ塾中ヘ出入ヲ禁ス

一　新員入塾之節ハ兼テ　御布告之通リ銘々ノ管轄地方役人之入塾證書持参ス可キ事

但シ退舎之節ハ其管轄又地方役人ノ退塾證書持参之上入塾證書返却ス可キ事

一　日課ハ講堂張出之通心得可キ事

一　都テ戸障子爾他樂書ヲ固ク禁ズ

一　稽古ノ節ハ銘々ノ順番ヲ以テ一組宛教師ノ傍ラニ就キ傳習ス可キ事

一　土曜日并ニ日曜日休課ノ事

但シ朝ヨリ出行勝手タル可シ

一　縦令稽古時間タリトモ無據事件差起ルキハ其田房長ヘ申達シ出入致ス可キ事

一　夜中勉強銘々自由タルベシ

一　眠時夜第九字ヲ限ル

但シ一拊ヲ聴キ其席ニ臥スベキ事

一　毎時出入ノ節ハ正ノ門番ニ姓名ヲ届ク可キ事都テ課業之日自由ニ出入ヲ禁ズ

一　疾病ノ砌ハ整列掛ニ申達シ養生ノ間ニ於テ保養致ス可キ事

右之條々堅ク相守リ若シ不都合ノ廉アラバ再議改正ス可キモノ也

入門之則

一 入門ノ乞フ人ハ先ツ學舎ニ来リ門番ニ姓名ヲ通シ應接ノ間當番ノ者へ其由申談ス可キ事
　但シ入塾證書並束脩料ノ儀ハ整列掛へ差出ス可キ事

一 束脩料
　但シ入門之節ノミ持参ノ事比金ヲ以テ今日要用ノ器械椅子等ヲ求ム然シ外來生徒ト雖モ同様ナリ

入塾生徒之部　人員凡三百五拾人

一 月俸　金貳両貳分
　但シ此内ヨリ炭油出費ノ事従テ毎月廿五日ヨリ廿八日限リ會計掛エ差出ス可キ事

一 積金　同壹分
　但シ此金ヲ以テ将来ノ準的ヲ立テ學校要用ノ諸品書籍ヲ求ム

一 教授料　同貳両
　但シ毎月朔日ヲ期ニ定メ會計掛エ差出ス可キ事
　右一ヶ月文雑費
　一ヶ年分豫メ金五拾七両也
　但シ爾他筆紙湯銭等聊ノ義ニ付銘々自由タルベシ

外來生徒之部　人員凡五百三拾人

一　積金　　　　　　　金壹分
　但シ通ヒニテ昼食等辨スルニ依リ比金ヲ以テ湯茶等ノ雑費タリ
一　教授料　　　　　同貳両
　但シ毎月朔日ヲ期ニ定メ會計掛エ差出ス可キ事
　　右一ヶ月之雑費
　　一ヶ年分豫メ金貳拾七両也

食堂規則

一　食時朝七字晝十二字夕五字タルベシ
　但シ日ノ長短ニ順ジ其差アルベシ
一　食事ノ節ハ第一柎ヲ聞キ用意ヲ為シ第二柎ヲ聞キ銘々食椅ニ就キ西洋一時ヲ以テ定限トス
　但シ其時限ニ後ルヽ者食堂掛エ申達シ食後自身ニテ食跡萬端ヲ掃除ス可キ事
一　三度食事ノ外私ニ飲食ヲ為ス時ハ食後自分ニテ必ズ掃除スベキ事
一　夕食後ハ攝生運動ノ為メ庭前ヲ遊歩ス可キ事
一　休課之日食堂ニ於テ飲食勝手タルベシ
　但シ大酒等ヲ致シ放聲又乱募等固ク禁止之事
一　食椅他之用ニ供スル事堅ク無用
右之條々堅ク相守リ若シ不都合ノ件アラハ再議ノ上吃度改正ス可キモノ也

罰則第三ヶ條

第一　講義等之節又ハ傳習之砌時限等相後レ無斷闕席ノ者一週ノ間禁足タリ

但シ疾病又無據事件有之闕席ノ節ハ房長エ前以テ申達ス可キ事

第二　課業之日他出又故アツテ下宿等致シ時限定日相間違ヒ候節ハ前條ノ通リ一週ノ間禁足ノ事

但シ下宿又他出等ハ悉ク房長エ申談ズベキ事

第三　勉勵ハ固ヨリ今日ノ行等不正塾長之主意ヲ聞カズ不謂ノ所業有之節ハ其管轄又地方役人引請ノ者エ堅ク申達シ退塾為仕候事

會讀之課

一　文典書　　朝九字ヨリ昼十二字迄

一　地理書　　午後一字ヨリ夕五字迄

一　窮理書　　朝九字ヨリ昼十二字迄

一　萬國歴史　午後一字ヨリ夕五字迄

斯ノ如ク會讀之時限ヲ定ムルト雖モ定日ノ儀ハ講堂張出ノ日ヲ見ルヘシ然カシ時限ニ於テモ日ノ長短ニ順シ其差アルヘシ爾他ノ書ハ銘々ノ才力方向ヲ以テ一科ノ職業ト成ル可キモノヲ讀ムヘシ綴ノ聲音ハ悉ク満都留（マンテル）氏ニ誂シ會讀ハ同社ノ才力届ク處迄悉ク引請ント欲ス等級ハ毎月晦日ヲ以テ定ム先ツ本年中ハ入塾外來ノ両生徒併セテ三百五十人限リ来春ヨリ聲音ノ教諭會讀ノ届ク迄人員ヲ限ラス

但シ入塾生徒ニ於テハ入用之書籍貸渡候然カシ外来生徒ニ於テ然ラス書籍借用ノ儀ハ司典掛エ申談シ借用スベキ事

入門之式

一　入塾證書名當之儀ハ熟名ニテ然カルベシ

一　束脩料ノ儀ハ水引ニテ認メ然カルベシ

吾等今茲ニ同社ヲ結シテ一小義塾ヲ創建スル矣同志ノ君子相共ニ切磋講窮シ洋籍ノ本旨ヲモ闢ケヨヤ其主旨タルヤ瑣事ニ非ラス苟モ學科ノ一端ヲシテ普ク世ニ公ニセント欲スルモノ也固ヨリ貴賤ノ區別ヲ問ハズ況シヤ貧生ニシテ今日ノ價ヲ辨ゼザルノ輩夥シク多シ吾等素ヨリ其輩ヲ大ニ慨スル矣其要領タル其志ヲ聞キ其人物ヲ窺ヒ然ル後ニ至テ決議シ各其職ヲ授ケ食料等ニ至ルマデ萬端注意シ飽マテ同社ノ力ヲ盡シ志ノ操ヲ立テ使メ以テ一箇ノ人物ノ制セント欲ス是レ開化文明ノ趣旨ナラン乎苟モ志アル者ヲシテ来學セシメ終ニ寢食ヲモ忘ルベキ機會ニ心ヲ委子連綿倦マデ届セズシテ學術ノ奥因ヲ叩クトキハ理トシテ得可カラザルモノ於　是乎則チ足矣豈愉快ナラズヤ足レ同社ノ慶而已ナラン乎況ンヤ　國恩ノ一端ニ於テヲヤ實ニ彼之長ヲ取リ吾カ短ヲ補ニ脩身開智ノ素志ヲシテ重ク天理ノ法則ヲ辨ゼヨヤ一日モ長タル者ハ固ヨリ敬ヒ曲ケズ誇ラズシテ人ノ長短ヲ論ゼズ人ノ貴賤ヲ卑ムコトナク夙夜ニ以テ其業ヲ勉メヨヤ

右義塾同社互ニ盟ヲ結ント欲シ聊其之趣旨述悔ヲ促シ為メ後楮ニ於テ一句ヲ設クル矣

子勤青木生

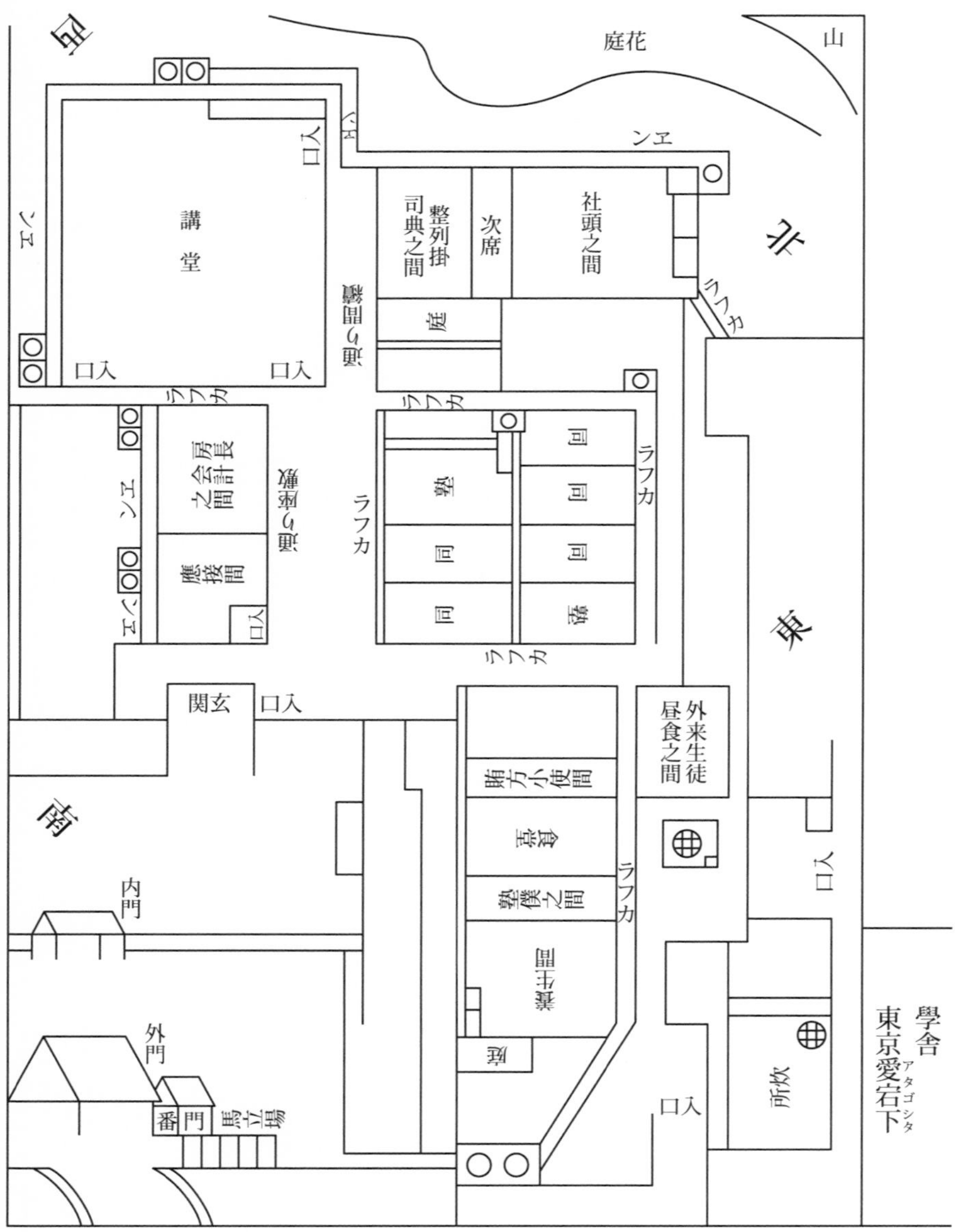

東京愛宕下學舍
花庭
山
講堂
口入
整列掛
司典之間
次席
社頭之間
庭
長房
計会之間
應接間
塾
外来生徒昼食之間
賄方小使間
塾僕之間
内門
外門
番門
馬立場
関玄
口入
北
東

五十一　米國政治要略

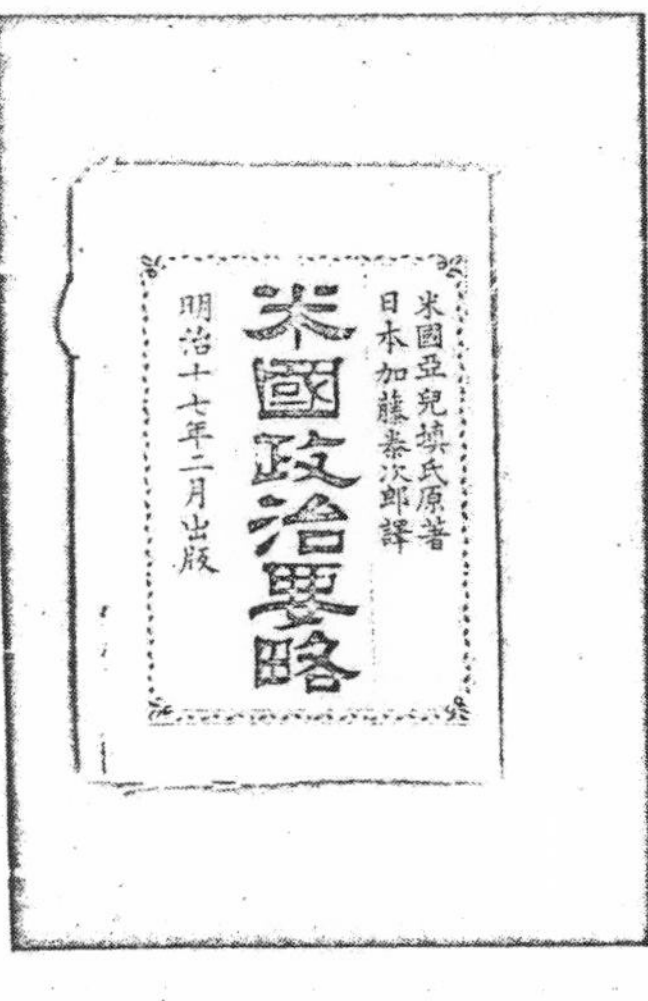

米國政治要略序

世嘗稱華聖頓寛厚勇武、勵米國草創之殖民、遂勝英國精練慓悍之勁兵、及戰亂鎭、盡力守成、夙立合衆同治之基、偉勲赫々照百歳之下、宜乎、米人稱爲國父也、余頃日、閲亞兒塡氏所著米國政治要畧其書槪雖不過注譯憲法者、亦書中開示制度創立旨趣、節述施設方法、畧擧立國事情、則應足窺米國政体之一班也、蓋米國立合衆政体也、其始各州會特派委員、立聯合盟約、稍雖爲合同一致之状、未置統轄各州、行政權之政府或有司者十有餘年、當此時、米國政治各州爲所随意奉行、治體未全備、而及憲法創定議起、各州競賛成之、終召集各州委員、開大會折衷斟酌既所定聯合盟約條欵、以議立一大憲法、更加潤飾增損、始大成之、合衆同治之制、完備於此矣、爾來經百年之久、整然不變、以維其國保其民、及今世、所以其國聚宇内文明之粹、極開化之盛、誇自由之美者、雖華聖頓之功居多、抑亦米人非勵精自治之所因致何能得見比盛跡乎、今也本邦立立憲政体、設國會期、既定矣、講明各國政体法規、考察其治体制度之如何與本邦制度民俗之如何、圖善美之成績他日者、今日志士之所尤急也、余在僻地、偶繙此書、以爲此書或有所裨補今日之急歟、因不顧拙劣、翻譯將上梓公于世、其如譯字行文不免誤謬者、敢待大方識者是正、云爾、

明治十六年一月撰於三崎北條僑居

加藤泰次郎　識

五十二　明治十六年加藤戸長の県令沖守固上申書

管理内三崎各町窮民ノ事情タルヤ千有余人ノ難民殆ンド糊口ノ計竭キ恟々トシテ各所ニ集合シ或ハ粗暴ノ挙ニ出ントス　某窮況ヲ視テ黙視ニ忍ヒス　因テ屡々愚見ヲ陳白シテ閣下施仁ノ一助ニ呈シ　傍ラ負債償却ノ方策ヲ設ケ本年四月ニ至リ方法漸ク備リ　爾来負債ノ為メ夫ハ法廷ニ拘致セラレ妻子飢ニ滞クカ如キノ惨状ハ幸ニ免ルル事ヲ得タリ（中略）部内各町ノ人口本年一月ノ調査ニ依レバ四千二百四十人内漁民二千四百六十人其商業漁業ノ収入ヲ計算スルニ商品販売ノ額一年二十三万五千円余　漁業ノ収穫一万五千円ニ昇ラス　之ヲ漁家四百戸ニ平均スレハ一年得ル処一戸僅ニ三十七円五十銭トス　斯ノ如クニシテ一戸六人ノ衣食ヲ給シ漁具構造費等ヲ引去リ生産ノ実況ヲ査スル時ハ其窮苦ノ状問ハスシテ知ル可シ　之ニ因テ之ヲ観レハ年一年ニ部落内ノ凋落衰頽シテ今後人民ノ四方ニ離散漂蕩スル者ナカラン事ヲ欲スルモ亦得可ラス（中略）維新当時当三崎ハ近隣漁村中屈指ノ漁業場ニシテ其盛昌各地ニ冠タリ　魚類ノ近海ニ群集シテ其捕獲ニ容易ナル陸地ヲ距ル僅ニ三四里以外ニ出テス　之ニ依テ漁具漁船ノ構造調製従テ簡易ニシテ其資金亦多額ヲ要セス生計稍豊富ニシテ能ク一部落内需要供給ノ権衡平準ノ度ニ適シ一般他ノ営業ヲ潤飾ス　爾来歳次ヲ経ルニ及ンテ魚類近海ニ集マル漸ク其数ヲ減シ漁夫ノ生産年ヲ追テ衰微シ偶々物価騰貴ノ時運ニ際シ魚価ノ高貴ナルニ僥倖スル而己……漁業ノ場所ハ次第ニ遠ク数十里ノ外ニ及ヒ旧様ノ漁船漁具又其用ニ適セス　産業ノ資本亦昔日ノ比ニ非ス　漁獲其数ヲ減シ物価日ニ登リ生計日ニ窘シ資金ハ多額ヲ要ス勢ヒ止ヲ得ス土地家屋漁船ノ如キ挙テ之ヲ抵当トシ高利ノ金円ヲ借入レ以テ其資ニ充テ以

テ其口ヲ糊ス　然レドモ漁業俄ニ昌ナルヲ得ス　遂ニ債主ニ対シ其高額ノ利子ヲモ払ヒ得ルニ非サレハ漁者ノ財産ハ二三年ヲ出テス遂ニ悉ク債主ノ有ニ帰ス　金円ノ貸借茲ニ至テ又其ノ途ヲ断絶ス然ルニ一昨年来偶々紙幣流通ノ昌ナルニ当リ貸借ノ方法其便ヲ得ルニ乗シ　無抵当日歩貸業開ケ非常ノ高利ヲ以テ貸付ノ業ヲ為ス者陸続相起リ是ニ於テ漁夫等ハ一時飢者ノ食ヲ得タルノ思ヲ為シ競デ之ヲ借入レ一旦苦窮ヲ免ルルト雖モ尋常正業ノ実利ヲ以テ此負債ノ元利ヲ償フ能ハサルハ尤モ然ル所以ニシテ終ニ旧臘中ノ惨状ヲ生シタル因由ナリ（下略）

明治十六年十一月十六日　　　　戸長　加藤泰次郎

神奈川県令　沖守固殿

五十三　村立学校設置伺

一、本校設置目的
　當村内学齢子女ニ普通小学科ヲ授ケ以テ中学校ニ入ル階梯トナサント欲ス
一、名称
　村立六合学校
一、位置
　三浦郡六合村三千五百九拾番地三崎日の出町本端寺所有地坪数三百拾弐坪本校敷地別紙図面
　之通
一、建物
　新築建坪六拾坪別紙図面ノ通
一、教則　本縣成規ノ通
一、校則　仝　上
一、戸数　五百拾壱戸　但シ六合村
一、学齢人員
　三百六拾七人　内　男　百七十三人
　　　　　　　　　　女　百九十四人

一、生徒総数　百三拾人

一、校長履歴及教員学力品行履歴

□□校長及ビ教員無之ニ付追テ御伺可申候

一、校長教員補助員

教員壱人男補助三人男

一、校長教員及補助員俸額

校長兼教員壱人　一ケ月　金拾円
　　　　　　　　一ケ年　金百廿円

補助員甲壱人　一ケ月　金八円
　　　　　　　一ケ年　金九十六円

仝　乙壱人　一ケ月　金六円
　　　　　　一ケ年　金七十二円

仝　丙壱人　一ケ月　金二円
　　　　　　一ケ年　金廿四円

一、授業料

壱ケ年金九拾三円六拾銭但　壱人□(虫食い)ケ月
　　　　　　　　　　　　　金六銭

一、経費収入支出
　支出総額　一ケ年　金四百十三円
　　　　　　一ケ月　金三十四円四十一銭六厘
　　内　譯
教員補助員給料　一ケ年金三百十二円
　　　　　　　　一ケ月金廿六円
諸給料　一ケ年金廿四円
　　　　一ケ月金二円
書籍料　一ケ年金十五円
　　　　一ケ月金壱円七十五銭
教授器械費　一ケ年金十八円
　　　　　　一ケ月金一円五十銭
薪炭油費　一ケ年金十八円
　　　　　一ケ月金一円五十銭
学校営繕費　一ケ年金十二円
　　　　　　一ケ月金壱円
諸雑費　一ケ年金二十円
　　　　一ケ月金壱円六十銭六厘

一、収入概額　一ヶ年金四百廿七円六銭
　　　　　　　一ヶ月金三十五円六十三銭三厘三毛三糸

　　内　訳

協議集金　一ヶ年金二百四十四円
　　　　　一ヶ月金廿円三十銭三厘三毛

資本金利子　一ヶ年金九十円
　　　　　　一ヶ月金七円五十銭

授業料　一ヶ年金九十三円六十銭
　　　　一ヶ月金七円八十銭

　差引残額　一ヶ年金拾四円六十銭

右之通當組合聯合会ノ議決ニヨリ設置仕度此段相伺候也

三崎日の出町他九ヶ町村

学務委員

小村徳左ヱ門 ㊞

長谷川久五郎 ㊞

石渡傳次郎 ㊞
宮川次ェ門 ㊞
三浦郡六合村戸長
松井岡右ヱ門 ㊞
仝、三崎花暮町他七ヶ町戸長
加藤泰次郎 ㊞
仝、諸磯村戸長
小嶺兵左ェ門 ㊞

神奈川県令　沖守固殿

学第千二百七十一号
書面之趣認可候事
明治十六年八月十日

神奈川県令　沖守固 印

五十四　町村立小学本支両校設置伺

第百五十六号

一、本校設置ノ目的

当組合内町村学令子女ニ普通小学科ヲ授ケ以テ中学ニ入ルノ階梯トス

一、名称

町村立三崎学校

一、位置

三浦郡三崎日の出町拾壱番地坪数参百坪位三崎日の出町入船町仲崎町花暮町共有地別紙図之通

一、建物

旧東岬学校ニ旧西岬学校ノ一室ヲ建継キ建坪百五十坪

別紙図面ノ通

一、教則　附試験法

本校成規之通

一、校則

仝　上

一、組合町村并戸数

三崎日の出町外七ヶ町戸数九百戸
諸磯村百二十戸合計千弐拾戸

一、学齢人員
九百人　内　男四百五拾人
女四百五拾人

一、生徒概数
弐百五拾人　内　男百二拾五人　内三十五人
女百二拾五人　内二十五人　分校ニ入可キ□

一、校長ノ履歴及ビ教員学力員品行履歴
校長教員学力品行履歴等ハ追テ内申スベシ

一、校長教員及補助人員
校長兼教員壱人男初等科教員弐人男補助員七人男　但シ教員等級ハ追テ伺出ベシ

一、校長教員及補助員俸給
校長兼教員一ヶ月金十円五十銭教員一ヶ月金七円五十銭宛補助内廿二人補助一ヶ月金五円宛
二人補助員一ヶ月金四円補助員一ヶ月金二百□

一、支校設置目的
當組合内町村学齢子女ノ内幼童ノ通学地勢便宜ニ因リ普通小学初等科ヲ教授セシム為ニ三崎
學校ノ支校トシテ設置ス

一、名称
町村立三崎梶谷支校トス

一、位置

三浦郡三崎海南町五百七拾七番地坪数

百□□十八坪

一、建物

旧西岬学校ニ供用セル建坪ノ内壱室ヲ除キ四十七坪半別紙図面之通

一、教則校則及組合町村ノ戸数兼学齢人員等本校組合生徒概数

一、校長ハ本校管理ニ付之ヲ置カス教員ハ本校補助員ノ内定ヲ以テ授業ス可キ目的

一、授業料

本支校壱ヶ年金貳百三拾七円六銭但壱人壱ヶ月金六銭宛

一、経費収入支出

支出概額金八百貳拾七円五拾銭

内　訳

教員給料　金六百六拾六円

教員旅費　金貳円五拾銭

試験入費　金貳拾五円

試験賞與　金貳拾円

書籍講求費　金三円

需用費　金拾五円五拾銭

内
金拾円　本校需用費
金五円五拾銭　支校需要費
修繕費　金貳拾円
内　訳
金拾円　本校修繕費
金五円　支校同断
小使雇給　金貳拾四円
学務委員給料　金三拾六円
同上旅費　金貳円五拾銭
委員年務取扱費　金拾三円
収入概額金　八百貳拾七円五拾銭
内　訳
組合町村三崎各町諸磯村
戸数ニ賦課徴集スル学費年額　金五百八拾九円六拾銭
授業料　金貳百三拾七円六拾銭
右之通當組合内聯合会議決ニヨリ設置仕度此段相伺度候
三浦郡三崎花暮町外七ヶ町六合村諸磯村

明治十六年八月二日

学区学務委員

長谷川　久五郎 ㊞

仝　小村徳左ヱ門 ㊞

仝　石渡傳次郎 ㊞

仝　宮川作左ヱ門 ㊞

諸磯村

戸長　小嶺兵左ヱ門 ㊞

六合村

戸長　松井岡右ヱ門 ㊞

神奈川縣令　沖　守固殿

学第千二百七十一号

書面伺之趣認可候事

明治十六年八月廿四日

神奈川県令　沖守固 印

五十五　取調書（三崎学校）

一、設立明治六年四月　　三崎学校　三崎日ノ出町十一番地
　新築明治十三年十二月

一、学区町村　八町一村　戸数　一千七
　　　　　　　　　　　　人口　四千八百八十五人

一、校舎　百五十坪　二分五厘
一、教場及坪数　七箇九十一坪
一、敷地　三百坪
一、転員
一、雇入明治六年四月　五等訓導卒業証ナシ　月給十一円　山本顧四郎
一、仝　明治十七年七月　四等訓導卒業証一所事　仝、十円　脇坂熙
一、仝　明治十六年五月　補助員　仝、七円　簗瀬久男
一、仝　明治十四年五月　仝、六円　牟礼勝也
一、仝　明治十七年一月　仝、五円五十銭　小菅昌生
一、仝　明治十四年四月　仝、四円　三好広吉
一、仝　明治十五年四月　仝、三円　述本武次

仝、二円五十銭　三浦了善

一、仝　明治十六年四月

一、学齢人員　七百十五人内　就二百三十七人　不就四百六十六人

一、生徒日々平均　二百人

一、現在生徒　　二百三十七人

級　別

一、初等科六級　四十七人

一、仝　五級　十四人

一、仝　四級　五十人

一、仝　三級　二十六人

一、仝　二級　三十六人

一、仝　一級　二十人

一、中等科六級　二十人

一、仝　五級　四人

一、仝　四級　十人

一、仝　三級　八人

一、仝　二級　四人

一、仝　一級　一人

一、高等科四級　二人
一、仝　三級　一人
一、仝　二級　四人

教員受持

一、初等科一級高等科四級中等一級　山本顧四郎
一、高等科二級仝　三級中等二級
一、中等科三級　初等二級　簗瀬久男
一、中等科四級　初等六級　牟礼勝也
一、中等科五級　初等四級　三好広吉
一、初等科三級　述本武次
一、初等科四級　三浦了善
一、経費　月額　六十一円〇八銭二厘九毛
　　　　年額　七百三十二円九十九銭五厘五毛
一、費途　協議費

右之通ニ候也　三浦郡三崎学校
学務委員
明治十七年七月廿九日　長谷川久五郎
仝　小村徳左ヱ門

五十六　村立学校取調開申

一、設置目的

本校ハ中等学校ニテ村内学齢子女普通小学科ヲ授クル為メ設クルヲ以テ目的トス

一、名称

六合学校

一、位置

三浦郡六合村三千五百九拾番地三崎日ノ出町本端寺□坪数三百拾貳坪　別紙図面ノ通

一、建物

新築建坪七拾貳半

一、教則

本縣成規之通

一、校則

本縣成規之通

一、聯合町村戸数

千六百六拾五戸

一、学齢人員

千四百四拾五人　男五百七十六人
女八百六十七人

一、生徒概数
　　百八拾人　男九十五人
　　　　　　　女八十五人
一、校長教員学力品行履歴
　　別紙之通
一、校長教員及補助員人員
　　教員　壱人
　　補助員　五人
一、教員補助員俸給
　　教員　壱ヶ月　金拾円
　　　　壱ヶ年　百二拾円
　　補助員　壱ヶ月金弐拾壱円
　　　　壱ヶ年金弐百五拾二円
一、経費収入支出
　　支出概額　一ヶ年金四百八拾九円六拾四銭□厘
　　　　一ヶ月金四拾円八拾銭三厘
　　内　訳
　　教員給料　一ヶ年金百廿十円
　　　　一ヶ月金拾円

補助員給料　一ヶ年金二百五拾貳円
一ヶ月金貳拾壱円

其他諸給料　一ヶ年金拾弐円五拾銭
一ヶ月金壱円四銭弐厘

諸旅費　一ヶ年金四円五拾銭
一ヶ月金三拾七銭六厘

生徒賞與費　一ヶ年金壱円廿八銭
一ヶ月金拾銭

試験費　一ヶ年金五円廿銭五厘
一ヶ月金四拾三銭二厘

図書器械費　一ヶ年金廿五円拾銭
一ヶ月金貳円九銭壱厘六毛

営繕費　一ヶ年金廿四円八拾壱銭八厘
一ヶ月金二円六銭八厘

薪炭油費　一ヶ年金六円八拾六銭四厘
一ヶ月金五拾七銭廿厘

筆墨紙費　一ヶ年金三円
一ヶ月廿五銭

諸雑費　一ヶ年金三拾四円三拾七銭四厘
　一ヶ月金弐円八拾六銭四厘
収入概額
　協議集金　一ヶ年金四百九拾円
　一ヶ月金四拾円八拾銭三厘
　差引残リ金　三拾五銭五厘

右之通當組合内町村聯合会決議ニヨリ
設置罷在候間此段開申仕候也

三崎日ノ出町外七ヶ町学務委員

明治十八年三月

小村徳左衛門

戸長

加藤泰次郎

神奈川縣令　沖守固 殿

五十七　加藤町長上申書（三崎町史上巻 明治二十二年六月三日 143頁）

（本文漁業組合規約調印状況上申書の続き）

右ニ依リ説諭願書ヲ尾崎徳次郎小嶺兵左衛門進藤徳右衛門ノ三名ヨリ此程出願シタルニ依リ郡長閣下ヨリ尚説諭ス可キ旨ヲ以テ五月八日本職ニ宛テ書類ヲ返付セラレタルヲ以テ右三人ニ説示シタルモ未タ甘諾ヲ為スニ至ラサルニ五月二十五日附ヲ以テ別ニ夜流網停止ノ件ヲ元三崎人民等ヨリ出願ノ旨ヲ以テ再ヒ該願書写ヲ添付シ説諭ノ下命ニ接セリ依テ尚ホ実業者ヲ徴喚シタルニ三崎及向ヶ崎ハ停止ヲ主張シ其ノ他ハ前約ニ依リ五月ヨリ八月迄四ヶ月間到底使用セザレバ困難スルトノ事情ヲ上陳セリ蓋シ部内漁業組合ノトキハ昨年来総代等ノ会合啻ニ三四回而已ナラズ本職ニ於テモ百万説諭ヲ試ミタルモ終ニ其効果ヲ見ズ以テ今日ニ至レリ故ニ其間総代等ノ意見ヲ聞キ又ハ書類ヲ徴シタル事モアリタリ殊ニ郡長ニ向テ出願書モアリタレ共此際三崎漁民等ノ願書等ト撞着セシヲ以テ今回別紙書類ヲ束ネ進達仕候也抑モ部内元三崎町ハ本郡内著名ノ漁業場ニシテ漁民ノ貧困ナルモ亦著名ナリトス此著名ノ漁場ニシテ貧困ノ著名ナルハ何ゾ之カ原因ナクンバアラズ古来ノ慣習之レヲシテ然ラシムルナラン三崎ノ釣漁ナル者ハ遠ク徳川氏初代ノ漁業ニシテ当時士民ノ経済ハ如何ナル有様ナリシ歟之ヲ古老ノ口碑ニ徴スルニ家屋畳ヲ用ヒズ衣ハ絹布ヲ交ヘズ簾ノ子ヲ以テ床トナシ筵ヲ敷キテ畳トナス米食ヲ為サズ実ニ質朴ヲ極メタリ此経済ノ程度ニ在テ未開ノ釣漁ヲ一家数人ノ衣食ヲ経シタルハ充分余リアルヲ追想スルニ足ル可シ然ルニ人文漸ク開ケ漁夫ノ経済従テ高度ニ進ミ前日ノ漁法終ニ一家衣食ノ資ニ充ツルニ足ラサルニ至レリ而シテ漁民ノ知能ハ経済ノ進歩ト正比例ヲ

以テ進マズ依然旧習ヲ墨守シ以テ今日ニ至レリ故ニ維新以降偶々不漁アル時ハ飢渇忽チ追リ視ルニ忍ヒサルノ悲境ヲ呈出シタル事数回ニ及ベリ此時ニ於テ有志者金円米穀ヲ施与シ救助ヲ為スカ如キモ是皆一時ノ茲恵ニ止マルノミニシテ全然漁民全体ノ経済ヲ挽回スルノ策ニ非サルナリ之ヲ挽回スルノ策如何古来ノ釣漁ニ交ユルニ網類使用ノ漁法ヲ以テセント夫レ網類ハ資金釣漁ニ比シテ多額ナリ且貯蔵シ置クニ非サレバ魚類来集ノ急ニ応スルヲ得ズ故ニ漁夫等各自脳裏ニ勤倹貯蓄ノ念ヲ生シ一時ノ不漁能ク飢渇ヲ凌クベシ殊ニ漁獲ノ多額ナルハ釣漁ニ此シテ多額ナルヲ以テ全町ノ産額必ズ増加スルナル可シ故ニ本職ハ彼ノ夜流網ノミナラズ各種網類ノ使用ヲ伝播セシメン事ヲ望メリ今ヤ文化日ニ開ケ労力時代去リテ器械時代来リ鉄路東西相通シ汽船環海縦横馳走ス生産事業将ニ一変セントス漁業豈ニ独リ旧態ニ安ンス可キ哉熟ラ漁業ノ変遷ヲ考フルニ大古蒙昧ノ民弓矢ヲ以テ魚ヲ捕ル是第一期ナリ次テ鉾槍其ヲ使用ス是レ第二期ナリ釣針ヲ使用スルニ至レルヲ以テ第三期トシ今日網類ノ使用日ニ益々進ム則チ第四期ノ時代トス此日進ノ社会ニ在テ第三期時代ヲ維持セントスル者ハ今日ノ生産社会ニ到底独立シ能ハサルニ至ルハ必然トス尚ホ一歩ヲ進ムトキハ英国漁業者ノ使用スルトロール網独国ノクレル米国ノブースセインノ如キ緻巧ナル漁具ヲ使用シ巨大ノ漁船ヲ使用スルニ至ルハ勢ヒノ自然ナラン歟故ニ本職ハ夜流網ヲ以テ害物ト認メズ却テ有益ノ漁業トス之ヲ妨害視スル漁夫ト雖モ妨害ノ根理ヲ知ラズ単ニ漁獲ノ多額ナルヲ以テ妨害ト云フニ止マルノミ本職ハ有害無害ノ件ニ於テハ屡屡実地ノ実況ヲ漁夫ニ問ヒ風向潮流ノ変更ヲ察シ魚類産卵蕃殖ノ模様ヲ調ベ敢テ害ナキ物ト思念セリ依テ此類ノ網ハ三崎漁民等モ力メテ之ヲ使用シ三崎漁民貧困ノ綽号ヲ消除シ一大繁昌ノ漁場タルニ至ラン事ヲ企望シテ止マサルナリ凡ソ社会ノ事利益多キ者ハ其害モ亦従ヲ

大ナリ然レ共比較上利益多キ者ヲ執テ之ヲ適度ニ使用シテ利用更生ノ方途ヲ立ツルハ施政者ノ尤モ勤ム可キノ要訣トス故ニ本職ハ三崎漁民ノ究状ヲ憐ムノ深且切ナルト共ニ各種網類ヲ使用セシメテ飢渇ニ迫ルガ如キ惨状ヲ将来ニ絶タン事ヲ切望スルナリ精神誠意偏頗ノ意見ヲ抱持スルニ非ズ敢テ望ム閣下宜シク哀ヲ裁シ御処分アランコトヲ敬具

五十八　新築寄附褒賞状（明治十四年）

三浦郡城ヶ島村
平民
一金五円　加藤泰次郎
公立　東岬小学校
へ頭書之通
致寄附候段奇
特ニ候事

明治十四年十月

神奈川縣令　野村靖

五十九　新築寄附褒賞状（明治十七年）

三浦郡城ヶ島村

一金五圓　加藤泰次郎

先般西岬学校　新築費之内へ書面之通

寄附候段寄特ニ候事

明治十七年七月

神奈川縣令従五位　沖守固 印

六十　学務員辞令書（明治十七年）

三浦郡三崎花暮町外十一ヶ村戸長
加藤泰次郎
三浦郡日ノ出町外十壹ヶ町村
學區學務委員兼務申付候事
明治十七年九月五日
神奈川縣　印

あとがき

念願だった自分の故郷である小学校の一端を刊行することができたことは望外の喜びです。祖父、父が教員であった教員一家の環境に育ったこともあり、小学校の歴史に関わることは小生の希望でもありました。日本の最初の小学校の歴史を考察するにあたって、小さいころから教育資料にふれてきたことは、その成立について理解するのに大いに役立ちました。

また、地元の小学校の歴史に触れたことも大変有意義で、さらに興味を深くしました。明治初期の戸長役場の文書資料を、五十数年前に実際に閲覧させていただいたことは、感謝きわまりないことでした。こうした貴重な教育資料と出会うことができ、閲覧だけでなく、当時、学生の分際で筆写させていただいたことは、大変に素晴らしいチャンスをいただいたと、今でも思っています。

小生、長い間、教育の歴史として、子どもに関する資料を古書店などで収集してきました。それらの資料のいくつかは、美術館で展示したり、雑誌に掲載したりしました。例えば、おもちゃ絵、こどもの絵本、文具、掛け軸の子ども絵、チリメン本等です。これら日本の教育資料は、有名なコレクション、特定の大学図書館、博物館等で収集・保存されていますが、一般の目に触れるという意味では必ずしも十分とはいえないでしょう。日本の教育の足跡を考察する上でも欠かせない資料なので、小生が収集した資料も本にまとめるなど、いつか紹介したいと考えています。

教育は地方によって差があるので、それらの特質を生かした上で収集・保存をすることが大切です。資料というと文献関係が多くなりますが、実際、その時代の実物資料からは、先人の苦労、日本がいかに教育に力を入れてきたかが読み取れるでしょう。

なお、資料関係について、昭和四十六年ころだったと思いますが、三浦市役所文書課ご担当の方々、神奈川県立図書館、神奈川県立公文書館、三浦市立図書館、横須賀市立図書館、その他、聞き書きに快く応じてくださった方々に深く感謝申し上げます。

最後に、本出版にあたり、その機会を承諾していただいた（株）日本地域社会研究所代表取締役落合英秋氏、その機会につき仲介の労をいただいたギルフォードＳＩ教育ＳＩあそび研修センター代表 白濱洋征氏、そして数多くの編集の労をしていただいた八木下知子氏に、深く感謝申し上げます。

二〇二三年一二月

蛭田道春

國利画　新版學校生徒勉強雙六　堤吉兵衛

付録 1

●伝統的社会教育の形態とその転換
——三浦半島地域を中心として——
「仏教文化の展開（大久保良順先生傘寿記念論文集）」
大久保良順先生傘寿記念論文集刊行会編　山喜房仏書林　一九九三年十一月

※以下の論文は、付録２（３８８頁～）に掲載しています。

●明治前期における小学校の成立・発展と子ども組との関連について
――神奈川県三崎地区近村を中心として――
教育学研究集録（東京教育大学院教育学研究科）第13集　昭和49年1月

●神奈川県三崎地区近村における小学校の成立と展開過程の研究
関東教育学会研究紀要　第1号　昭和49年11月

1129　伝統的社会教育の形態とその転換

伝統的社会教育の形態とその転換

——三浦半島地域を中心にして——

蛭田道春

はじめに

わが国の近代教育は、伝統的教育を残しながらも西欧的教育をうけいれたかたちで展開されたといわれている。その伝統的教育としての近世の社会教育は、地域に根ざした年中行事、五人組の制度、若者組、子ども組、地域的娯楽などがあげられる。それらは、明治に入って欧米の合理的知識・技術の普及、近代学校の普及等によって変質していく。本稿は、江戸期の伝統的社会教育が、近世から近代へのプロセスの中で、どのように変質していくかを三浦半島地区を事例にあげながら考察しようとするものである。

三浦半島地区の生業については、半農半漁の漁村的地域が多い。そのため、一般にいわれているように、農村地域に較べて封建的色彩が強く、伝統的教育形態が残存しているので、わが国の教育の近代化の一端を把握することができる。従来の研究は、近代の社会教育（通俗教育、自由民権運動など）、伝統的社会教育（若者組、五人組帳前書など）を個別的に取り上げているものが多く、全体的、包括的な面から考察したものはないと云える。

Ⅰ　近世の伝統的社会教育―三浦半島地区を中心

近世の社会教育を庶民レベルで考えると、人々の生活に密着したものが多い。よくあげられるものとして、若者組、子ども組、五人組、年中行事等がある。また、学校の源流である寺子屋も地方の人々の生活に応じた教育を展開して社会教育に関与

大区、小区制の区画図（明治７年）　三浦半島

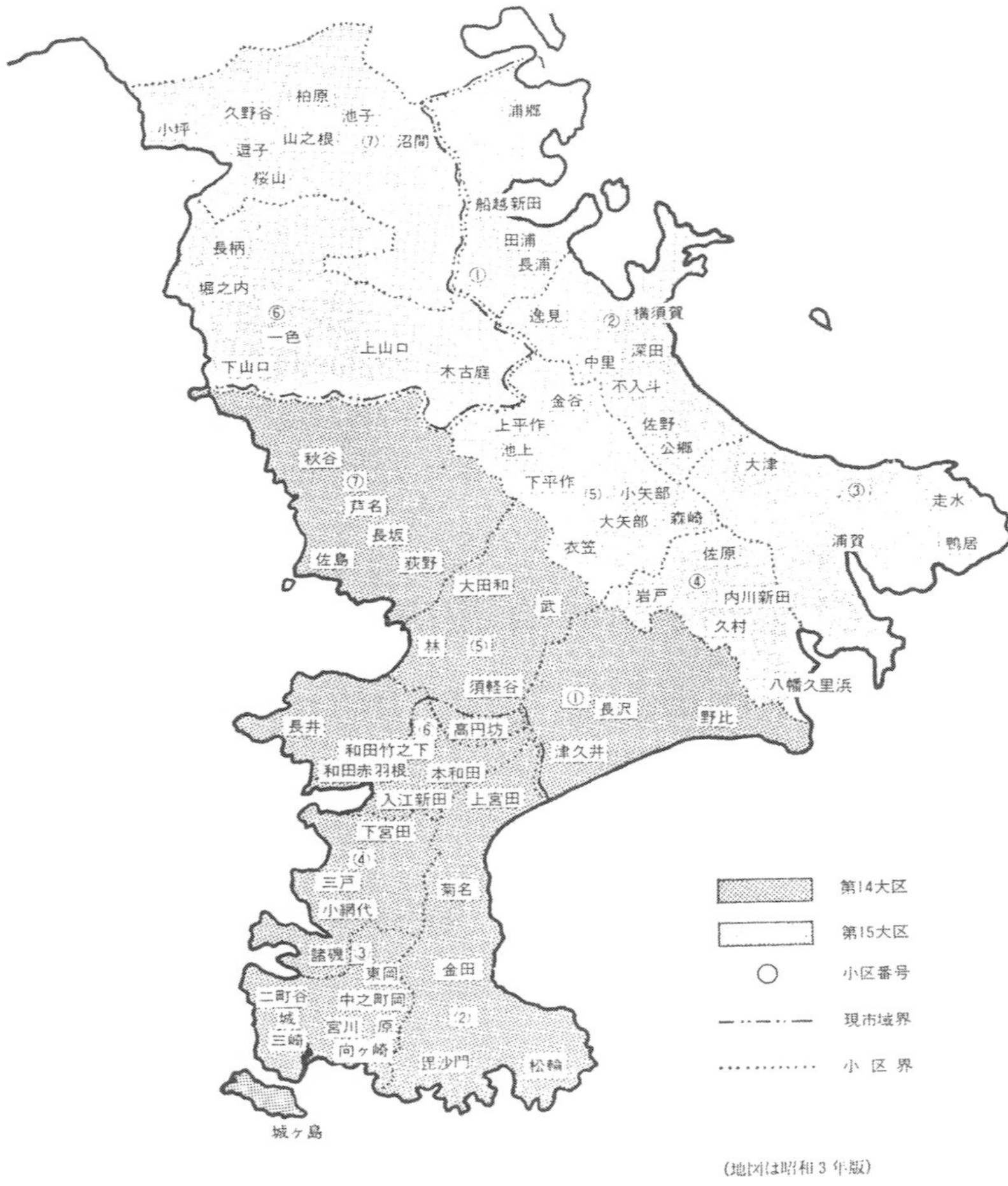

「横須賀市史　上巻」昭和63年12月より

している。本章では、三浦半島の社会教育（若者組、子ども組、年中行事、五人組等）を考察してみる。

1　年中行事

近世の年中行事は「人々の一年間の生活、とくに生産活動の過程に段落をつけ、生活にリズムを与え」[1]た。つまり、年中行事は、労働を休み、余暇を楽しむ機会になっていたので、社会を場にした多様な教育がおこなわれていた。浜浅葉日記をみると[2]、日待講、庚申講、稲荷講、念仏講、えびす講、節句、宮田の角力、虫送り、武山不動、七夕等が記されている。次にそれらについて述べてみる。

＜庚申講＞

江戸時代、庚申の日は、身をつつしまねばならないことから地域で話し合うこと（庚申講）がなされている。[3]三浦半島地域でも庚申講が盛んであったことが同日記からも伺える。

七月十九日　夕ニ親父御出被成候、庚申待にて夕本家へ行……（同日記㈠天保十四年　日鑑）四月十五日　本家より御庚申待ニ付重之内にしめ至来……（同日記㈢戊安政五年日鑑）

庚申の日に庚申講が行われ、地域の各家が順番で宿を担当していた。当日は、座敷に青面金剛等の掛軸をさげて上げ物（日膳＝ご飯、オヒラ等）がだされていた。

この様な月ごとの集会によって地域の人々の話し合い、コミュニケーションが図られ、連帯感が培われていた。

＜稲荷講＞

同日記をみると初午の日は、休みで、赤飯　掛魚、五色のぼり等を稲荷様に供えている。

二月十二日　今日は初午ニ而休、と之吉雪折木之事ニ而参り候、早朝二林へかみ結ニ行、帰り餅搗、供、夫より稲荷様へ赤之御膳ニ餅・掛魚・五色のぼり持御参りニ行、本家へも餅持参……

(同日記㈢戊安政五年日鑑)

この様に、当日は、大人、子ども一緒でお祭りをしたものであった。つまり、稲荷の神は、長生き、繁盛に結びついていたと考えられていた。また、初午の日は、寺子屋への入門（寺入り）の日でもあった。

＜念仏講＞

安政五年正月廿四日の日記に念仏講のことが記されている。

一、念仏講当番ニ付延し置候間、早朝より仕度いたし、

一、武之和尚様昼頃ニ御出、尤、本山ゟ御帰りの由ニ而、御念仏講御勤被下候……

(同日記㈢)

念仏講は主として浄土宗の地域の壇家で平均月一回開かれている。大きな数珠をまわしながら念仏を唱えるもので、その時に和尚から説法がなされる場合もある。精進料理が順番にあたった家で準備する等、地域の人々の情報交流の機会と場になっていた。

＜えびす講＞

えびす講は、漁業の収穫を神に願うもので正月二十日、これからの一年間の漁獲を、十二月二十日は、一年間の苦労した漁獲への感謝を示すこととして三浦半島地域ではよく行われている。当日、えびす様に、赤飯、オヒラ（酢の物、吸いものなど）が供えられる。

庚安政七年　日鑑

正月二十日　早朝ニ赤飯出来、おゑび寿講致し候、本家へも重ニ入持せ遣し候、尤本家よりも至来、にごり酒壱徳り本家より至来

ゑび寿講献立覚

平　焼豆腐
　　牛房　　シナ大根
　　菜
　　人参

里芋

坪　自味噌ニ而　小皿　沢わん
　　豆腐　　　　　　茄子漬

大皿　いな焼　赤飯

酒

この行事によって、自然への感謝、無事に一年間生活してきたこと、これからの生活の幸せを祈る気持がこめられている。この祈りを通して、人間は、生活の節目や、生きていることへの感謝の気持を表わしていた。

その他に、講集団として、題目講、日講、大山講、三峰講、山の講、地神講等が宗教的講としてあげられる。しかし、それらは、地域の人々のコミュニケーション的機能を有した自治的、相互扶助的、娯楽的集団になっていた。

＜虫送り＞

虫送りは、稲などに害をもたらす、虫をとりはらう行事で、毎年五月～七月に実施されていた様である。当日は、農業を休んで、それにあたり、同時に地域行事として位置づけられていることから、地域の人々の協力関係ですすめられている。

天保十五年　甲辰年日鑑

六月廿三日……虫送りニ而　一日休……

天保十四年　日鑑
七月八日……昨日ゟ夜中　三日の間　虫送りのよし……
五月九日……今月は休ニて虫送り……

＜「月見」「七夕」＞

月見、七夕などの子どもの行事について、盛んであったことが伺える。
月見について「八月十五日　一、御月見ニ而餅搗、重ニ入持せ遣し候……」（戊安政五年日鑑）とあって、お祝のもちを知人にもっていったことを知ることができる。
七夕について、「七月六日、一、おわか本家へ使ニ行、芋至来、七夕様こしらへ立、出五十文、色々代、」（癸文久三年　日鑑）とあり、七夕のお祝のために米や芋などの材料を準備したことが理解される。

＜節句、七・五・三＞

子どもの成長の各段階には、食初め、宮参り、三月の節句、五月の節句、七・五・三の祝、元服式等があげられる。
同日記に、節句と七歳の祝の記録が伺える。

三月三日（戊安政五年日鑑）
一、本家より節句至来
一、芝下よりも餅ニ焼豆腐十五至来

三月三日（己安政六年日鑑）
一、三ヶ浦へ御節句、本家の使ニ持せ遣し候
また、七歳の祝について次の如く記されている。

七月廿八日（己安政六年日鑑）

一　赤飯至来、尤、三ヶ浦おかね七歳の祝のよし、こふまき至来……

一、くたけ米七升

この子どもの成長に関する記録が　林村木村家文書(4)に記されている。まず「万延元申年　産衣控之帳　十月廿八日誕生」にお祝い品として、「ふとおり嶋・裏木綿、めいせん・裏千草、さん留・裏木綿、さん留・方表斗、米弐升・茶、ふと織嶋・但し木綿裏、弐百文、さかな・かさ五・四ツ、ふとおり中形・裏木綿、金壱朱、みかん・さかな、御産衣・ふとおり嶋、裏千しぶ袖口共・外におり壱ツ、とび八丈、中形ちり面……」などがあげられ、多くが反物である。また、同資料に、内祝い初節句として「比奈一組、金五拾疋……」が記され、「御めに掛申上候、誠に誠に幾久しくもゝとせの御しうき御祝申上候御事と、御限りなふ御めて度存しあけまいらせ候、め度かしく、」と最後に述べており、いかに、めだたいことかを知ることができる。

また、同文書、「文化五年　こん七ツ竹吉三ツ祝儀受納覚帳　辰十一月吉日　清左衛門」によると、「木綿壱ツ、帯壱筋・半し壱状、弐百文・茶袋、せきた壱足・足袋壱足、青梅綿壱ツ・上田紙十状、木綿嶋綿入壱ツ、ぞうり三足、かつをぶし壱ツ……」など多様である。さらに「文政十一年　富七歳祝儀受納」によると「弐百文、みかん五十程、茶、着物さんとめ、着物あわせ壱ツ、半し壱帳、金弐朱、白米六斗、酒壱ツ、上酒八升、糯白米七斗……」とあって、着物とお金が多い様である。このように、年齢によって、そのお祝いの品と方法が異なることに注目したい。

＜角力＞

三浦半島では、当時の庶民の行事として、宮田の角力が盛んに行われていた。次の資料からも伺える。

（癸文久三年　日鑑）

八月十八日　一、源蔵・定助前畑ふっきニ行、昼より宮田の角力ニ遣し候

（天保十五甲辰年　日鑑）

八月十八日　茂右衛門殿江せふが売、代料四百文受取、幸三郎子供同道ニて宮田の角力江行、弐百文子供両人江遣し候、兄も参り候よしニて若者とも同道ニて行……

角力は、一つの娯楽で、大人も子どもも一緒に、見学に行き、毎年八月十八日におこなわれていた。

2　集団レベルの教育機能

三浦半島地区の産業は、ほとんど半農半漁で、漁業に従事する者が多い。一般に漁民は、八、九歳で漁業を学ぶ者が多く、四〇歳を越えると漁業に従事しなくなる。

三浦郡金田村で読まれた漢詩文の中に「蜑女四時能没水、村童五歳巧撑船」[5]とあるように、子どもが手船の櫓をうまくあやつっていることを述べている。子どもは「習うより慣れろ」のように、櫓をこぐコツを覚えてから漁業技術の要領を体得していった。八、九歳で漁業技術を習いはじめ、十二、三歳に達すると沖釣の漁船に乗り、十六歳前後には一人前の収入を得ることができた。すなわち、子どもが初めてシロ（分配）のある船に乗るのは十二、三歳である。子どもはシロを三分（$\frac{3}{10}$）、五分、七分と段階的にもらって、十五、六歳（若い衆の仲間入）でヒトシロ男となった。[6]この場合の一人前の基準は年齢であって人格的、知的側面を有していない。

漁民の漁業技術の習得年齢が八、九歳〜十五、六歳であることは、漁民の子どもが子ども組の加入から若い衆の仲間に入るまでの年齢に照応している。それは、地域共同体の子ども組が漁民の一人前になるための教育機能を果たしていたと推定する。具体的に、上宮田村、菊名村、三崎地区の子ども組をみてみる。

(1)　子ども組

(ア)　各村における子ども組

上宮田村の子ども組[7]（表1）は、若者組のい組、ろ組、は組と同じ地域を単位として結成されている。子ども組の年齢は

1137　伝統的社会教育の形態とその転換

表I　三浦郡上宮田村の子ども組

子ども組の年中行事	行事内容
1月　左義長	4月、門松あつめ、7日もす 4日～8日の間宿の家に泊まってゴヘイを作って、各戸に売る。そのお金は行事の費用にあてる。子どもたちで御馳走を作って食べる。 子どもは「垢離」をとるため海に入る。（若い衆の世話あり）
2月　稲荷講	子どもたち、宿の家へ食べにいく。
2月27日　御神楽	ちょうちん番、ろうそく銭をあつめる。
7月26日　宵宮 27日　祭り	7月になると祭りの準備のため、木やりの練習。若い衆、年寄りが子どもにうたい方の指導をする。 子どもみこしを磨いたり、笹みこし<子ども用>を作ったりする。 若い衆の子ども世話人あり。
9月　十五夜	「十五夜だんごけえりゃっせ」と言って、子どもたちが1軒1軒もらい歩く。
11月8日　十夜 11月27日　御神楽	お稚児の行列 ちょうちん番、ろうそく銭を集める。

	地域名	組の数
い組	今井原・仲今井	若者組1、子ども組1
ろ組	大瀬戸・芝原・（石作）・	若者組1、子ども組1
は組	岩井口・松原・木の間	若者組1、子ども組1

注　石作は祭りだけ

七、八歳、～十二、三歳までで、統制は頭（最年長者）―小頭（次の年齢層―？という年齢の序列で組織されている。頭は若者組に入る前の子どもである。

子ども組の行事には必ず若い衆の子ども世話人がついている。各子ども組は「太鼓の鳴りかた」「おんべ（左義長）がうまく燃えたかどうか」を競争する。つまり、子ども組は、年中行事を中心に若者組の下部組織として、一人前の村人になるため地域共同体に必要な集団的訓練の意味をもっていた。

菊名村の子ども組は、(8)若者組に同じ岡組と浜組にわ

その他、三浦半島地区の子ども組

村名	行事名	年令	年令の序列名、その他
木古庭	左義長	8才頃～15、16才	最年長者を親方
腰越	道祖神祭 稲荷講	？～14、15才	大人の世話人<子どもがえらぶ>
和田	左義長	7、8才～13、14才	最年長者を世話やき
鴨居	左義長 稲荷講	？～13、14才	
長沢	〃	9才～12才	こがしら―ちゅうがしら―いも。 <12才―9、10才―？>
野比<中村>	稲荷講	9才～14、5才	大頭―小頭―いも 14、15才―12、13才―9才
三戸	左義長 精霊流し	7、8才～12、13才	

○横須賀市博物館研究報告、人文科学第5号　1961.3

○三浦耳袋　神奈川県民俗シリーズ9．神奈川県教育委員会

○江の島民俗誌<伊勢吉漁師聞書>神奈川県民俗シリーズ1．

神奈川県教員委員会より作成

かれている。子ども組の行事は、一月左義長、二月稲荷講（初午行事）、六月末～七月初虫送り、一〇月二十二、三日お神楽となっている。年齢は七、八歳～十三、四歳までで、子ども組の統制は頭―世話人―十人組?といった年齢の序列になっている。上宮田村と同じく子ども組の行事に若い衆の世話人がいる。

三崎地区(9)（三崎町、二町谷、向ヶ崎）の子ども組の行事のうちで稲荷講〈初午の行事〉をあげてみる。一月の左義長の行事の後、子ども組の稲荷講の行事として一月十五日～二〇日頃から「うた」と「踊り」の練習をする。年齢は八、九歳～十五歳までで、子ども組の統制は「大弥宜」（最年長者）―「小弥宜」―「チャボ」といっている（向ヶ崎）。踊りの種類は「ひょっとこ」「ももたろう」「兄弟」「きつね」「えべっさま」などがあって、最年長者がおもに子どもたちにおしえる。踊りはお面をかぶって太鼓に合わせる。各々の子ども組はお互いに太鼓の鳴りかたを競争した。地域共同体の子ども組はお互いに強い対抗意識をもっていたのである。なお、上宮田村、菊名村、向ヶ崎、二町谷の各子ども組の最年長者は若者組に入る前の子どもである。

表2　寺子屋、玉松堂の休みの日

全休	12月15日～10日 年末年始	1月15、16日 小正月・やぶいり	1月20日 二十日正月	1月25日 天神講
	2月12日 初　午	3月3日 ひな祭	3月17日 聖天祭	5月5日 端　午
	7月1日 すすはき	7月13～16日 お　盆	8月1日 八　朔	9月19日 日　待
半休	1月11日～14日	1月24日 天神講の準備	3月16日 宵　宮	4月8日 花まつり
	5月26日 天道祭	7月25、26日 虫送り	9月9日 重陽の日、	
	2月と8月の 彼岸の入、中日、二百十日、初伏、中伏、土用の入、山開き			
臨時休	雨ごい、かぐら、すもう			

注1．埼玉県教育史資料、寺子屋松堂日記より作成。（安政4～6年）

従って、子ども組の年令範囲は七歳～十五歳となっているから、小学校の在学年齢が少年期にあたることになったと考えられる。子ども組の統制は年齢の序列で組織されていて、最年長者が指揮統制をし、その次の年齢層が補佐役になっている。子ども組はほとんど男子だけである。子ども組は地域共同体の正員でないもの、一人前でないものの集団であるが、若者組の下部組織として若い衆の指導をうけながら、地域共同体に必要な一人前になるための教育機能を果たしていた。

(イ)　子ども組と寺子屋

庶民の教育機関として寺子屋があげられる。三浦半島地区でも各地域に必ず存在し、その教育内容は人々の生活と密着した実学的なものであった。たとえば、三浦の往来ものの一つとして「新編三浦往来」（天保十五年）をあげてみる。[10]新編三浦往来は「……只後世初学児童之文字習覚の為編集され候」たもので、「……津久井上宮田菊名辺は大地引之網を卸し諸魚漁場之場所也松輪海苔毘沙門松露又浜方は和歌布宮川之磯藻向が崎江出三崎は日本七三崎之内而景色能所也鰹鰤其外諸漁場也……」の如く、漁民の知識に必要な海産物名をあげた実用的教育内容である。また、寺子屋の休みからも前述のことがいえる。例えば、埼玉県の寺子屋師匠の日記「玉松堂日記」（安政四〜六）から村の年中行事がある時に、寺子屋が休みになっている。（表2）この事は、寺子屋が村の生活と関連しているからである。そして、「子供例年之通半蔵店ニ而天神講麪為給申候」[11]とか「半蔵殿子供天神講温飩すし代取に参候間弐〆六十文相払申候」[12]の如く、天神講が子ども組によって行なわれている。同様に、神奈川県横浜市の寺子屋でも寺子の集団が中心となって天神講を行っていることが報告されている。（高田著『神奈川の寺子屋地図』一四九頁「かなしん出版」）それ故、村の年中行事の日に寺子屋が休みになっていることからして、子ども組の行事のある時に寺子屋は休みであったと推定する。つまり、寺子屋と子ども組とが結びついている。三浦半島の寺子屋も村の年中行事と密着していて、寺子屋と子ども組との結びつきがあったと考える。

(2) 若者組

若者組は、礼儀、地域のしきたり、農・漁業の知識・技術等を学習する場であった。メンバーは一五歳〜三〇歳位で、各地域ごとにつくられていた。若者は、この組織集団を通して一人前になるための訓練をうけた。この集団の規定をしたものが〝条目〟であり、その内容は、目の上の人に対する礼儀、風俗の改善、賭博・飲酒・口論等の禁止、村是を守ることなどである。

三浦半島地区の若者組でも、一五〜六歳に入って、二六〜七歳に抜ける場合が多いが、地域によっては四〇歳の場合もあった。

小綱代の若い衆仲間入りについて三崎町史に次の様に記している。

「ここの里の若い衆仲間入儀式は昔の形式をそのまま残していた。一定の年令に達した若者は、その親分となる人を頼み、当日それに連れられて、仲間入りの席に出る。この席には若い衆中の年長者が正座につく。これを宿老という。（若い衆頭のこと）席には二人の取り持ちが進行係を勤める。礼（冷）酒がまわり終ると、二人の取り持ちが宿老の前に進み出て、次の謡曲の一節をうたう。

……ところは高砂の、尾上の松も年ふりて、老いの波もより来るや、この下かげの　落葉かくなるまで、命長らへて……[13]」

長幼の序と、青年の後見役があったことが知れる。当然、守るべき若者条目を仲間入りのときに唱えた。その条目について、城ケ島に残存するものを紹介すると次の内容である。[14]

若者共連印帳

正月

一札之事

一、御公儀様御法度のをもむきいよもってかたくあいまもりもうすべくそふろふこと

一、村役人様方よりをふせわたされ候儀ハ申にをよばず御不しいら中より御申きけこれあり候せつハなにごとによらずいていつかまつるまじく候事

（中　略）

一、旅漁に満かりいで候とも遊女これあるばしょ江でいりいたすまじく候事

一、旅漁にまわりいで候せつひ○きやうのう江けんかこふろんいたすまじく候もし他しょのもの理ふじんに仕かけよんどころなくこふろんにおよび候などの儀これあり候ハバそのところのしかるべき人江申談じそのばをはやくたちのき候やうこころがけもふすべく候……

（中　略）

一、衣るいの義人にか○りめだち候品もちい申まじく帯下帯にいたるまでも同だんに候事

（中　略）

正月　　　惣若者
御頭衆中　　連印

「旅漁」にでたときに、ケンカをしてはいけないこと、〝遊女〟のところへいってはいけないこと、衣類の華美でないこと等が示され、もしそむいた場合はきびしい罪をうけたといわれている。

この若者組の中で、仏教的色彩を有するものもあった。例えば、前述の念仏講から発展したものと考えられる「百万遍とじゃん〳〵ねこ」の行、つまり、大きな珠数を各町の若い衆がかついで町を回る行事である。

三崎町史に次の如く記されている。[15]

『百万遍は若い衆仲間入りの行事であった。十五日、東の町の若イ衆は若イ衆頭に引き連れられて光念寺の本堂の前に土下座する。若イ衆頭が「若イモンドモヤー」（若イ者共ヤー）と呼びかけると、一同「ハーイ」と声を揃えて返事をする。若衆頭が「これからお十念をきかせる」というと、浄土宗の法衣で正装した僧が、南無阿弥陀仏の妙号を十回唱える。手をついてそれを拝聴していた一同は立ち上って、その大きな長い数珠を肩にかついで「ジャンジャンコ、ホーラソ」、の掛け声勇ましく町へ繰り出して、練り歩いたものである。……この百万遍は西の浜で海の中まで入って行った。……この話は塩や水の浄祓力（垢離をとる）にも相通じる。……』

(3)　五人組

前述の年中行事、若者組等は庶民の日常生活での慣習的なものであるが、庶民の生活を規制する制度が五人組帳前書であった。その五人組帳前書が庶民教化活動に使われた。五人組帳は、石川謙の研究によると、明治維新になると教化的色彩が強くなっていること、つまり「農村の倫理」「道徳に関する條項」「悪風の矯正」等がうちだされている。[16]

神奈川県内では、治安強化と社会教化のために関東取締役によって、文政十年（一八二七）「取締議定書」がだされている。[17] その内容は、祭り・結婚式・仏事などの質素倹約、華美にならないようにすること、相撲・芝居などの興行について許可が必要なことなど、五人組帳前書を重視する社会教化の色彩がみられる。そのためか、幕末に五人組帳前書が多くだされている。

三浦半島関係でも、社会教化がなされたことが若命家文書、福本三郎家文書などの五人組帳関係からうかがえる。例えば、次の様な事項である。

(天保十四卯年十一月　條目　須軽谷村[18])

・喧嘩、口論可慎……
・博奕惣而賭之勝負事堅御停止なり
・公事・訴訟其外徒党をむすで致荷担儀堅御停止たり……
・直訴は堅御停止也……
・諸勧化・奉加御停止也……
・都而鳥殺生御停止之事……
・竹木猥ニ不可伐採……
・奉行并諸役人江年頭・五節之祝儀其外何事ニよらす進物一切無用事……
・火の用心第一に致へし……
・遊女并かこひ女差置間敷事……

など

(文化八年?、五条目、秋谷村　若命家文書[19])

・公儀御法度并御領法之趣堅可相守事
・公儀を敬ひ親ニ孝を尽し、夫婦・兄弟・諸親類ニ睦敷して近隣互ニ助合……
・男女之道正しからす候得は風俗之害ニ相成……

・農事を励家業ニ精を出し……

・強訴或は徒党致し……重キ御仕置可被仰付候事……

・百姓衣類之儀結構成物不可着之……勿論飲食等凡而倹約を守り奢りヶ間敷儀致間敷事……

・聟取・嫁取之祝儀都而質素ニ成丈軽致し、……新宅之弘・初産之祝ひ或は所ニ寄蚊帳之祝ひ等不相応之儀致間敷……

・狂言・能操・勧進相撲其外見世物之類芝居為仕間敷候……

・孝行もの・忠義もの・貞節もの……家業精を出し、惣而奇特之行ひ衆に……御吟味之上御褒美可被下事

など

公儀御法度を守り敬うこと、親への孝行、近隣の助け合い・家業に励むこと、捨子の禁止、相撲・狂言等の興行の許可、祭事・仏事の質素倹約のこれらの條目は、「於名主宅惣百姓男女共集置一ヶ条毎入念為読聞候……」とあるように、村民に倫理的教化が展開されていた。

Ⅱ　伝統的社会教育の転換

前述の伝統的教育は、近代的教育体制のもとで転換していくのであった。

神奈川県では、明治七年「童児の遊戯につき注意のこと」[20]（第二十八号）として、「童児ノ紙鳶ヲ掲ケ羽根ヲ搗キ独楽ヲ舞ス等ノ遊戯ヲ禁スルニハ非スト雖トモ……広場ニ出テ左右ニ注意シ戯候様親々ニ於テ油断ナク教諭致候様……」とあって、羽根つき、こままわしの遊びを注意することが示されている。

また、同年「小学校へ横浜毎日新聞配布に関すること」[21]として、「……管下一般小学校江横浜毎日新聞分配差遣候間……」とあって、文明開化の新聞を学校へ配布することによって生徒に近代的知識・技術を習得させようとしている。具体的には、同年の庶第五七号「就学の督励と桑茶等栽培奨励のこと」[22]の中で、「勧善懲悪ヲ以テ口実ト為シ地芝居手躍等興行致シ候ハ畢境風俗ヲ乱シ貶貨ヲ糜シ其土地疲弊ヲ招クニ過ス学校ノ如キハ風俗ヲ正シ才能ヲ長シ身ヲ立家ヲ興スノ……」とあって、地域の

芝居等の風俗を矯正することをねらっていることが端的に伺える。

さらに、学校にいけない子どものために、夜学を設けて就学させようとしている。「……一般ノ人民必ス就学郷邑不学ノ戸ナク軒家不学ノ人ナカラシムル」ために、「……人民ニ於テモ旧習ヲ一先シ丁壮ノモノ就学企望為致度……」(23)（明治八、夜学制定のこと　庶第四一号）とあって旧習をただそうとしている。

そして、近代的学校に就学させるために、明治九年の「教育会議決定の項目のこと」(24)の中の「就学督励ノ法」で、「不就学ノ者ハ区戸長学区取締等……再三説諭シ尚聴従セサル者ハ区内人民相議シテ……」と就学率をあげようとしている。明治十二年の「神奈川県小学定則改正のこと」(25)の第十六条でも、「貧困ニシテ受業料書籍費等ニ差支ヘ学ニ就キ難キ者ハ学区取締及戸長等ニテ実検シ事情相違ナキトキハ受業料等ヲ免シ且書籍ヲ貸与ヘ修業セシムヘシ」とあって不就学者の一層の督励をすすめている。このことは、伝統的教育形態を否定するものであった。

その他に、この明治政府の就学奨励策によって、子どもは小学校に就学しなければならぬと、子どもの生活は地域共同体での生活から学校生活へと移行するようになる。例えば、明治六年以降の学校休日をみれば明白である。神奈川県の学校休日をあげると次の通りになる。

小学校則・教則等改定のこと（神奈川県小学定則(26)　明治九年）

第十九条……日曜日、紀元節、神武天皇祭日、孝明天皇祭日、天長節、神嘗祭、新嘗祭、鎮守祭、暑中休（自七月二十五日 至八月十五日）

歳末歳始休（自十二月二十六日 至一月七日）

神奈川県小学定則改正のこと（明治十二年(27)）

第十九条……日曜日、孝明天皇祭、紀元節、春季皇霊祭、神武天皇祭、神嘗祭、秋季皇霊祭、天長節、新嘗祭、鎮守祭、定期試験后三日、歳末歳始　十二月二十六日ヨリ 一月七日マデ

暑中休　七月二十五日ヨリ 八月十四日マデ

この学校休日の中で地域共同体の年中行事に関係があるのは、鎮守祭、歳末歳始などである。地域共同体の年中行事の当日、子どもは、学校にいなければならないので、学校は、年中行事による子どもの教育機能を弱める結果になる。つまり、地域共同体の年中行事は、小学校の普及によって、その教育的役割を学校教育に手わたすことになる。

以上の明治初年に比較して、明治十年代中頃以降になると、民衆の道徳、風俗の改良政策が強くでてくる。

明治十六年　神奈川県令から郡区役所、学務委員宛の「女教員・女生徒の服飾等につき注意のこと」[28]の布達では、「……服飾等ハ務メテ習慣ニ従ヒ質素ヲ旨トシ寄異浮華ニ流レサル様精々注意スヘシ此旨諭達候事」とあって、服装の華美を注意している。また、同十七年「神奈川県師範学校通則改正のこと」[29]第九十三条では、「学生タルモノヽ戒ムヘキモノトス故ニ酒肆茶店ニ登リ其他飲酒掛戦若クハ猥褻ノ談ヲ為シ稗史ヲ読ミ無用ノ玩具ヲ弄スル等ノ事アルヘカラス」とあり、風俗の矯正をうちだしている。

このように、明治十年代後半には、風俗の改良、民衆の倫理的側面の改善や、不就学者をなくすために教育の価値を知らせる必要性などから通俗教育が具体的に展開される。

明治二十一年、神奈川県師範学校教諭、甫守謹吾は「本県教育上に七大所望あり」[30]の中で次のように述べている。

……第四一般人民に教育の真価を知らしむるの方法を計画あらんことを望む……今余の考えたる方法二三を陳べて以て会員諸君の参考に供せんと欲す其方法とは各学校の部内に、通俗教育談話会音楽会幻灯会通俗図書館（新聞雑誌縦覧所をも兼ぬ）等を設け生徒の父母兄姉弟妹等を集めて教育の事を談じ或は町村内の若者子守等を集め……

つまり、一般民衆に教育の価値を知らせる方法として、談話会、幻灯会、音楽会、半日学校、日旺学校、冬期学校、雨中学校、夜学等を設けて民衆を啓発することをあげている。当然、若者組、子ども組などの教育機能は、通俗教育、学校教育によって必然的に矯正される。これを契機に三浦半島地区でも幻灯会、談話会などが開催される。

「嘉典令節及ビ試業後民業ノ閑時等ニ於テハ生徒ノ運動会遊技会学事成績展覧会幻灯会懇話会等ニ催シ偏ク父兄公衆ヲ招キ以テ教育ノ普及ヲ計ル事」[31]

以上の教育普及の成果のためか、明治二十五年の三崎地区の学事の状況について次の如く報告されている。

「学事ノ状況ハ顕著ナル相違ナキモ一般人民教育ノ必要ヲ感スルモノゝ如シ但本町ハ漁業者多数ヲ占ムルノ地ナルカ故ニ漁獲ノ有無ニ因テ経済ノ度ニ差ヲ生スコレ教育ノ必要ヲ知ルト雖モ就学ノ者少キユヘンナリ」[32]

就学者は少いが、一般人民が教育の必要を感じていることを述べている。しかし、とくに漁民は、「漁民ノ知能ハ経済ノ進歩ト正比例ヲ以テ進マズ依然旧習ヲ墨守シ……」[33]……「不学不識ノ漁民……」[34]であったために、近代的知識については関心を向けていなかったようである。そのような漁民であっても、社会変化の影響は防ぎきれなかったと考えられる。例えば、「……労働時代去リテ器械時代来リ鉄路東西相通シ汽船環海縦横馳走ス生産事業将ニ一変セントス漁業豈ニ独リ旧態ニ安ス可キ哉……[35]」とか「近来農物之改良奨励方法ニ就テハ同業者間ニ於テ品評会又ハ共進会等ノ設ケアリ……[36]」とあるように、社会変化の対応措置に適応することであったからである。

まとめ

三浦半島地区の伝統的社会教育を追求しながら、それらが近代以降になって変換していかざるをえない状況と要素を考察した。

伝統的教育には地域共同体を維持する役割を有する若者組、子ども組が根強く存在し、また、多様な宗教的色彩を有する講集団的行事や地域行事、子どもの成長を願う七・五・三の祝などがみられた。その他、レクリエーション的要素を有する角力等が盛んであったことが把握できた。

これらの伝統的教育形態も明治以降も強く、漁村社会に存在した様であるが、欧米風の社会的潮流（知識主義の学校教育の普及、社会的制度、進歩的知識の普及等）によって、段階的に変質せざるを得なかった。

註

（1）唐澤富太郎「明治百年の児童史」下、一八六頁

（2）浜浅葉日記　横須賀史学研究会
（後述の資料は特に示さない限り同日記からの引用）

(3) 大塚民俗学会編「日本民俗事典」弘文堂　二四六頁　昭四七・一二
(4) 相州三浦郡林村（木村家）文書　横須賀史学研究会
(5) 神奈川県郷土文学資料第三集別刷、漢詩文編　四一頁　作者は旭荘
とある。
(6) 内海延吉著「海鳥のなげき」いさな書房　昭和三五年　二五一頁
(7) 三浦市上宮田、新倉源吾氏談　明治三四年生　昭和四八年九月調査
(8) 三浦市菊名、菊池茂氏談　昭和四八年一月調査
(9) 三浦市二町谷、石渡金蔵氏談、小川末蔵氏談　昭和四八年三月調査
赤橋尚太郎〈いなりっこ〉横須賀市博物館研究報告人文科学第一号
一九五七・三
(10) 横須賀文化協会　横須賀雑考　四五五頁〜四五九頁に所収　昭和四
三年
(11) 埼玉県教育史資料、寺子屋玉松堂日記　五頁
(12) 同　八二頁
(13) 三崎町史　二八九頁　昭和三三年
(14) 同　一九二頁
(15) 同　一二六頁
(16) 近世日本社会教育史の研究　石川謙　東洋図書　二二三頁〜二三三
頁
(17) 神奈川県教育史　通史編　上巻
一八二頁〜一八五頁、一八九頁〜一九〇頁
神奈川県教育委員会　昭五三・三
(18) 相州三浦郡須軽谷村（鈴木家）文書　一八頁〜二〇頁
二五五頁〜二六〇頁
横須賀史学研究会編　昭和五九・三
(19) 相州三浦郡秋谷村（若命家）文書　上巻
三六頁〜四一頁　横須賀史学研究会編　昭和五二・三
(20) 神奈川県教育史　資料編　第一巻　昭四六　一九頁
(21) 同　一九頁
(22) 同　二三頁
(23) 同　三三頁
(24) 同　五〇頁
(25) 同　一七八頁
(26) 同　七四頁
(27) 同　一七九頁
(28) 同　三四二頁
(29) 同　三八二頁
(30) 神奈川県教育会雑誌　第一号　明治二一年
(31) 三崎町学事諸表綴　三浦郡三崎町学事年報
明治二六年度　神奈川県立公文書館蔵
(32) 同　明治二五年度
(33) 三崎町史　一四三頁「明治二三・六・三付　加藤町長　上申
書」(続)
(34) 同　一三九頁「巡察使関口元老院議官復命書」
(35) 同　一四三頁　(33)に同じ
(36) 同　一四七頁「畜産奨励」

※付録1はここで終わります。以下の論文は、付録2（388頁～）に掲載しています。

●明治前期における小学校の成立・発展と子ども組との関連について
——神奈川県三崎地区近村を中心として——
教育学研究集録（東京教育大学院教育学研究科）第13集　昭和49年1月

●神奈川県三崎地区近村における小学校の成立と展開過程の研究
関東教育学会研究紀要　第1号　昭和49年11月

付録2

明治前期における小学校の成立・発展と子ども組との関連について

――神奈川県三崎地区近村を中心として――

蛭　田　道　春

（序）　本論文の意図と課題

本論文は学制期から小学校令期までにかけて，小学校の成立・発展が，伝統的に存在して来た[1]，とりわけ漁村の地域共同体の子ども組の教育的機能を変えて，最後に，それを学校教育の補充的教育機能にしていく過程を，神奈川県三崎地区近村を事例として具体的に考察しようとするものである。

周知のように当時の民衆の経済力や教育に対する意識などから考えてみても，小学校設立というナショナルな課題はスムーズに遂行されなかった。そのため明治政府が在村の名望資産家，有力者層を教育行政の体制内に包摂することにより小学校の設立を能率的に推進しようとしたことはよく知られているところである。しかし，地域性，職業などの差によって，初等教育の普及が円滑に進んだ面と進まない面とがあった。たとえば学校教育普及の指標と考えられる就学率をみると高い地域，低い地域などある。一般に就学率の低い地域は「百姓・漁師に新しい学問はいらない」との考えが強かったり，また旧来の寺子屋が残ったりもしている。とくに漁村での就学率の低い要因の１つとして，学校教育以外の教育的要素が存在したと考えられる。つまり地域共同体で必要とする教育形態が存在していて，これが小学校の機能の代用をし，やがて，またその設立の障害となったと推察される。漁村も近代化にともなって伝統的漁業形態から近代的漁業形態への過程は，伝統的教育形態から近代的学校教育への過程に照応している。その意味で小学校成立史の過程と漁村の子ども組との関連を考察しようとするものである。とくに今までの小学校成立史の研究について漁村を対象とした研究は，私の調査したところでは，皆無であると思われる。

三崎地区近村を地図に示す。この地方の生業はほとんど半農半漁である。三崎町だけが近世以来の廻船寄航地として栄えた。そのため三崎町の地理的性格から東部に商人が多く，西部に漁商，漁業従事者が多い。六合村は

明治８年，原，宮川，向ケ崎，二町谷，東岡，仲之町岡の各村が合併したものである。三崎地区近村は，近世以来，江戸の鮮魚供給圏に位置した関係上，一般に漁価がよく，大量の漁獲物の売却に好都合であったため，漁業を中心に発展してきた。

注

(1)　子ども組は，都市，農村，山村にも存在するが，本稿では漁村をとりあげた。

Ⅰ．漁村における小学校設立の不振――就学率の実態について――

（Ａ）

明治17年，神奈川県の学事巡視をした文部権少書記官野村綱は「学事ノ状況ハ各地多クハ甚タ振ハス[1]」と報

告している。「綱ノ巡視シタル所ノ実況ニ就テ之ヲ判スルニ小学校ノ規模ヲ具ヘタル者ハ横浜（文部省二等賞励品ヲ受ク），元街，八王子，啓蒙，西岸，横須賀ノ数校ニシテ(2)……他ハ概子其状体(ママ)ヲ一ニシ別ニ評スヘキナシ…」と述べながら，「但其建築ノ粗ナルト修繕ノ周子カラサルカ故に屋漏リ壁落チ戸破レ殆ント観ルニ耐ヘサル者亦少ナカラス」状態をあげている。このように市街地以外の学校不振の中にあって漁村における学校の不振はとくに顕著である。一般に就学率が高く，在学期間の長いのは商人，庶業等で，就学率が低く，在学期間の短いのは労力（漁民も含む）である(3)。漁民の就学率の低さについて「……淡路ハ一箇ノ離島ニシテ物産少ナク僅ニ漁業ト耕作トノミ故ニ其民阿波ノ富饒ニ如カサルナリ……(4)」「……就学ノ最少キハ同国野間郡浜村（居民多ク漁猟ト焼瓦トヲ業トス）ノ学区ニシテ……(5)」など多数あげることができる。

ここで漁民の就学状況について神奈川県三浦郡三崎地区近村をみていく。表1は三崎地区近村の就学率を全国，神奈川県，青森県の各平均と比較対照したものであるが，明治13，15年の三崎地区近村の就学率は非常に低い。まさに全国最低グループに位置していたと考えられる。東岬学区の中で三崎町東部〔日の出町，入船町，仲崎町，花暮町の4ケ町〕は神奈川県平均，全国平均より高いが，六合村東部〔旧，原，宮川，向ケ崎の3ケ村〕，諸磯村は青森県平均より低い。このことは三崎地区の地域差を示している。三崎町東部は商人の家庭が多かったが，六合村東部，諸磯村は半農半漁の家庭が多かったからである。東岬学校の就学率は，諸磯村，六合村東部の就学率が低いために，低くなっている。半農半漁の家庭が多い西岬学校，松輪学校の就学率も神奈川県，全国の各平均と較べて低い。また三崎地区の漁村としての地理的性格が同じと考えられる銚子，石巻の就学率は神奈川県，全国各平均より低い。とくに銚子の就学率の場合，13年は青森県より低く，15年は青森県と同じ位でてる。

明治15年，東岬学校の男女別の就学率を表2に示す。諸磯村，六合村東部の男女の就学率は全国，神奈川県平均より低い。男子，女子の就学率の差は，全国，神奈川県，青森県の各平均の場合大きいのであるが，諸磯村，六合村東部については，男女の就学率の差は大きくない。松輪学校の場合も男女の就学率について，神奈川県，青森県，全国の各平均ほど差はない。男女の就学率の差がないことは，後述の如く，漁村における男子の児童労働の必要性のためである。そのために，一般には女子の就学率が低いのに，男子の就学率が女子の就学率と大差ないのである。

表 1

			明治13年			明治15年		
		地域性	学令人口	就学者数	就学率	学令人口	就学者数	就学率
東岬学校	三崎町東部 <日の出町，入船町，仲崎町，花暮町>	市街地	343人	156人	45.4%	291人	141人	48.7%
	六合村東部 <旧，原，宮川，向ケ崎の3ケ村>	半農半漁	145	35	24.1%	148人	38	25.9%
	諸磯村	半農半漁	72	21	29.1%	81	21	25.7%
	計		560	212	37.8%	520	200	38.5%
西岬学校		純漁 半農半漁	—	—	—	428	180	42.9%
松輪学校（松輪村1ケ村）		半農半漁	—	—	—	173	73	42.2%
神奈川県					44%			44%
青森県					36.29%			36.35%
全国					41.06%			48.51%
銚子（千葉県）					27.1%			38.8%
石巻（宮城県）					37.9%			43.0%

注，東岬学校取調書，町村立小学校取調開申（西岬学校）三浦市市役所々蔵，開校六十周年記念誌（三浦市立剣崎小学校），文部省年報などより作成

表　2

			学令人口（人）	就学者数（人）	就学率（%）
東岬学校	三崎町東部＜市街地＞	男	147	76	51·7
		女	144	65	45
	六合村東部＜半農半漁＞	男	70	19	27
		女	78	19	24
	諸磯村＜半農半漁＞	男	39	9	23
		女	42	12	28·5
	計	男	258	104	40
		女	262	96	36·6
松輪学校		男	80	39	48·8
		女	93	34	36·6
神奈川県		男	72055	37871	52·5
		女	59197	20214	34
青森県		男	43443	26635	61·3
		女	39823	4817	12·1
全国		男			64·65
		女			30·98

注　東岬学校取調書
開校六十周年記念誌（三浦市立剣崎小学校）
文部省年報，などによる。

東岬学校卒業生（下等１級／上等１級）がどの階層に属しているかを見るために，卒業生の父兄と東岬学校新築寄付者名とを参照してみた。寄付金はほぼ階層に従っていると考える。まず，新築寄付に寄付をした人，寄付をしない人の子弟の卒業生輩出率を考える。＜表３参照＞

表　3

	上等・下等卒業の父兄	学区内寄付者数
寄付者	２２	２３８
無寄付者	１３	５９２
不明	５	—

寄付者の子弟と無寄付者の子弟との卒業生輩出率

$\frac{22}{238}:\frac{13}{592}\fallingdotseq 4:1$ の割合

すると明治11年から14年までの卒業生のうち，新築寄付に寄付をした父兄の子どもと，寄付をしない父兄の子どもとの割合はほぼ４対１である。つまり，経済的な富裕階層の子弟が圧倒的に多いと言える。次に新築寄付金に寄付をした人の卒業生の階層を明確にしたのが表４である。六合村東部＜半農半漁＞の卒業生２名が寄付者名にあるのは，在学困難を示している。諸磯村＜半農半漁＞の卒業生は在村地主の子弟である。三崎町東部＜市街地＞の卒業生の父兄に寄附者が多いのは商人が多いためである。それ故，三崎地区近村の学校はオカモノ(6)＜陸者・商人＞の学校という性格である。

表　4　　卒業生（父兄）と新築寄付金との対照表

寄附金額	三崎町東部＜市街地＞		六合村東部＜半農半漁＞		諸磯村＜半農半漁＞	
	寄附者	卒業生	寄附者	卒業生	寄附者	卒業生
100—25円	４人					
～10円	14	２人			1	1
～５円	10	2			3	
～３円	10	2	3			
～１円	48	9	50	2	12	1
～50銭	20	3	20			
～0	4		39			

注，卒業生名簿（三崎小学校），東岬学校新築寄附金人名（明治10年）などによる。

次に明治16年，六合，三崎学校町村立設置伺から教育費を見ると，三崎学校，六合学校とも全国，神奈川県の教育費に較べて授業料の割合が高い。特に六合学校に較べて三崎学校が高い。つまり，オカモノ＜陸者・商人＞の学校であるという性格から，授業料の割合が高いのである。

表　5

	全国	神奈川県	三崎地区	
			六合学校＜半農半漁＞	三崎学校＜市街地＞
前年ヨリ越高	8·1%	4%	—%	—%
協議集金	58·2	48	57	71
積金利子	9·1	28	21	—
有志寄附金	4·9	1	—	—
生徒授業料	4·3	11	22	29
地方税	12·5	6	—	—
諸入金	2·9	2	—	—
総計（円）	円 12015203·789	円 213049·778	円 427．06	円 827．50

注1.　教育制度発達史　第２巻　文部省年報　町村立本支両校設置伺　三崎学校　村立学校設置伺　六合学校　以上より作成。

注2.　明治16年，東岬，西岬学校にかわって，三崎学校（三崎町，市街地，純漁），六合学校（六合村，半農半漁）が設立された。

その他，三崎学校の教育費のうち協議集金は全国，神奈川県のそれに較べてその割合が大きい。六合学校に積金（資本金利子）利子が入っているが三崎学校にはない。三崎町は比較的商人が多かったため協議費で学校設立維持が出来たためであろう。＜表５参照＞

漁民が学校をオカモノの学校と呼ばなくなるのは明治20年代になってからであろう。明治20年以降の三崎地区平均の就学率は50%を越え，全国平均をやや越えてもい

表　6

	三崎地区平均	神奈川県	全　国
明治23	50.3%	49.52%	48.93%
24	46.1	52.43	50.31
25	57.5	57.45	55.14
26	60.2	63.11	58.73
27	60.2	67.17	61.72

注，文部省年報，学事諸表綴（神奈川県立図書館所蔵）より作成

る<表6参照>。多数の漁民の子どもが就学したためである。つまり，就学率の向上は，後述の如く漁村における漁具，漁法などの社会的変化に起因している。しかし，就学しても退学するものが多く，寺子屋で学んでいる者もあった(7)。

（B）

漁村において就学率の低い理由として，文部省第10年報<鳥取県>に「……蓋シ管内ノ如キ漁農一途ノ地多ク子弟ヲシテ其業ヲ助ケシムル為メ日々昇校スル〡能ハサルノ情状アリ……」と述べている。このような事情は鳥取県だけにのみ見られる所ではない。三崎地区近村において，伝承者の言葉に(8)「8，9才で海にやられた」とあり，漁民の親たちは子どもを1人前の漁師にするため8，9才で漁業に従事させている。子どもは8，9才で小釣舟に乗せられて，櫓のこぎ方，帆の揚げ卸し，鉤のしばり方，縄の手繰り方等を沖の漁へ行かなくなった老人たちにしこまれた(9)。とくに1本釣，延縄漁の場合，漁業技術の習得は勘を必要とするため8，9才頃から必要であった(10)。岡山県児島市下津井田浦でも1本釣，延縄漁業の技術習得には12，13才前後が最もよいとされ，そのため多数の長欠児童が存在している(11)。四国の土佐では漁民の子どもが8，9才で漁業技術の習得を藩から奨励されている(12)。

漁民の不就学の原因として，漁民の子どもが8，9才から漁業技術を学ぶ習慣をあげたが，その他に，漁村では児童労働を必要とする理由がある。三崎地区近村では，漁民は40才を越えると漁業に従事できなくなる(13)。それ故，漁業経営には舟をあやつり，漁獲高をあげるためにも多人数の労働力が必要であるから，どうしても男子の児童労働を必要とする。また「漁師三日しければかまたたく(14)」の如く，漁師の経済力の弱さのために子どもは就学しないで労働に従事した。

三浦郡金田村で読まれた漢詩文の中に「蜑女四時能没水，村童五歳巧撑船」(15)とあるように，子どもが手船の櫓をうまくあやつっている。子どもは「習うより慣れろ」のように，櫓をこぐコツを覚えてから漁業技術の要領を体得していった。8，9才で漁業技術を習いはじめ，12，13才に達すると沖釣の漁船に乗り，16才前後には1人前の収入を得ることができた。すなわち，子どもが初めてシロ（分配）のある船に乗るのは12，13才である。子どもはシロを3分（$\frac{3}{10}$），5分，7分と段階的にもらって，15，16才（若い衆の仲間入）でヒトシロ男（1人前の収入）となった(16)。この場合の1人前の基準は年令であって人格的，知的側面を有していない。また漁業技術として帆をあつかえることも1人前の基準であった(17)。「櫓で三ケ月，さお3年」(18)の如く，1人前になるため数年間の修業を必要とした。

さらに，漁民の不就学の原因を明確にするために，三浦郡松輪村の明治15年，不就学調査をみていく。この不就学調査は「……漁業及其他貧民ニシテ不得止職業ニ就キ候義事実相違無之候間御認可被成下度奉願候也」(19)として郡長宛に届けている。これによると表7のように「職業ニ就ク」者が非常に多く，「貧民ニ付父母ノ職業ヲ助ル」が次いでいる。漁民の子どもが漁業に従事せねばならなかったことがわかる。三崎地区近村では，男子は漁業に女子は農業に従事する習慣から男子に「職業ニ就ク者」<漁業>が多い。

表　7　　明治15年三浦郡松輪村不就学調査

理由＼年令		6	7	8	9	10	11	12	13	計
職業ニ就ク	男	1	2	2	4	3	8	11	6	60
	女	2	3	3	2	4	1	1	7	
父母ノ職業ヲ助ル	男	0	0	0	0	1	0	0	0	11
	女	0	1	2	2	3	1	1	0	
貧民ニ付父母ノ職業ヲ助ル	男	0	0	2	0	1	0	1	0	16
	女	1	0	1	4	3	0	2	1	
病気ニ付会議ノ上入学	男	0	0	0	0	0	0	0	0	4
	女	1	2	1	0	0	0	0	0	
本年学ニ入学	男	1	0	0	0	0	0	0	0	3
	女	2	0	0	0	0	0	0	0	
学ニ不就	男	0	0	0	1	0	0	0	0	1
	女	0	0	0	0	0	0	0	0	

注，三浦郡松輪村藤平家文書・明治15年・不就学調査簿より作成。

その他，漁民の不就学の原因として寺子屋が明治前半期に存在していたことをあげることができる。三崎地区

付録2

近村で，どの程度，寺子屋が存在したかを表8に示す。寺子屋は三崎町<市街地>だけでなく，1村に1つの割合で普及している。明治になっても寺子屋は存在していた。明治11年の第14大区々務所から3小区<三崎地区>正副戸長宛の示達に「其区内ニ於テ小学校教則ヲ犯シ旧手習師匠ノ如キモノアリ，無知ノ人民是ガ為就学ヲ拒ム哉ニ相聞不都合不少候ニ付篤ト探偵至急有無御報告有之度此旨相達候也」(20)とあることからも，寺子屋の存在をうかがえる。

表　8　　三崎地区近村の寺子屋

町村名，地域性	寺子屋の有無	年　代
三崎町東部<市街地>	竜潜庵境内の筆塚 海南神社境内の筆塚 筆子建立，師匠の墓 ・本瑞寺境内 ・竜潜庵境内	慶応2 文政11 不明 享保15
三崎町西部<純漁業>	師匠，嶺志和尚（不動堂） 加賀屋	慶応2 明治26年頃
二町谷村<半農半漁>	筆子建立，師匠の墓（西応寺） 西応寺の寺子屋	宝暦13 明治20年頃
向ヶ崎村<半農半漁>	大椿寺	慶応年間
城ヶ島村	常光寺	江戸～明治5

地　名	師匠名	開業
三戸村	前田次左ェ門	安政3
和田村	角田貫善	安政6
下宮田村	妙慶	安政1
毘沙門村	青苔僧真	嘉永3
松輪村	鈴木静山	嘉永2
菊名村	菊池古寿	〃
金田村	福寿寺　?	?
上宮田村	松原和泉	〃

注，上表は，百周年記念誌（三崎小学校）・88年のあゆみ，斎藤右兵ェ伝，加藤泰次郎履歴より作成。
下表は日本教育史資料，斉藤右兵ェ伝より作成。

明治になっても寺子屋が存在したことは，学校よりも寺子屋の方が漁民の生活にあった実用的教育内容をもっていたからである。たとえば，三浦の往来ものの1つとして「新編三浦往来」(21)（天保15年）をあげてみる。新編三浦往来は「……只後世初学児童之文字習覚の為編集され候」たもので，「……津久井上宮田菊名辺は大地引之網を卸し諸魚漁業之場所也松輪海苔毘沙門松露又浜方は和歌布宮川之磯藻向ガ崎江出三崎は日本七三崎之内而景色能所也鰹鯆其外諸漁場也……」の如く，漁民の知識に必要な海産物名をあげた実用的教育内容である。

漁民の不就学の要因をあげたが，漁民の1人前になるための教育的機能は学校教育以外にあったのである。

注

(1)　「文部省第十二年報」所収の学事巡視功程
(2)　元街は横浜，西岸は浦賀に位置する
(3)　文部省第十三年報・「三重県年報」に「今玆ニ職業類別ニ拠リ各向学ノ冷熱ヲ調査スルニ第一ヲ庶業トシ第二ヲ商トシ第三ヲ工トシ第四ヲ農トシ第五ヲ労力トス」とある。：
埼玉県教育史第3巻　P・596，安川寿之輔「義務教育就学の史的分析」市邨学園短期大学開学記念論叢所収，P・84　P・85参照
(4)　文部省第三年報，「督学局年報」P・78
(5)　文部省第十年報，「学事巡視功程愛媛県下学事概報」
(6)　漁民がオカモノの学校と呼んでいる。
(7)　当時在学した人は次の如く述べている。
「何人も行く人はなかったですよ。半分ぐれえかな。二町谷では自分1人でしたが，漁師が忙しいので，学校へ行くものは『陸(オカ)ボーズ・陸(オカ)ボーズ』と言われてたね。いやな者は1年で下がっても良かったです。……その頃は年に二回試験があってね。私達の三つ上の人達は寺小(ママ)屋が西応寺にあって字を習いに行ったですよ。私たちの時も『学校へ行くのはみずれー』<注．恥ずかしい>といって寺小(ママ)屋の方へ好んで行く人が多かったです」
「百周年記念誌，三崎小学校」
(8)　横須賀市久里浜，金野ヤマ氏談，明治27年生　昭和48年3月調査
(9)　内海延吉著「海鳥のなげき」いさな書房　昭和35年　P・119
(10)　田辺悟，辻井善弥「東京湾沿岸に於ける漁村の生産用具一明治前期の鴨居村を中心に一」横須賀市博物館研究報告（人文科学）第15号所収，1971・3・　P・18
(11)　瀬戸内海総合研究会編「漁村の生活」一岡山県児島市下津井田の浦一　1954・7・　P・243
(12)　荒井英次著「近世の漁村」吉川弘文館　昭和45年，

P.105
(13) 三崎地区二町谷，中野慧仁氏談　72才　昭和48年3月調査
(14) 横須賀市久里浜，金野ヤマ氏談　明治27年生，昭和48年3月調査
(15) 神奈川県郷土文学資料第二集別冊,漢詩文編　P．41　作者は旭荘とある。
(16) 内海延吉著「海鳥のなげき」いさな書房　昭和35年，P.251
(17)(18) 横須賀市久里浜，金野ヤマ氏談　明治27年生　昭和48年3月調査
(19) 三浦市松輪，藤平家文書　不就学調査　明治15年
(20) 「八十八年の歩み」所収　三崎小学校　1960.
(21) 横須賀文化協会　横須賀雑考　P.455～P.459に所収，昭和43年

＜補遺＞

三崎地区の就学率については三浦市役所々蔵文書「小学校新設廃合並学校寄附金書類　明治10―20年1綴，戸長役場諸願届綴，明治初期，各年度による。

II　小学校普及の障害としての子ども組

――子ども組による小学校の代用的教育機能――

前に述べた漁民の漁業技術の習得年令が8，9才～15，16才であることは，漁民の子どもが子ども組の加入から若い衆の仲間に入るまでの年令に照応している。それ故，地域共同体の子ども組が漁民の1人前になるための教育機能を果たしていたと推定する。たとえば三崎地区近村の上宮田村(1)，菊名村(2)の子ども組の例をみてみる。＜表9参照＞

表　9　　三浦郡上宮田村の子ども組

子ども組の年中行事	行事内容
1月　左義長	4日，門松あつめ，7日もす 4日～8日の間宿の家に泊まってゴヘイを作って，各戸に売る。そのお金は行事の費用にあてる。子どもたちで御馳走を作って食べる。子どもは「垢離」をとるため海に入る。（若い衆の世話あり）
2月　稲荷講	子どもたち，宿の家へ食べにいく。
2月27日　御神楽	ちょうちん番，ろうそく銭をあつめる。
7月26日　宵宮 27日　祭り	7月になると祭りの準備のため，木やりの練習。若い衆，年寄りが子どもにうたい方の指導をする。子どもみこしを磨いたり，笹みこし＜子ども用＞を作ったりする。若い衆の子ども世話人あり。
9月　十五夜	「十五夜だんごけえりゃっせ」と言って，子どもたちが1軒1軒もらい歩く。
11月8日　十夜	お稚児の行列
11月27日　御神楽	ちょうちん番，ろうそく銭を集める。

子ども組は若者組のい組，ろ組，は組と同じ地域を単位として結成されている＜表10参照＞。子ども組の年令

表　10

	地域名	組の数
い　組	今井原・仲今井	若者組1，子ども組1
ろ　組	大瀬戸・芝原・（石作）	若者組1，子ども組1
は　組	岩井口・松原・木の間	若者組1，子ども組1

注．石作は祭りだけ

は7，8才～12，13才までで，統制は頭（最年長者）―小頭(次の年令層)―？　という年令の序列で組織されている。頭は若者組に入る前の子どもである。子ども組の行事には必ず若い衆の子ども世話人がついている。各子ども組は「太鼓の鳴りかた」「おんべ（左義長）がうまく燃えたかどうか」を競争する。つまり，子ども組は，年中行事を中心に若者組の下部組織として，1人前の村人になるため地域共同体に必要な集団的訓練の意味をもっていた。

菊名村の子ども組は，若者組に同じ岡組と浜組にわかれている。子ども組の行事は，1月左義長，2月稲荷講（初午行事），6月末～7月初虫送り，10月22，23日お神楽，となっている。年令は7，8才～13，14才までで，子ども組の統制は頭―世話人―十人組？といった年令の序列になっている。上宮田村と同じく子ども組の行事に若い衆の世話人がいる。

三崎地区＜三崎町・二町谷・向ヶ崎＞(3)の子ども組の行事のうちで稲荷講＜初午の行事＞をあげてみる。左義長の行事の後，子ども組の稲荷講の行事として1月15～20日頃から「うた」と「踊り」の練習をする。年令は8，9才～15才までで，子ども組の統制は「大弥宜」（最年長者）―「小弥宜」―「チャボ」といっている（向ヶ崎）。踊りの種類は「ひょっとこ」「ももたろう」「兄弟」「きつね」「えべっさま」などがあって，最年長者がおもに子どもたちにおしえる。踊りはお面をかぶって太鼓に合わせる。各々の子ども組はお互いに太鼓の鳴りかたを競争した。地域共同体の子ども組はお互いに強い対抗意識をもっていたのである。なお，上宮田村と同じく菊名村，向ヶ崎，二町谷の各子ども組の最年長者

は若い衆に入る前の子どもである。

従って，子ども組の年令範囲は７才〜15才位である[4]。少年期の伝統的な考え方は７才〜15才となっているから，小学校の在学年令が少年期にあたることになったと考えられる。子ども組の統制は年令の序列で組織されていて，最年長者が指揮統制をし，その次の年令層が補佐役になっている。子ども組はほとんど男子だけである。子ども組は地域共同体の正員でないもの，１人前でないものの集団であるが，若者組の下部組織として若い衆の指導をうけながら，地域共同体に必要な１人前になるための教育機能を果たしていた。とくに三崎地区の漁村社会のように児童労働を必要とする地域では子ども組の教育的役割は大きい。

青森県下北半島東通村尻屋[5]では，漁場，山野が部落共有であるため，全部落民が特定の年令集団に加入している。この年令集団について男子は子ども組―若連中（ワカゼ仲間）―戸主会（ジー仲間），女子は子ども組―メラシ仲間―アネ仲間―アッパ連中（ガガ仲間＝若隠居）―ババ連中，という組織である。この年令集団が村の共同作業の分担に大きな役割を果たしている。

漁村では入会漁場を基礎にした共同体的秩序のもとに成り立っているため，農村の家を単位とする関係よりも年令の上下関係が強烈である。一般に，７才前後から子どもたちは，家庭での生活から子ども組という組の生活に入り地域共同体での訓練をうける。同時に家の渡世や稼業の見習いを始めるのであった。

前節でも述べたように，明治期の寺子屋の存在は，寺子屋が村の生活と密着しているためであった。ここで埼玉県の寺子屋師匠の日記「玉松堂日記」（安政４〜６）から寺子屋の休みをあげたのが表11である。村の年中行事がある時に，寺子屋が休みになっている。この事は，寺子屋が村の生活と密着していることを語っている。そして，「子供例年之通半蔵店二而天神講窮為給申候[6]」とか「半蔵殿子供天神講温飩すし代取＝参候間弐〆六十文相払申候[7]」の如く，天神講が子ども組によって行なわれている。それ故，村の年中行事の日に寺子屋が休みになっていることからして，子ども組の行事のある時に寺子屋は休みであったと推定する。つまり，寺子屋と子ども組とが結びついている。三崎地区の寺子屋も村の年中行事と密着していて，寺子屋と子ども組との結びつきがあったと考える。

表 11　寺子屋，玉松堂の休みの日

全休	12月15日〜10日 年末年始	１月15，16日 小正月・やぶいり	１月20日 二十日正月	１月25日 天神講	２月12日 初午	月３日３ ひな祭
	３月17日 聖天祭	５月５日 端午	７月１日 すすはき	７月13〜16日 お盆	８月１日 八朔	９月19日 日待
半休	１月11日〜14日	１月24日 天神講の準備	３月16日 宵宮	４月８日 花まつり	５月26日 天道祭	７月25，26日 虫送り
	９月９日 重陽の日，	２月と８月の 彼岸の入，中日，	二百十日，	初伏，　中伏，	土用の入，	山開き
臨時休	雨ごい，　かぐら，　すもう					

注１．埼玉県教育史資料，寺子屋玉松堂日記より作成。（安政４〜６年）

漁村において，子ども組が小学校の代用として漁民の教育的役割を果たしていた。しかし，小学校の普及は地域共同体の子ども組の教育的機能を矯正していく働きをもっていた。たとえば，明治政府の就学奨励策によって，子どもは小学校に就学しなければならぬと，子どもの生活は地域共同体での生活から学校生活へと移行するようになる。そこで，明治六年以降，各府県小学教則，校則に明記された学校休日[8]は日曜日，紀元節，神武天皇祭日，孝明天皇祭日，天長節，新嘗祭，神嘗祭，鎮守祭，暑中休，歳末歳始休などである。この学校休日の中で地域共同体の年中行事に関係があるのは，前述の寺子屋の休みの日と較べて，鎮守祭，歳末歳始などである。すると地域共同体での年中行事の当日，子どもは学校に出席していなければならぬことになる。つまり，地域共同体での年中行事は学校の設立によってその教育的役割を学校教育に手わたすことになる。

また，明治７年神奈川県布達「就学の督励と学費のため桑茶等栽培奨励のこと[9]」には，学区取締，正副区長，

正副戸長に「……学校ノ如キハ風俗ヲ正シ才能ヲ長シ身ヲ立家ヲ興スノ基…」と通達している。すなわち，当時の知識主義，勧学主義は風俗を正すという意味があり，地域共同体の子ども組の習俗，あそびなどを直す作用がある。小学読本<明治７年８月改正，文部省刊>巻１，第一に[10]，人に賢い者と愚なものがあるのは多く学んだか学ばないかによる。それ故，人は６，７才になったら必ず小学校に入って学べば有用な人間になれる。しかも小学校は業を授ける所であると述べている。１人前になるための教育機能として地域共同体の子ども組，若者組などの教育的役割よりも，学校教育の重要性をあげている。

この知識主義，勧学主義の明治政府の教育政策を担って小学校設立のイニシアチブをとったのは地方有力者たちであった。三崎地区の小学校（オカモノの学校）の設立過程で，常に教育行政の中枢にあった加藤泰次郎の行動，思想を分析してみる。彼は三崎地区城ケ島村の医家，同時に海草商，米穀小買商を営む加藤家に生まる。学歴として，漢字，洋学・漢方内科・洋方内科等を学び，行政歴として名主，戸長，県会議員，郡書記，三崎町々長などを歴任する[11]。注目すべき点は彼が洋学を日新義塾[12]で学んだことが彼の後の思想・行動に影響を与えたことである。

日新義塾は，設立者「田中冬蔵，青木精一，村上要信」によって，教師に「米利堅人亜爾副列徳僕満都留氏」（メリケン　アルフレットエムマンテル）を雇い，「入塾生徒，人員凡三百五十人，外来生徒，人員凡五百三十人」の組織内容で，明治四年八月に創立され十ケ月あまりで解塾している[13]。設立者，教師の人物について調査したが不明確である。加藤は日新義塾解塾の後も米人マンテルに明治７年まで師事している。

日新義塾規則の中「日新義塾之記」に「泰西学科之皇国ニ入ルヤ玆ニ年〇リ今時ニ至テハ交際ノ道ヲモ大ニ闢ケ面上ニ膜ヲ脱〇ルカ如ク百般ノ学術一時ニ興リ智ヲ育シ才ヲ養フノ盛域ニ遇フ是レ国家ノ盛事豈造物者ノ賜ナラン乎」とあるように，国家の富強は近代西欧の知識によって人民の知識進歩をはかるにあることを述べている。加藤はこの種の知識，思想に触れたことは言うまでもない。そして同記に「縦令其学ニ熟達スルト雖モ今日ノ言語ヲ弁スル能ハズンハ労シテ功ナク苦ンデ益ナシ聊モ実地活用ヲ為サズ恰モ有名無実所謂論語ヲ読ンデ論語ヲ知ラズ」ことのないために，「日新ノ書ヲ読ミ日新ノ事ヲ知ル」べきを記している。「学問の実用性」とか「生活の合理化に役立つ実用的学問」，即ち「実学」の思想をあげている。加藤泰次郎は日新義塾で開明主義・実用主義の思想に触れたと見られる。

日新義塾で学んだ後，加藤は三浦郡内の有力者と三浦汽船会社[14]を（明治14年），また三崎地区の有力者と共益社[15]（金融会社，明治16年）を創設している。三浦汽船会社設立の大意に「……今日ニ到ルモ未ター隻ノ汽船ヲ見ス郡内亦一人ノ之ヲ企ツル者アルヲ聞ス徒ニ旧様ヲ墨守シ和船ヲ以テ僅ニ此線路ヲ往復スル…運輸ノ途殆ント停滞沮塞ス斯ノ如クニシテ坐シテ商業ノ隆盛物産ノ繁殖人智ノ開発ヲ望ム」とあるように，加藤の汽船会社創設は日新義塾で学んだ実用主義，開明思想の影響であった。

また，加藤は他の地方名望家と同様にある程度の民権の主張が見受けられる。明治十年の県の誘導によるマッチ会社設立の反対意見上申書に[16]「……僕等聞之欧州経済学者ノ説ニ政府ノ商法ニ立入ル事ノ弊ヲ痛ク論破セシヲ…」と，県官等の産業政策に強く反発している。彼の政治意識の中には，ある程度の反体制的心情と，民権の主張が存在していた。彼は三崎の一地方にあって，民衆の権利の主張を啓発してもいる。明治16年，彼は1870年刊行の「米国亜児墺氏著，人民手冊」（シチーゼントメニユアル）を訳して「米国政治要略[17]」として「丸屋善八」から出版していることからも，彼も亦時代の大きい流れであった民権思想に無関心でなかったし，人民の権利に目覚めていないわけでもなかった。だが彼の場合，民権運動に積極的に参加した形跡はない。

他方，「漁民ノ知能ハ経済ノ進歩ト正比例ヲ以テ進マズ依然旧習ヲ墨守シ」[18]の如く，漁民は近世以来の慣行を明治10年代になっても守っていた。従って，漁村には，学校教育よりも地域共同体の子ども組，若者組などの教育機能が強く働いていたと考える。

注

(1) 三浦市上宮田，新倉源吾氏談，明治34年生，昭和48年９月調査
三浦市上宮田，岩沢直信氏談，73才　昭和48年２月調査

(2) 三浦市菊名，菊池茂氏談，54才，神主　昭和48年２月調査

(3) 三浦市二町谷，石渡金蔵氏談，明治32年生，小川末蔵氏談，明治42年生，昭和48年３月調査
赤橋尚太郎<いなりっこ>横須賀市博物館研究報告人文科学　第１号　1957．3．

(4) その他，三崎地区近村の子ども組を示す。

村　　名	行　事　名	年　　令	年令の序列名，その他
木古庭	左義長	8才頃～15，16才	最年長者を親方
腰越	道祖神祭 稲荷講	？～14，15才	大人の世話人　<子どもがえらぶ>
和田	左義長	7，8才～13，14才	最年長者を世話やき
鴨居	左義長 稲荷講	？～13，14才	
長沢	〃	9才～12才	こがしら―ちゅうがしら―いも。 <12才―9，10才―？>
野比　<中村>	稲荷講	9才～14，5才	大頭―小頭―いも 14，15才―12，13才―9才
三戸	左義長 精霊流し	7，8才～12，13才	

○横須賀市博物館研究報告，人文科学第5号　1961．3
○三浦耳袋　神奈川県民俗シリーズ9．神奈川県教育委員会
○江の島民俗誌<伊勢吉漁師聞書>神奈川県民俗シリーズ1．
神奈川県教育委員会より作成

(5)　瀬川清子著「若者と娘をめぐる民俗」未来社，1972．P．148．
竹内利美「子供組について」民族学研究　21/4，1957．P．65．
(6)　埼玉県教育史資料，寺子屋玉松堂日記　P5．
(7)　同上書　P．82．
(8)　神奈川県，栃木県，印旛県の学校休日を参照。神奈川県教育史第1巻，栃木県教育史，千葉県教育史より
(9)　神奈川県教育史，第1巻
(10)　日本教科書大系近代編，第4巻
「人に，賢きものと，愚なるものとあるは，多く学ぶと，学ばざるとに，由りなり，賢きものは，世に用いられて，愚なるものは，人に捨てらるること，常の道なれば，幼稚のときより，能く学びて……故に，人は，六七歳に至れば，皆小学校に入りて，普通の学に，従うべし，○小学校は，士・農・工・商とも，必学ぶべきもの，業を，授くる所なり…」
(11)　加藤泰次郎の履歴について：拙稿，第21回関東教育学会発表資料集26所収
(12)　明治四辛未九月：「日新義塾規則」
(13)　東京開学明細書第三巻，家塾明細表「東京府貫族士族村上要信」の塾「培根舎」の記事の中に「明治三年庚辛十一月ヨリ同五年壬申十一月マテ三ケ年間米人マンテル併クワラーゾオ之従学，同四年辛未八月芝愛宕下之同社ト謀リ日新義塾ト唱シ私学開キ洋人ヲ招雇仕度段官許ヲ得開業罷在候処，同五年壬申五月解塾」と記している。
(14)　「三浦汽船会社沿革記」（城ケ島・加藤家蔵）
(15)　三崎町史　P．107．P．138．
(16)　三崎町史　P．66．
(17)　「米国政治要略」（城ケ島・加藤家蔵）
(18)　漁業組合規約調印状況上申書（明治25年），神奈川県立図書館蔵

Ⅲ　小学校の発展による子ども組の教育機能の変化

明治10年代の中頃から民衆の道徳，風俗の改良政策が強くでてくる。明治21年，神奈川師範学校教諭，甫守謹吾は「本県教育上に七大所望あり」の中で次のように述べている。(1)

……第四一般人民に教育の真価を知らしむるの方法を計画あらんことを望む　……今余の考えたる方法二三を陳べて以て会員諸君の参考に供せんと欲す其方法とは各学校の部内に，通俗教育談話会音楽会幻灯会通俗図書館（新聞雑誌縦覧所をも兼ぬ）等を設け生徒の父母兄姉弟妹等を集めて教育の事を談じ或は町村内の若者子守等を集め（若者と子守とを混合して教育するに非ず）其教育所を設くべし此若者や子守は多くは品行野鄙にして小学児童教育の価値を破壊することあれば宜しく之が教育所を設け其風儀を矯正し修身，算術，音楽等の簡易なる者を教授すること必要ならん其他半日学校，日曜学校，冬期学校，雨中学校，温習学校，夜学校等を設け商家或は農工家の閑暇ある機を伺い適当の教育を施すこと必要なり……。

つまり，一般人民に教育の価値を知らせる方法として，談話会，幻灯会，音楽会，半日学校，日曜学校，冬期学校，雨中学校，温習学校，夜学等を設けて人民に教育を施すことをあげている。当然，子どもの遊び，子ども組などの教育機能は学校教育によって必然的に矯正される。

これを契機に神奈川県で幻灯会，談話会などが催される。三崎地区にても「嘉典令節及ビ試業後民業ノ閑時等ニ於テハ生徒ノ運動会遊技(ママ)会学事成績展覧会幻灯会懇話会等ヲ催シ偏ク父兄公衆ヲ招キ以テ教育ノ普及ヲ計ル事」(2)がなされた。この談話会・幻灯会・音楽会などが，「小学校祝日大祭日儀式規定」<明治24年>の第4条「祝日大祭日ニ於テハ便宜ニ従ヒ学校長及教員，生徒ヲ率キテ体操場ニ臨ミ若クハ野外ニ出テ遊戯体操ヲ行フ等生徒ノ心情ヲシテ快活ナラシメンコトヲ務ムヘシ(3)」の規定によって，学校儀式の効果を子どもの感覚に浸透させる手段として奨励されている事実をみることができる(4)。明治政府は幻灯会・談話会・音楽会などと小学校の祝祭日儀式（紀元・天長両節，元始・神嘗・新嘗・孝明天皇・神武天皇・春秋皇霊各祭日）とを関連させて一般人民を教化することによって，国家主義的教育体制を確立しようとした。

明治24年，神奈川県教育会雑誌の論説の中に，「然リ而シテ尚特ニ一言ヲ要スルコトアリ道徳教育ノ小学校ニ最モ必要ナルニ拘ハラズ従来動モスレバ知育体育ノ次ニ位スルガ如キノ傾向ナキヲ得ズ若シ此勢ヲ以テ進マバ知能ノ人ニシテ徳義ヲ欠キ為メニ世益ナキノミナラズ或ハ公益ヲ害スルガ如キモノヲ生ズルニ至ラン将来ハ益々道徳教育ヲ振起シ知育ノ根基ヲシテ鞏固ナラシメザルベカラザルヿ勿論ナリト思考ス」(5)とあるように，明治20年代の教育動向は，知育にかわって徳育が重要視されてくる。国家主義的教育体制は教育勅語の喚発によって確立するが，ここで三浦郡一帯で使用された，明治廿四年六月出版，編述兼発行者，北村礼蔵(6)，北村包直(7)の「童蒙勅語図解」(8)を考察してみる。この教科書は教育勅語の徳目を図で示しながら，徳目に合った人物の業績をあげている。そして例言で，「我臣民の夙夜拳々服膺スベキ聖勅ヲ洽ク児童ニ感佩セシメントス例証ハ勉メテ繁ヲ避ケ簡ニ就キ且ツ画ヲ添ヘシハ児童ヲシテ記憶シ易カラシムルニ在リ」とあることは，「……知ラズ識ラズ帝室ノ神聖歴代ノ仁徳ヲ知ラシメントス」るためであった。しかも「幼年諸君へ申す五ヶ条の事」に，「諸君ハ学校と家庭とに居るを問はず常に此書を誦読せられよ」と記している。つまり学校に限らず家庭にあっても「此書ハ聖勅に基き諸君の鑑となるべき事柄を載せしものなり」であった。

明治20年代の国語・修身教科書の内容は立身出世主義と勤勉道徳(9)とが多いため，「人は幼少の時より，あだなる遊をなさず，字をならひ，書をよみ，芸術(げいじゅつ)をまなぶを以て，遊びとすべし(10)」の如く，子どもの遊びは字をならい，書をよむこととしている。すると，国語・修身教科書は地域共同体の遊び，子ども組を矯正することになる。

前述の教育の動向の中で，明治26年の三崎地区近村の学事の状況について次の如く述べている。

「学事の情況ハ顕著ナル相違ナキモ一般人民教育ノ必要ヲ感スルモノノ如シ但シ本町ハ漁業者多数ヲ占ムルノ地ナルカ故ニ漁獲ノ有無ニ因テ経済ノ度ニ差ヲ生スコレ教育ノ必要ヲ知ルト雖モ就学ノ者少キユヘンナリ」(11)

就学者は少いが，漁民が学校教育の必要を感じていることをあげている。1で述べた如く明治25年以降になると就学率50%を越え，漁民の就学者が増えてきている。三崎地区の就学率の向上は明治20年代の漁具・漁法の改良などの社会的変化に起因している。明治25年の三崎地区近村の漁業組合規約調印状況上申書に次のように述べている。

「……今ヤ文化日ニ開ケ労力時代去リテ器(ママ)械時代来リ鉄路東西相通シ汽船環海縦横馳走ス生産事業将ニ一変セントス漁業豈ニ独リ旧態ニ安ンス可キ哉熟ラ漁業ノ変遷ヲ考フルニ大古曚昧ノ民弓矢ヲ以テ魚ヲ捕ル是第一期ナリ次テ鉾鎗具ヲ使用ス是レ第二期ナリ釣針ヲ使用スルニ至レルヲ以テ第三期トシ今日網類ノ使用日ニ益々進ム則チ第四期ノ時代トス此日進ノ社会ニ在テ第三期時代ヲ維持セントスル者ハ今日ノ生産社会ニ到底独立シ能ハサルニ至ルハ必然トス……」(12)

故に，三崎地区近村に「将来学事施設上須要ノ件」として，「学校ノ設備ヲ完全ニスル事，工芸，水産業ヲ教科中二課シタキ事」(13)をあげている。はじめて，学校教育の中に水産教育がでてくる。

三崎地区における就学率の向上によって，子どもの毎日の生活は学校中心になる。従って，明治20年代になって，地域共同体の子どもの遊びは学校教育の中に取り入れられたりしている。たとえば，漁民の子どもの遊びとして磯どり（ワカメ・ツノマタ・フノリなどの採集）があったが，明治20年代に校外教授として子どもは「教師に連れられて山や海に出かけて行」(14)くようになった。しかし，地域共同体の子ども組は学校教育以外でその教育的役割を果たすようになっていく。たとえば，地域共同体の年中行事の当日，子どもは1日の学校が終ってから年中行事に関連した活動や遊びをする。(15)

注

(1) 神奈川県教育会雑誌第1号，明治21年

(2) 学事諸表綴，明治23～28．のうち，三浦郡三崎町学

事年報（明治26年）神奈川県立図書館蔵

(3)　明治以降教育制度発達史第３巻

(4)　佐藤秀夫「学校行事の成立史」教育（229）国土社 1968. 12. P. 30〜31.

(5)　神奈川県教育会雑誌第30号　明治24年２月，P. 16.

(6)　明治８年東京師範学校卒，三崎地区，東岬学校，宝蔵学校の各校長を歴任（明治15〜25）

(7)　神奈川師範学校卒，三崎地区宝蔵学校々長，横須賀高等女学校初代校長

(8)　東京日本橋・文学社発行，宝蔵学校（三崎），若名学校（若名），などで使用されている

(9)　唐沢富太郎著「教科書の歴史」創文社　P. 174.

(10)　小学修身訓巻之下，精華社発行，明治25年

(11)　学事諸表綴所収・三浦郡三崎町学事年報　明治26年，神奈川県立図書館蔵

(12)　神奈川県立図書館所蔵

(13)　学事諸表綴所収・三浦郡三崎町学事年報，明治26年，神奈川県立団書館蔵

(14)　三崎町史，P. 169.

(15)　百周年記念誌（三崎小学校）の文化の波（P 51）に「九月十八日の宮田のお祭には相撲（若宮さまの奉納相撲）があり，全校早じまいとなり「ひや飯ぞうり二足いる」といわれたように予備のぞうりを持ってあるきました。四月三日の引橋の馬かけ，十一月三日のお十夜など，荷車を引っぱって，おしるこ，みそ田楽，おからで作った卯の花ずし等の店が出ました」とある。

結　語

神奈川県三崎地区近村を事例に取りあげて漁村での小学校の成立・発展の過程を追求しながら，その過程の中で地域共同体の子ども組の教育的機能が変質していく過程を明らかにしてきた。すなわち，「学制」に基づき小学校が設立された時点では，漁民の就学率はきわめて低かった。その原因は早期からの児童労働と，少年期から漁業技術を学ぶ必要性からであった。漁村社会での小学校設立は困難をきわめ，地方名望家ですら公的な県への報告に事実の就学者数を届けなかった例もある[1]。漁民は子どもを１人前の漁師にするため小学校教育よりも地域共同体に存在している子ども組，若者組などの教育的機能を好んでいた。また漁民の子どものなかには彼等の生活に適合した寺子屋に在学する者もいた。しかし，明治20年代の社会的変化の時代的潮流は，漁村社会にも漁具，漁法の改革をもたらした。そのため漁民の就学率の向上がみうけられる。そして，小学校の教科内容に水産科の設置を望まれるようになる。

このようにして，学校教育は段階的に地域共同体の教育機能を変えていくのであった。つまり，地方の実態に即さない勧学主義と知識主義の教育内容と学校休日などが伝統的な子ども組の教育機能を弱めていった。最後に，教育勅語の徳目，学校儀式を使って学校教育に限らず民衆一般の生活にまでその「教化」を及ぼすことによって天皇制の国家主義的教育体制を樹立したのであった。

注

（1）明治６年７月，三浦郡三戸村，三戸学舎の入学取調に「入学人数四十五人書上取調ノ事，内十七人不足，是ハ塩瀬様御内々調候処不足人御呑込ロロ断リ出ニ付候ニ付承知致申様仕候」とある。（前田家文書を写した史料より）

Abstract

On the relation between the development of the elementary school and the children's group in a community in the early stage of the Meiji era

——A case study in the Misaki district, Kanagawa prefecture——

Michiharu Hiruta

This paper intends to study how the educational function of the children's group in a community changes according to the development of the elementary school in the early stage of the Meiji era.

In the early Meiji era, the national program for the establishment of the elementary school did not go on smoothly. Especially, it was not easy to establish the elementary school in the fishing village. In short, the fishermen's children didn't enter a school, because they had to be occupied theirself with fishery in their childhood. And, in this village, the children's group in a community kept the important educational function in those days. But the educational function of the children's group in a community resulted in making up for schooling because of the development of the elementary school in the 20's of the Meiji era.

付録2

神奈川県三崎地区近村における小学校の成立と展開過程の研究

蛭　田　道　春
（東京教育大学大学院）

は じ め に

本論文は学制期から小学校令期までにかけて、小学校が県の政策によって統廃合されていく具体的過程を、神奈川県三崎地区近村を事例として具体的に考察しようとするものである。同時に、その結果として、小学校の成立・発展が漁村の地域共同体の子ども組の教育機能を変えて、最後に、それを学校教育の補充的教育機能にしていく過程をみることも意図している。

周知のように、当時の民衆の経済力や教育に対する意識などから考えてみても、小学校設立というナショナルな課題はスムーズに遂行されなかった。たとえば、小学校は、県の指導のもとに町村教育費の合理化政策として、地方有力者によって統廃合されている。また、小学校設立維持の方策として、小学校設立の経済的基盤である学区の拡大などがなされている。

他方、学校教育普及の指標と考えられる就学率をみると高い地域、低い地域などがある。一般に就学率の低い地域は「百姓、漁師に新しい学問はいらない」との考えが強かったり、また旧来の寺子屋が残ったりしている。とくに漁村での就学率の低い要因の一つとして、学校教育以外の教育的要素が存在したと考えられる。

しかし、小学校が統廃合しながら成立していく過程の中で、それは、地域共同体の伝統的教育型態を包含したり、学校教育の補充的教育機能に変えたりしている。

三崎地区近村を地図に示す。この地方の生業はほとんど半農半漁である。三崎町だけが近世以来の廻船寄港地として栄えた。そのため三崎町の地理的性格から東部に商人が多く、西部に漁商、漁業従事者が多い。六合村は、明治八年、原、宮川、向ケ崎、二町谷、東岡、仲之町岡の各村が合併したものである。

Ⅰ　小学校の設立

明治六年二月、神奈川県権令大江卓は、二十則におよぶ小学教則を制定して学校の設立、就業などについての諭告を発し、県下の小学校設立を奨励した。

神奈川県十四大区、三崎地方に小学校設立の諭告があったのは明治六年二月十三日である。前田家文書、明治三午年日記①に「明治六年丙二月十三日於三崎町本端寺神奈川県御役所御出向之役人三十六ケ村名主組頭百姓中江申渡次第、拙者出張致し事別義にあらず、此度(ママ)朝兵令御取立之御布告ニ付而其事を御役所え出張致した訳……略……序ニ申渡儀ハ是迄区と云ハ大村小村え差別無く皆一村………勤方も大小とも同様の事で有たが此度ハ合併致し六七百石より千二百石まで寄村に致し戸帳(ママ)・副帳(ママ)…略…又序ニ申渡此迄の手習師匠御廃しの事此迄の教方甚以不宜事文選唐詩選文章〇〇ニ心ヲ入時の入用の事ヲも不学故御廃し此より小学校御設立に相成り七才より手習算術ヲ書致早速自己の入用為学様可致（ここで切れている。）」と記されている。神奈川県十四大区内三十六ケ村の村役人層を三崎町本端寺に集めて、県から出向の役人が一つに徴兵令の事、二番目に大小区制の事、三番目に学校設立の事を村役人層に申し渡している。県の役人が、近代国家育成のため学校の設立を、徴兵令の施行、地方制度の改革と一緒に奨励したのであった。

三崎地区小学校設立の実質的な動きは、教師の人選から考えて、明治六年四月になって始まる。明治十五年の学校取調書②によれば、山本顧四郎が明治六年四月に東岬学校の教師に雇われている。又、前田家文書の日記にも「酉四月廿一日当村名主様貴殿ヲ学校教師ニ致ス積リ……小網代諸磯ハ諸磯ノ宝院様ヲ頼ム積リ」とある。同日記に「酉五月七日学校教師人撰ニ付長井村会所エ出ル」とあり、十四大区会所で、教師の人選について、十四大区内、戸長、副戸長を中心に会合があったと推定する。

しかし、十四大区の小学舎が正式に公学と認められたのは十二月である。文部省第一年報、神奈川県年報に「明治六年十月開業スル所ノ公立小学十一校アリ皆寺院ヲ假用ス十二月ニ至リ三百六十九校ヲ増設ス通計三百八十二校共ニ公立ニ係ル蓋四五月以来設立ノ目的ヲ確立シ漸次着手シ是ニ至リ一時ニ開校ヲナセリト云フ……」とある。ここにいう十一校とは文部省年報附録によると横浜区の小学校であり、六年十月以前の段階では横浜区以外の小学校は文部省の認可権から公立小学校として認められていなかったといえる。県の方針は開学見込願を出させて内容充実の後で正式認可の方針だったらしい。

神奈川県の学区について、「一中学区ノ人口概子九萬四千餘ニシテ之ヲ一小学区ニ平均スルニ五百八十二口有餘ニ当ル」③とある。一応、学区の区分の仕方は「学制」に規定された学区の人口、中学区十三萬、小学区六百人に従ったと考えられる。しかし、表１－１から中学区は郡を基礎に区分されたと考えられなくもない。しかも、神奈川県小学規則第三則に「一小区ニ小学本校一ケ所ヲ置ヘシ若地勢阻遠ニシテ不便ナレハ便宜ニ支校ヲ可置事」④とされ、大体「凡三百戸内外エ一小校取設候都合ニ有之候」⑤と小区を基礎に小学校を設立していく県の方針であった。

三崎地区近村は一大学区十中学区（三浦鎌倉二郡）に属している。十中学区には二百十の小学区が計画されたが、文部省年報によって設立された小学校は八十八校しか設立されていず、小学区通りに設立されていないことがわかる。三崎地区近村の学区について、戸数、人口が一定していないことか

ら<注・表1－2参照>、「学制」に規定された六百人に一小学校、県の方針であった三百戸に一小学校の学区の規準と違ったものであったことが判明する。そのうえ、一定不動の方針によって学区が設定されたのでないらしくも考えられる。三戸村、下宮田村、諸磯村、小網代村では、「酉四月廿一日、当村名主様（注、三戸村、前田次左エ門）、貴殿ヲ学校教師ニ致ス積リ下宮田当（注・三戸村）両村で雇入……小網代諸磯村ハ諸磯ノ宝院様ヲ頼ム積リ……⑥」のように二ヶ村で一人の教師を雇っているから、二ヶ村で一小学校設立の方針もあったらしい。結局、三戸村、下宮田村、諸

表1－1　　中学区・小学区の区分

郡名	中学区	明治6年1月小学区	明治6年8月改正小学区
久良岐郡 橘樹郡	7番中学区	201区	200区
多摩郡	8番中学区	227区	220区
都筑郡 高座郡	9番中学区	210区	210区
三浦郡 鎌倉郡	10番中学区	210区	210区

注：神奈川県史料第5巻、政治部四P85
神奈川県立図書館刊行
文部省第1年報、神奈川県などより作成

表1－2

学校名	行政区域		戸数	人口	学区番号	学区
東岬学舎	十四大区	三小区	531	3431	15番	三崎町東部・向ケ崎（六合村の1部）
西岬学舎	十四大区	三小区	541	2463	16番	三崎町西部・六合村の部（二町谷・仲之町岡・東岡・宮川・原）
城ケ島学舎	十四大区	三小区	78	444	17番	城ケ島村
諸磯学舎	十四大区	四小区	明治10年 106	591	18番	諸磯村
小網代学舎	十四大区	四小区	明治9年 121	645		小網代村
三戸学舎	十四大区	四小区		735	26番	三戸村

注　学区人員取調書（明治6年）、三崎町史上P56 前田家文書御布告より作成
諸磯は明治10年の戸数・人口、小網代は明治9年の戸数・人口

磯村・小網代村では各村に一校設立されている。しかし、三崎地区、東岬、西岬の両校は村単位に設立されていない。また、六合村（原・宮川・仲之町岡・東岡・二町谷・向ケ崎）には戸数が少なく、経済的基盤が弱いために学校設立ができなかったと考える。そのため、隣接の三崎町の学校の学区となったと考える。<注・地図1－1、表1－2参照>

ところで、神奈川県では、「尤在来寺子屋ノ分多クハ小学校ニ改正致候」⑦であったため、十四大区でも従来の筆学所を小学校に変えたのであろう。三崎地区近村の三戸学舎（三戸村）、松輪学舎

（松輪村）、高円坊学舎（高円坊村）等は寺子屋の生れ変ったものであった。日本教育史資料に三戸学舎教師、前田次左エ門、松輪学舎教師、鈴木静山・高山坊学舎教師、和田了徽の名前が習字師として掲載されている。しかも、学舎の位置が、いずれも寺子屋開設の場所と同じである。ただし、三崎地区関係は日本教育史資料に調査もれになっている。三崎地区近村の寺子屋は一村に一つの割合で普及しているが、⑧三崎町では寺子屋の小学校への連続が不明確なので、小学校が寺子屋を母体として誕生したとは確言できない。もっとも、神奈川県の教育政策は寺子屋から小学校への移行であったから、もし学制直前に三崎町に寺子屋があったとすれば、それが東岬西岬各学舎の母体となったのであろう。また、三崎町神奈川県の郷学校の存否についても、郷学校の布達が存在しているが、設立されたかはっきりしていない。

地図１－１

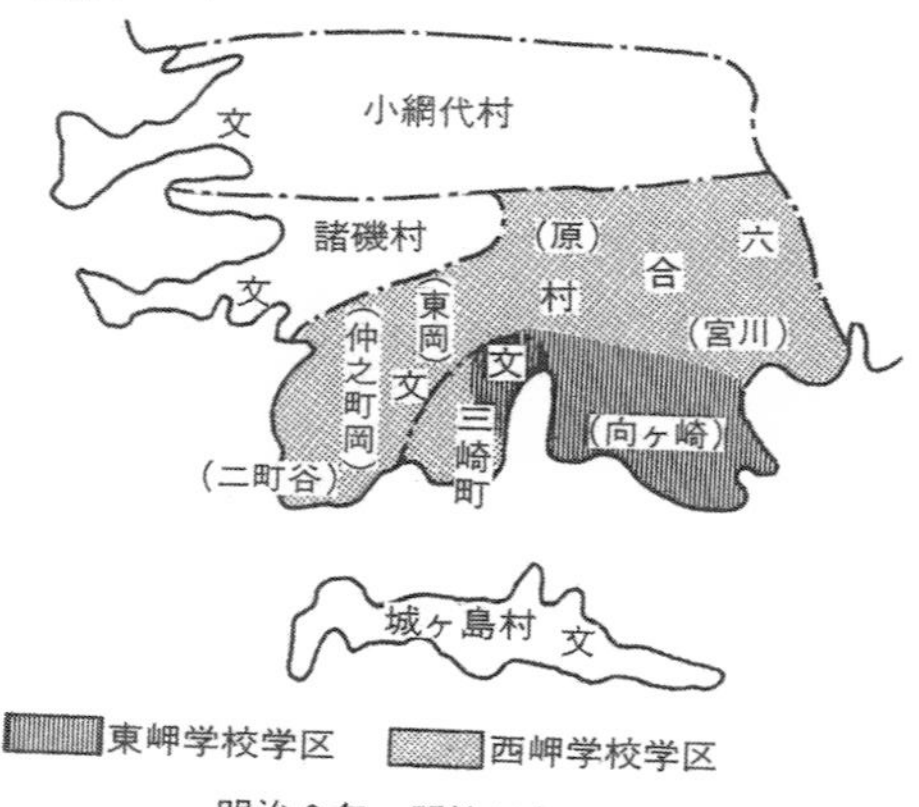

明治６年～明治10年

Ⅱ 小学校の拡張と統廃合

ところで、三崎地区近村の漁民たちは、小学校を「オカモノ（注・商人・陸者）の学校」、就学児童を「陸（オカ）ボーズ・陸（オカ）ボーズ」⑨などと呼んでいる。また、後述の如く<注・表３－１参照>、漁民の就学率が低い。これらのことから、三崎地区近村の小学校は、商人、農民などの子弟の学校という性格である。従って、小学校の設立が商人階層の地方有力者たちによって推進されている。⑩そして、小学校の統廃合が、県の教育政策によってスムーズになされている。

明治十年一月、神奈川県布達、乙三十五号⑪は、小学校設立に関して、人口六百名以上であること、そして連区を推奨している。つまり、乙三十五号は「一ハ力ヲ合セテ学資ヲ負担シ持久ノ策ヲナス」⑫ものであったと云える。そのために、神奈川県において合併する学校は明治九年に六校であったが、明治十年に九十六校、十一年に三十四校と増加し、県下の小学校設置維持基盤の弱少学区が減少した。⑬

明治十年、三崎地区東岬学校と諸磯学校との「学校合併願」⑭が県に出され、県から認可を受けている。

学　校　合　併　願

第十四大区四小区

第十中学区十八番小学

諸　磯　学　校

一、戸数百六戸

人口五百九拾壱人

同大区三小区

同十五番小学

東　岬　学　校

一、戸数四拾七戸

人口弐千七百七拾五人

右合併改　　東　岬　学　校

該位置　　三崎町字東之町

戸数　六百五拾三戸

人口　三千三百六拾六人

右学校今般合併示談行届キ候間御聞届成下度連印ヲ以奉願候以上

明治十年七月廿一日

代議人　村用掛　学校世話役　戸長　学区取締

氏名略

神奈川県権令

野　村　　　靖　殿

書面伺之通

明治十年八月二日　神奈川県印

東岬学校と諸磯学校との合併が乙三十五号の県布達に従ったことは明瞭である。諸磯村は戸数百六戸・人口五百九十一人でこの布達の適用をうける条件を備えていた。諸磯学校と東岬学校との合併は第十四大区三小区の三崎地区と四小区の諸磯村という町村の境界、一般行政区を越えての学校合併である。神奈川県内、行政区を越えての学校合併は愛甲郡第二十三大区二小区戸室村の戸室学校と一小区林村の成思館学校との例がみられる。⑮一般行政区を越えての学校合併を県は認可しており、県の教育政策は学校合併の方針をおしすすめていたといえる。この合併を契機に、三崎地区六合村の原、宮川が東岬学区に編入されている。<地図2－1参照>

明治十六年五月三崎学校、六合学校設立を目途として東岬学校、西岬学校廃止伺⑯を県に出し、同年八月、県から認可を受けている。東岬学校、西岬学校廃止の理由は、それぞれの学区が一般行政区と異なっているため⑰、学事奨励就学督促の法がうまくゆかず、経費賦課徴収も均一、公平でない等をあげている。東岬学校・西岬学校の廃止は、中央の政策である「各町村ハ……独立或ハ連合シテ一箇若クハ数箇ノ小学校ヲ設置スヘシ」⑱に従ったものと考える。

ところで、改正教育令以後の神奈川県の政策は、「且学校ヲ盛大ナラシメントスルニハ可成衆多之力ヲ集メ以テ維持ノ方法ヲ鞏固ナラシメザルヲ得ズ……学区学校等ノ分離ヲ希望スル者往々之レアリ……願出候時ハ萬不得止事由アルモノノ外ハ其御役所ニ於テ篤ト御説諭相成度……」⑲とあり、学区の弱少化を防ぎ、新しい分離を認めず合併させる方針であった。そのため、明治十六年五月、丙第八十二号として三崎町・六合村・諸磯村を一学区とする布達が出されている。

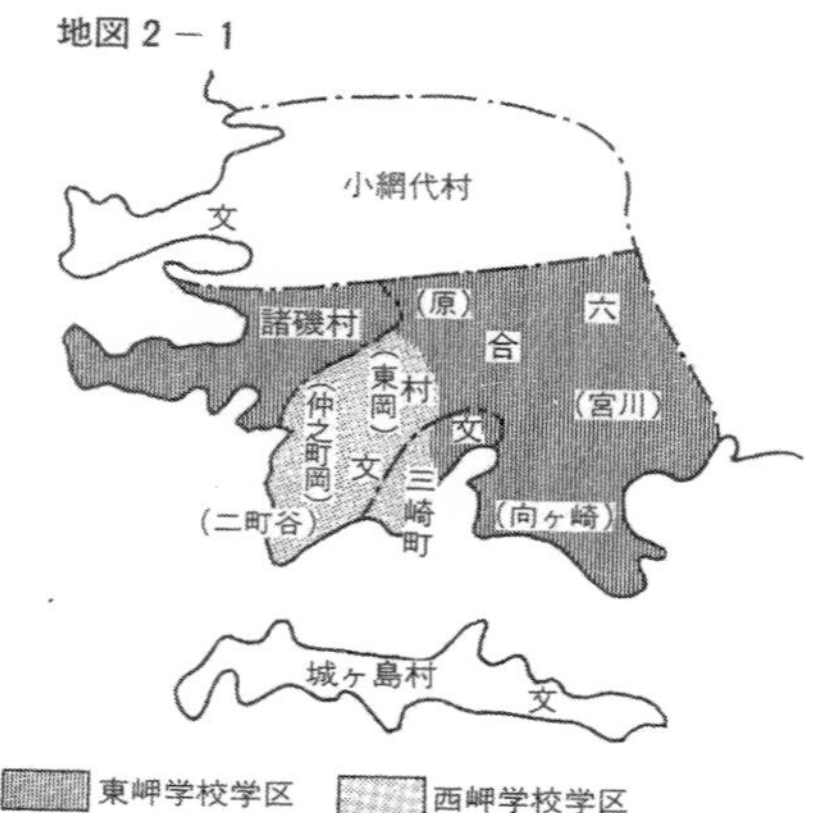

神奈川県日誌　明治十六年第五号
五月廿一日、学丙第八十二号、三浦郡役所
其郡小学校設置区域ノ内左ノ通改正候條該村村へ可申達此旨相達候事
三崎日ノ出町、入船町、仲崎町、花暮町、
西ノ町、海南町、宮城町、西浜町、
諸磯村、六合村
右一学区

三崎町、六合村、諸磯村を一学区とした理由については、明治十六年の文部省年報に「……学区ハ前年ニ比フレハ二区ヲ減セリ然ル所以ノモノハ区域狭少ニシテ資カノ薄弱ナルヲ以テ甲乙合区セルヨ以テナリ」⑳とあることから、神奈川県内二ヶ所のうち一ヶ所は三崎地区をさしているものである。

一学区となっても、明治十六年八月、六合村に、あらたに六合学校が開校される。つまり、「本村ノ儀ハ人家東西ノ距離アリトイエドモ人情ノ親睦ナルコト一家ノ如ク実ニ他ノ合村トハ其景況ヲ異ニス……」㉑のように、六合村（半農・半漁）は三崎町と地理的性格を異にしていて、彼等の学校を設立していなかったために、六合学校が設立されたのである。こうして、六合村、諸磯村、三崎町は一学区となったが、明治十七年、連合戸長役場制度になると、神奈川県では、甲第六十八号によって小学校設置区域は連合戸長役場管轄区域と一致するようになる。㉒三崎地区でも、小学校設置区域が連合戸長役場区域（三崎町、六合村、小網代村、諸磯村、城ヶ島村）、と一致し、その区域内に高等科の学校で、その他は初等・

<地図2－2参照>

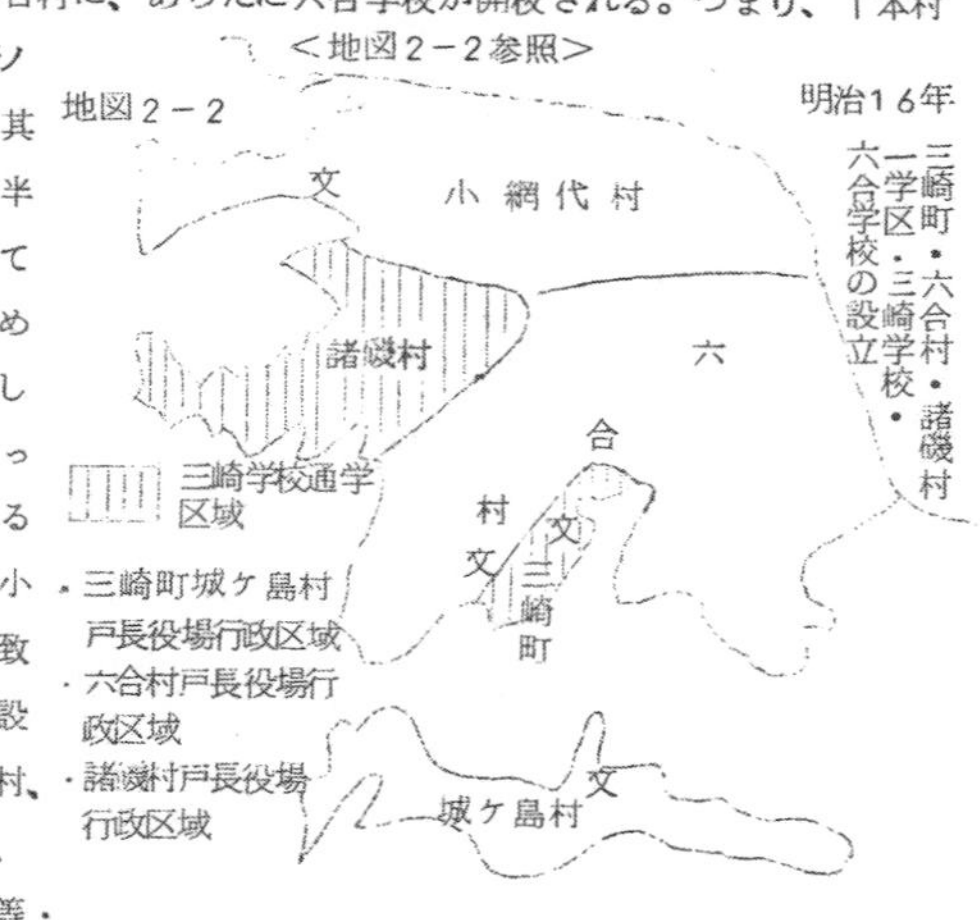

中等科の具備したものであった。㉓要するに、県の教育政策が学校を統合しながら、学区と一般行政区とを一致させていることは、小学校設立の行政能率を高める合理化政策であった。

さらに、明治十年代後半からの松方デフレの経済不況による町村教育費の節減の対応策としての合理化政策は、小学校の統廃合ということであった。明治十九年、小学校令により、小学校は、尋常或は尋常高等小学校になる。神奈川県では学区編成はなされていないから、学区は従来通りの連合戸長役場の行政区域と一致したものであったと推定する。三崎地区では「明治弐拾年参月六合学校ヲ本校ニ合併シテ分教場トナシ、本校（注・三崎学校）ヲ宝蔵学校ト改称ス」㉔と尋常高等併置の宝蔵学校が成立する。学区は従前と同じであるから、学区内で尋常小学校と、尋常高等小学校に整理されたといってよい。また、六合学校が支校になったことは、学校設立維持に困難で町村費節減のためであろう。＜地図２－３参照＞

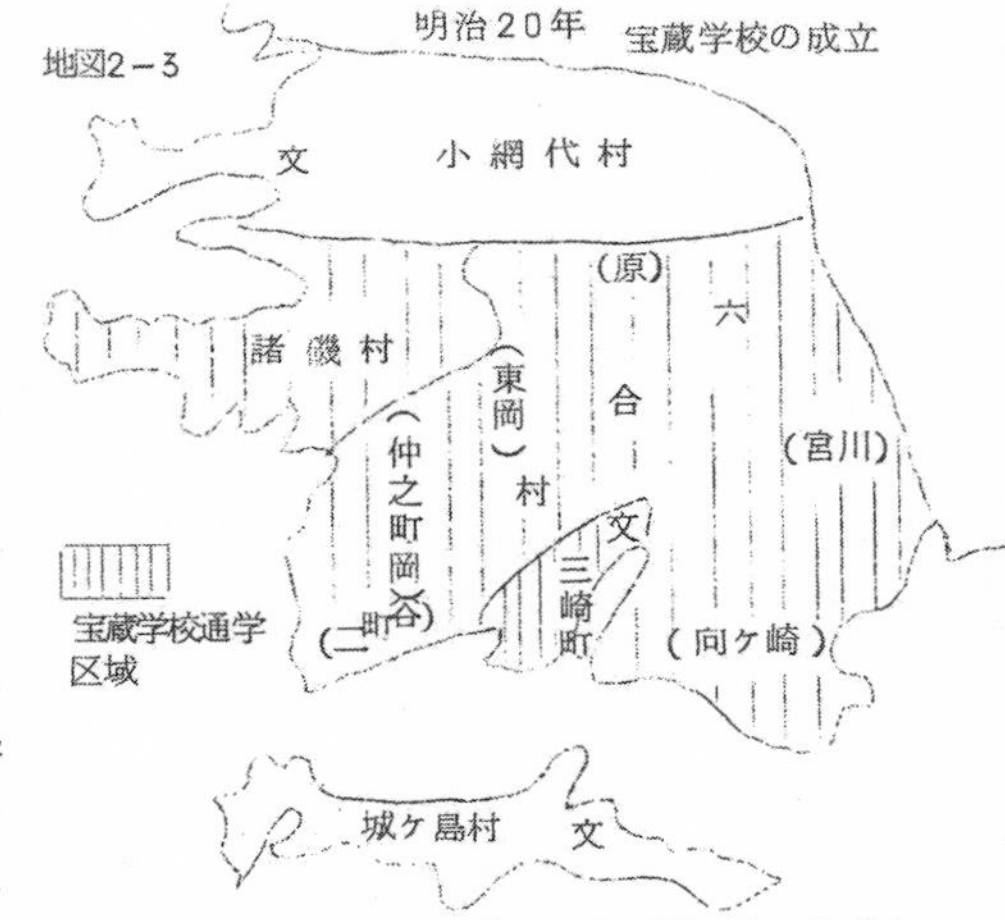

この小学校の統廃合にイニシアチブをとったのは地方有力者たちであった。三崎地区で常に小学校の統廃合に大きな役割を果たした加藤泰次郎の行動・思想を分析してみる。彼は行政歴として名主、戸長、県会議員を、学歴として漢学、洋学を学んでいる。㉕注目すべき点は、彼が洋学を学び、実用主義、開明主義の思想に触れていることである。この洋学の思想が、小学校の統廃合を推進していく力となったのであろう。とくに、明治二十一年、加藤は他の有力者と発起人となって、「学校資産貯蓄規約」㉖を定めている。小学校の教育費について、明治十九年の小学校令には授業料を中心とし、その不足を町村費によるという事であった。明治二十年、神奈川県は達一号「小学校資産経費取扱規程取扱のこと」㉗として布達している。この規則は、学校資産の増殖をはかって学校財政の基礎を鞏固にしようとするものである。三崎地区では、「学校資産貯蓄規約」の趣意書の中で、加藤は「教育事業ト行政事務ト分離ス可キノ要ハ学者已ニ之ヲ論定シ政治家ノ常ニ唱道スル処……要スルニ学校事業ハ政務ノ変動ノ為メニ容易ニ其ノ影響ヲ蒙ラザルノ基礎ヲ定メ……是則チ学校ノ独立維持ヲ希望シテ止マザル所以ナリ……」と述べている。彼は「区内人民ノ智愚貧富ハ町村全体ノ権力消長ニ関スル至大ナラン」ために、町村における「智徳涵養ノ源泉タル学校」の経済的基盤を力説しているのである。この規約によって、財政的に村民協同で学校維持にあたることになり、直接的に地域の教育機関という意味が深くなってきたといってよい。

Ⅲ　漁村社会の教育機能の変化
――学校教育の普及――

学校教育の普及について、三崎地区近村の就学率をみると、漁業地域の就学率は、全国、青森県、神奈川県の各平均より低い。まさに全国の最低グループに位置していたと考える＜表３－１参照＞。つまり、漁民たちが小学校をオカモノ（商人・陸者）の学校と呼んでいることから、三崎地区近村の小学校設立は、商人・農民たちによって推進されたといってよい。そして、漁民の場合、小学校よりも、寺子屋、子ども組などの教育形態が明治十年代になっても存在していた。

三崎地区のような漁村では、子どもの教育は、部落とか家単位でなされるのが常である。部落での教育は、若者組、子ども組であって、一人前の村人になるための訓練をうけたり、漁業に必要な技術を習得するのが目的である。㉘とくに子ども組は、三崎地区近村において、左義長、稲荷講、虫おくり、祭り、おかぐらなどの年中行事を中心に部落単位に組織されている。㉙しかも、若者組の下部組織として一人前になるための集団的訓練をうける。

表３－１

		地域性	明治１３年就学率	明治１５年就学率
東岬学校	三崎町東部	市街地	45.4%	48.7%
	六合村東部＜原・宮川・向ケ崎＞	半農半漁	24.1%	25.9%
	諸磯村	半農半漁	29.1%	25.7%
	計		37.8%	38.5%
西岬学校		半農半漁	―	42.9%
松輪学校		半農半漁	―	42.2%
神奈川県			44%	44%
青森県			36.29%	36.35%
全国			41.06%	48.51%

注・東岬学校取調書、町村立小学校取調開申（西岬学校）
（三浦市市役所々蔵）
開校六十周年記念誌（三浦市立剣崎小学校）
文部省年報などより作成

漁民は、７～８才位から漁業技術を習いはじめ、１２～１３才に達すると沖釣の漁船に乗り、１６才前後には一人前の収入を得ることができた。すなわち、子どもが初めてシロ（注・分配）のある船に乗るのは、１２～１３才である。子どもはシロを３分（注・１０分の３）、５分、７分と段階的にもらって１５、１６才（若い衆の仲間入）でヒトシロ男（注・一人前の収入）となった。㉚この場合の一人前の基準は年令であって人格的、知的側面を有していない。また、漁業技術として帆をあつかえることも一人前の基準であった。㉛

また、明治前期、三崎地区での寺子屋の存在は、寺子屋が漁民の生活と密着していたことを語っている。たとえば、寺子屋師匠の日記「玉松堂日記」から寺子屋の休日をみると、㉜村の年中行事がある時に寺子屋が休みになっている。しかも、子ども組の年中行事のある時に寺子屋が休みになっている。三崎地区にても寺子屋と子ども組との結びつきがあったと考えられる。

だが、学校教育の普及は、地域共同体の子ども組などの教育機能を変える作用をもっている。たとえば、明治六年以降、各府県小学教則、校則に明記された学校休日は、日曜日、紀元節、神武天皇祭

日、孝明天皇祭日、天長節、新嘗祭、神嘗祭、鎮守祭、暑中休、歳末歳始休などで、地域共同体の年中行事と無関係であった。つまり、地域共同体の年中行事の教育的役割は、学校の設立によって、その教育的役割を手わたすことになる。

また、明治七年、神奈川県布達「就学の督励のため桑茶等栽培奨励のこと」㉝には、「勧善懲悪ヲ以テ口実ト為シ地芝居手躍等興行致シ候ハ畢竟風俗ヲ乱シ財貨ヲ糜シ其土地疲弊ヲ招クニ過ス学校ノ如キハ風俗ヲ正シキ能ヲ長シ身ヲ立家ヲ興スノ基……」と通達している。すなわち、当時の知識主義、勧学主義は風俗を正すという意味があり、地域共同体の子ども組の習俗を変える作用がある。さらに、明治八年、神奈川県布達「小学校へ配布の新聞紙に関すること」㉞に、「……新聞紙配達ノ義ハ兼テ相達置候通小学生徒教育且土地人民開進ノ為メ差遣シ候義ニ付……」とあり、民衆を啓蒙してもいる。この勧学主義も、明治十四年神奈川県小学教則㉟、修身に「専ラ児童ノ徳性ヲ涵養スルコトヲ務メ…諸礼法ヲ授ク……」、歴史に「殊ニ尊王愛国ノ志気ヲ養成センコトヲ要ス」とあるように、徳育を中枢としてくる。神奈川県小学教科用書であった「修身初歩」には、「巻一、事親、兄弟、尊師、朋友、巻二、勉学、立誌、生業、巻三、修徳、語言、接物」となっている。とくに、勉学として、「学問識見ハ吾産業となりて全く我所有なり」と述べている。すなわち、知育と徳育との両面がでている。

明治二十年代になると、さらに徳育を重視して国家主義的教育体制を樹立している。三崎地区では、「嘉典令節及び試業後民業ノ閑時等ニ於テハ生徒ノ運動会遊技会学事成績展覧会幻灯会懇話会等ヲ催シ偏ク父兄公衆ヲ招キ以テ教育ノ普及ヲ計ル事」㊱がなされた。この談話会、幻灯会などが祝祭日儀式と関連して人民を教化しているのである。さらに、国家主義的教育体制は教育勅語の喚発によって確立するが、三浦郡一帯で使用された教科書「童蒙勅語図解」㊲に、「此書ハ聖勅に基き諸君の鑑となるべき事柄を載せしものなり」であって、「諸君ハ学校と家庭とに居るを問はず常に此書を誦読せられよ」とあるように、子どもの家庭生活にまで影響を及ぼしている。

同時に、二十年代になると「今日網類ノ使用日ニ益々進ム」㊳の如く、漁具、漁法などの社会変化のためか、三崎地区の就学率が向上している。<表3－2参照>そのため、漁民の子どもの毎日の生活は、地域共同体から学校中心になる。従って、明治二十年代になって、地域共同体の子どもの遊びは学校教育の中に取り入れられたりしている。明治二十年代に校外教授として子どもは「教師に連れられて山や海に出かけて行」㊴くようになった。たとえば、「少年之玉」（明治廿三年、三輪弘忠著、鬼頭蔵梓）に次の様に記している。

表3－2

	三崎地区平均	神奈川県	全国
明治23	50.3%	49.52%	48.93%
24	46.1	52.43	50.31
25	57.5	57.45	55.14
26	60.2	63.11	58.73
27	60.2	67.17	61.72

注・文部省年報、学事諸表綴（明治23～28）
神奈川県立図書館蔵

或土曜ノ日、午後ヨリ國吉ハ、日々通学スル学校ノ校長文林教ニ伴ハレ、文林ノ倅勉ト共ニ、或山へ遊ニ出掛タリ……田ニ向ヒテ石投ゲノ競争ヲナシテ遊ビ、或ハ小山ノ上　カケ足ノ競争ヲナシテ樂メリ、又先生ニハ、山ヤ、池ヤ、木ヤ、鳥ヤ、色々ノモノ、名ヲ問ヒタツネ、サモ嬉シソウニ、樂シ

居タリシカ……

しかし、地域共同体の子ども組、あそびは学校教育以外でその教育的役割を果たすようになっていく。たとえば、地域共同体の年中行事の当日、子どもは一日の学校が終ってから年中行事に関連した活動や遊びをする。㊵

結　び

神奈川県三崎地区近村を事例に取り上げて、小学校が成立、発展していく中で、漁村での地域共同体の子ども組の教育機能が変質していく過程を明らかにしてきた。

「学制」に基づいて、明治六年、県の指導のもとに設立されたオカモノ（商人・陸者）の学校は、小学校令期に至るまでに、除々に合併廃合をしながら、小学校の設立基盤である学区の拡大によって、小学校設立の経済的基盤をはかっていた。県の教育政策の指導のもとに、小学校設立の担い手は地方有力者たちであったが、特に、三崎地区では洋学の教養のある人物によって統廃合が円滑に推進された。

しかし、小学校設立の当初において、漁民の就学率はきわめて低かった。その原因は、早期からの児童労働と、少年期から漁業技術を学ぶ必要性からであった。漁民の一人前の教育機能は小学校教育よりも、地域共同体に存在していた子ども組、若者組などであった。漁村社会への学校教育の普及は、地域共同体の教育機能を変える性質をもっていた。すなわち、地方の実態に即さない勧学主義と知識主義の教育内容と学校休日などであり、また、教育勅語の徳目、学校儀式などの一般民衆の生活にまで、その「教化」を及ぼしたことである。

だが、最も、漁村での教育機能の変化は、明治二十年代、漁具、漁法などの社会的変化である。そのため、漁民の就学率の向上がみうけられる。漁民の子どもは地縁的団結的な子ども組での生活から学校生活中心になる。従って、小学校の統廃合に伴なう学区の拡大は、各々の地縁的な子どもの集団を一つに結びつけていったと考える。換言すれば、小学校の統廃合は、地域共同体に存在する子ども組を一つに統合していく作用となったのである。

〔注〕

① 神奈川県三浦市水戸・前田家文書

② 東岬学校取調書、明治十五年、小学校新設廃台並寄附金書類、三浦市役所蔵

③ 文部省第一年報、神奈川県年報

④ 神奈川県史料　　第５巻　Ｐ94 神奈川県立図書館刊行

⑤ 同上書　Ｐ93

⑥ 神奈川県三浦市水戸、前田家文書

⑦ 神奈川県史料、第５巻　Ｐ93 神奈川県立図書館刊行

⑧ 拙稿第２１回関東教育学会発表資料１３

⑨ 百周年記念誌、三浦市立三崎小学校　Ｐ４４　八十八年の歩み

⑩ 戸長、学校世話役、学務委員に三崎町の商人が多い。三崎町史、上巻、小学校新設廃合並寄附金書類（三浦市役所蔵）参照

⑪ 神奈川県教育史資料編第一巻　Ｐ117

⑫ 文部省第六年報、神奈川県年報、明治１１年

⑬ 文部省第４.５.６.各年報、神奈川県年報

⑭ 前掲、小学校新設廃合並寄附金書類

⑮ 愛甲郡勢誌

⑯ 前掲、小学校新設廃合並寄附金書類

第百四十八号

三浦郡三崎 花暮町
外七ケ町 六合村諸磯村学区

当両校ノ儀ハ嘗テ創設ノ際区域ノ編成其宜ヲ得ス（日ノ出町・入船町・仲崎町・花暮町
海南町・西野町・宮城町・西浜町）八ケ町内四ケ町東岬部内ニ属シ四ケ町ハ西岬部内ニ属シ六合村全村ノ区域ヲ割半シテ各々東西学校区ニ分属シ諸磯村ノ位置ハ西岬学区内タル六合村半部ヲ隔テ点在シテ、又東岬学区ニ属セリ而シテ三崎各町及ヒ六合村諸磯村ハ各々一人ノ戸長ヲ置キ公務及ヒ町村ノ事務ヲ處辨ス然ルニ学務一時ハ各町村首尾分属シ従テ学事奨励就学督責ノ法モ一村町内ニ於テ自然彼是○厳同カラス事情疎密ナキヲ得ス况ンヤ経費賦課徴収ノ義モ均一公平ナルヲ得ス依之民情疑惑ヲ生シ……（中略）……今日ニ至リ其弊漸ク極リ経費ノ不足又ハ人民ノ苦情ヲ惹起シ放佚ス可カラサル勢ニ至リ候ニ付……略……

明治十六年六月三十日

三浦郡 三崎花暮町外七ケ町
六合村諸磯村 学区

各学校学務委員　氏名　　略

各町村戸長　　　氏名　　略

神奈川県令　冲守固殿

学第千二百拾四号

書面伺之趣認可候事

明治十六年八月十四日　神奈川県令、冲守固印

⑰ 明治１１年の郡区町村編成法によって、三崎町と城ケ島村に三崎町城ケ島村戸長役場行政区域・六合村に六合村戸長役場行政区域、諸磯村に諸磯村戸長役場行政区域となった。東岬、西岬の各学区は三崎町、六合村の一般行政区域をわけていた。

改正教育令第９條、明治以降教育制度発達史第二巻　Ｐ202

⑲ 神奈川県教育月誌　明治十四年

（業務課より各郡区役所へ照會十月二十四日）

⑳ 文部省第十一年報、神奈川県年報

㉑ 六合学校新築趣意書（前掲・小学校新設廃合並寄附金書類）
㉒ 神奈川県教育史資料篇第一巻
㉓ 前掲、小学校廃合並寄附金書類：八十八年の歩み、三崎小学校 P30　三崎学校（高等、中等、初等科）六合学校（中等、初等科）小網代学校（中等、初等科）城ヶ島学校（初等科）
㉔ 学校沿革誌（三崎小学校蔵）
㉕ 加藤泰次郎の履歴について：拙稿、第21回関東教育学会発表資料集26所収：とくに、彼は東京愛宕下の英学塾「日新義塾」で学んでいる。
㉖ 神奈川県三浦市役所々蔵
㉗ 神奈川県教育史資料編第1巻
㉘ 益田庄三著　漁村社会の慣習上、白川書院、昭和48年 P346
㉙ 三崎地区の年中行事について：拙稿、第21回関東教育学会発表資料集23所収：三崎町史、上巻 P166 参照
㉚ 内海延吉著「海鳥のなげき」いさな書房、昭和35年 P251
㉛ 横須賀市久里浜、金野ヤマ氏談、明治27年生
㉜ 前掲第21回関東教育学会発表資料集21・22参照、埼玉県教育史資料、寺子屋玉松堂日記 P4. P82
㉝ 神奈川県教育史料篇第一巻 P23
㉞ 同　書　P35
㉟ 同　書　P269～P270
㊱ 学事諸表綴、三崎町学事年報（明治26年）神奈川県立図書館蔵
㊲ 編述兼発行者、北村礼蔵、北村包直、明治廿四年六月出版
㊳ 明治廿五年漁業組合規約調印状況上申書、神奈川県立図書館蔵
㊴ 三崎町史、上巻 P169
㊵ 百周年記念誌（三崎小学校）P51
「九月十八日の宮田のお祭には相撲（若宮さまの奉納相撲）があり、全校早じまいとなり……四月三日の引橋の馬かけ、十一月三日のお十夜など……」

PEDAGOGICA CENTRAJAPONA
Annual Report of the Kanto Educational Research Society

Hiruta Michiharu:A Study on tha Development Elementary School in Misaki District,Kanagawa Pref.

付録 2

※以下の論文は、付録1（341頁）に掲載しています。
伝統的社会教育の形態とその転換——三浦半島地域を中心として——
「仏教文化の展開（大久保良順先生傘寿記念論文集）」
大久保良順先生傘寿記念論文集刊行会編 山喜房仏書林 1993年11月

■著者紹介

蛭田道春（ひるた・みちはる）

1945 年神奈川県三浦市に生まれる。東京教育大学大学院修了。国立社会教育研修所（現在、国立教育政策研究所）専門職員、研修指導主事、大正大学教授を経て現在、大正大学名誉教授。文部科学省等の関係行政委員、神奈川県社会教育連絡協議会会長、県・市の社会教育委員会議議長、同社会教育委員、同生涯学習審議会委員、指定管理者選定委員等を歴任。

主な単著に『社会教育主事の歴史研究』（学文社）、『社会教育委員の歴史研究』（全日本社会教育連合会）、『わが国における社会教化の研究」（日常出版）など、編著に『荒川区教育史―通史編、資料編』（東京都荒川区教育委員会）、『生涯学習支援の計画づくり』（日常出版）、『新生涯学習概論』（日常出版）など、共著に『日本教育史研究』『社会教育の理論と歴史』（以上、第一法規）、『日本近代教育史の研究』（振学出版）、『原典・解説　日本教育史』（日本図書文化協会）、『現代公民館全書』（東京書籍）など多数ある。

明治初期における小学校の設立過程

2024年3月3日　第1刷発行

著者　蛭田道春
発行者　落合英秋
発行所　株式会社 日本地域社会研究所
〒167-0043　東京都杉並区上荻 1-25-1
TEL (03)5397-1231(代表)
FAX (03)5397-1237
メールアドレス tps@n-chiken.com
ホームページ http://www.n-chiken.com
郵便振替口座 00150-1-41143
印刷所　中央精版印刷株式会社

ISBN978-4-89022-294-0